임진왜란과 이순신,
그 숨겨진 이야기

나라를 사랑하거든 역사를 읽고
나라를 사랑하게 하려거든 역사를 읽게 하여라
영토를 잃은 민족은 재생이 가능하지만
역사를 잃은 민족은 재생이 불가능하다.

— 단재 신채호 —

임진왜란과 이순신,
그 숨겨진 이야기

펴 낸 날 2014년 8월 28일

지 은 이 이현산
펴 낸 이 최지숙
편집주간 이기성
편집팀장 이윤숙
기획편집 주민경, 윤은지, 김송진
표지디자인 신성일
책임마케팅 임경수
펴 낸 곳 도서출판 생각나눔
출판등록 제 2008-000008호
주   소 경기도 고양시 덕양구 화중로 130번길 24, 한마음프라자 402호
전   화 031-964-2700
팩   스 031-964-2774
홈페이지 www.생각나눔.kr
이 메 일 webmaster@think-book.com

- 책값은 표지 뒷면에 표기되어 있습니다.
  ISBN 978-89-6489-310-4 03910
- 이 도서의 국립중앙도서관 출판 시 도서목록(CIP)은 서지정보유통지원시스템 홈페이지
  (http://seoji.nl.go.kr)와 국가자료공동목록시스템(http://www.nl.go.kr/kolisnet)에서
  이용하실 수 있습니다(CIP제어번호: CIP2014024705).

임진왜란과 이순신,
그 숨겨진 이야기

망각의 역사를 깨우는 온 국민의 필독서

이현산 지음

무비(無備)로 유환(有患)했던, 임진왜란
왜 우리는 전쟁의 역사를
되풀이하는가!

생각나눔

1592년 4월 13일은 임진왜란이 발발한 날이다. 왜(倭)의 침략으로 시작된 임진왜란은 단순한 전쟁이 아니었다. 세계사에서 찾아보기 힘든 참혹하고 잔인한 전쟁이었다. 그래서 그때 입은 마음의 상흔은 지금까지 계속되고 있다.

이러한 임진왜란에 대해 알아갈수록 침략자에 대해서는 적개심만 커지는 반면, 이순신 장군에 대해서는 알아갈수록 자부심이 샘솟는다. 일찍이 우리의 역사에 이런 분이 있었던가 하는 감탄이다.

또한, 우리 민족은 대단한 민족이라는 생각이 든다. 우리 민족은 외침을 받았을 때는 항상 민초들이 일어섰다. 바로 의병이다. 고려 시대 몽고의 침략을 받았을 때 그러했고, 임진왜란 때도 그러했다. 그 민초는 관군의 군사력으로 할 수 없었던 전투를 물불 가리지 않고 수행했다. 지방선비들이 중심이 된 농민군들은 농기구를 들고 일어섰고, 불가에 귀의한 승려들까지 한 자루 낫을 들고 일어나 목숨을 아끼지 않았다. 그들은 국가로부터 혜택을 누리면서 살아온 사람도 아니다. 때로는 착취까지 당하면서 그저 가물 때는 하늘을 쳐다보고 비 오기를 기다리면서 평생 하늘과 땅에 생존을 의지한 채 그럭저럭 살아가는 사람들이었다. 그런 사람들이 국난극복을 위해 하나로 뭉쳐 엄청난 힘을 발휘하여 침략자를 물리친 것이다. 그래서 우리나라는 의병의 나라라고 해도 과언이 아니라는 것을 느꼈다. 또한, 통치자와 지휘관의 리더십 부재는 고스란히 백성과 부하의 희생으로 돌아온다는 것을 실감할 기회가 되었다.

처음에 필자는 도저히 사람으로서 할 수 없는 업적을 세운 이순신 장군의 리더십을 한마디로 말한다면, 무슨 말로 표현이 가능할 것인지에 대한 수수께끼 같은 생각을 하게 되었으며, 그 수수께끼에 대한 해답을 구하기 위해 여러 문헌을 뒤지면서 이순신 장군과 임진왜란이라는 전쟁에 대해 모르고 있는 사실이 너무 많다는 것을 깨달았다. 그리고 그 수수께끼에 대한 해답을 찾기 위한 노력은 지금도 진행 중이지만, 이순신 장군과 임진왜란이라는 전쟁에 대해 몰랐던 것을 많이 알게 되는 계기가 되었다.

그리고 임진왜란은 우리가 알고 있는 것 이상으로 전무후무한 비극적인 전쟁이었기에 그 전쟁 자체는 물론, 그것을 극복하는 과정과 그 이후 이 강토가 어떻게 지켜져 왔는지에 대해서 현재를 살고있는 사람은 물론, 후세들에게 널리 알려야 하는 것은 기성세대의 의무라는 생각을 하게 되었다. 또한, 무결점의 리더십을 발휘한, 이순신 장군의 리더십과 여러 업적 역시 후세들에게 알려야 할 필요성을 느꼈다. 그래서 책을 발간하기로 결심하고 임진왜란과 무인 못지않게 문인의 소질을 갖춘 이순신 장군에 대해 잘 알려지지 않은 사실을 중심으로 단락별로, 그리고 이야기식으로 연속성 없이 엮었다. 또한, 침략자인 왜군은 물론, 구원하러 왔다는 명군까지 어떤 행패를 부렸는지에 대해 우리가 알고 후세가 알도록 해야겠다는 생각을 하게 되었다.

벼는 익을수록 고개를 숙인다고 했는데, 익지 않은 벼이기에 감히 고개를 들고 책을 발간하게 되었다. 무식하면 용감하다고 했는데, 비록 무지에서 오는 용기일지라도 그 용기가 식어버리기 전에 만용을 부려서 발간한 것에 대해 독자들의 양해를 바란다.

고문서인(번역본) 난중일기, 징비록, 충무공 이순신전서, 임진장초, 선조(수정)실록에 없는 내용은 『이순신 승리의 리더십(임원빈)』, 『이순신 평전(이민웅)』 등과 같이 참고문헌으로 제시된 자료의 내용을 일부 인용했으며, 새로운 내용보다는 일반인들에게 잘 알려지지 않은 내용을 위주로 엮었다.

아무쪼록 자라나는 세대들이 임진왜란과 이순신 장군에 대해 더 많은 것을 알게 되고, 안보의 중요성을 깨닫는 기회가 되기를 바라면서 3여 년의 짧지 않은 항해를 마친다. 끝으로, 도서출판 생각나눔 이기성 편집장님과 관계자 여러분께 감사를 드리면서 이 책을 사랑하는 아내와 나의 분신인 아들 수홍이, 그리고 딸 정아에게 바친다.

2014년 8월, 서재에서

이현산

목차

들어가면서

제1장 일본의 침략준비와 조선의 무비(無備)

잊어서는 안 될 4월의 비극	14
무비(無備)로 유환(有患)을 혹독하게 치른 조선 조정	17
명재상 유성룡의 아쉬운 선택	24
통사 홍순언(洪純彦)	29

제2장 조선의 의기를 떨친 사람들

가족을 조국에 바친 호국의 영웅들	38
천칠백의총, 천의총 금산전투	44
적장을 죽인 평양기생 계월향	51
가짜 바다	55
목동 김천손	61

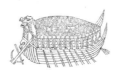

제3장 굽히지 않는 항전

성민은 승리, 조정은 패배- 처절한 2차 진주성 전투   68

부산왜영 방화사건   81

칠천량 해전 후 왜(倭) 수군은

왜 곧장 서해로 침략하지 않았을까   85

남원성은 영원하다   90

제4장 두 왕자를 사로잡은 왜군, 그리고 정유재란

두 왕자를 손쉽게 사로잡은 왜군   94

왜의 황당한 강화조건과 가짜 국서, 그리고 정유재란   101

제5장 호국의 영웅들, 그리고 배신자들의 말로

연안성을 지킨 의병장 이정암   110

함경도 탈환의 주역 이붕수   114

권율과 세마대(洗馬臺)   121

호국의 위대한 의인들   126

억울한 희생자들   137

망국의 혼령과 배신자들의 말로   149

제6장 잔인한 전쟁

비참한 백성들의 일상   162

얼레빗, 참빗   168

산 사람의 코를 베어 간 잔혹한 왜군   171

명군 참전으로 조선의 전력은 약화되었다   178

서울에서 왜군은 어쩔 수 없이 퇴각했다   184

제7장 왜군은 조총, 조선군은 판옥선과 화포

왜군은 전체가 조총으로 무장한 것이 아니었다   196

조선군과 왜군 무기중 어느것이 우세했을까   200

전선(戰船)들은 전투 시 돛이 없었다   208

제8장 왜군이 끌고간 조선사람과 동식물

왜군이 끌고 간 조선인들   216

왜군이 가져간 동식물   226

제9장 성웅 이순신

문인 이순신   236

지기지피의 산물 '거북선'   241

이순신에게는 천도(天道)만이 살길이었다   245

이순신에게도 소실이 있었다   255

이순신장군도 의(僧)병을 거느렸다   260

외국 명장의 이순신 칭송   266

이순신장군의 애민정신   272

이순신장군의 리더십   281

푸대접 받고있는 우리의 영웅   299

제10장 계속 이어진 조선의 맥(脈)

우리가 이긴 전쟁 '임진왜란'   308

임진왜란과 일란성 쌍둥이 6·25전쟁   311

이상한 임진왜란 공신책봉   319

임진왜란의 비극을 망각해서는 안 된다   326

에필로그

참고문헌

부록   이순신의 시와 어록

제1장

일본의 침략준비와 조선의 무비(無備)

잊어서는 안 될 4월의 비극

무비(無備)로 유환(有患)을 혹독하게 치른 조선 조정

명재상 유성룡의 아쉬운 선택

통사 홍순언(洪純彥)

잊어서는 안 될 4월의 비극

해마다 4월은 어김없이 찾아온다. 아직도 전방에서는 높은 고지의 잔설이 지난겨울의 위용을 자랑하지만, 양지바른 곳에서는 새싹이 돋고 남쪽 지방에서는 각종 봄 축제가 시작되는 계절이기도 하다. 역시 4월은 봄의 대명사라고 할 수 있는 달인 것이다.

밝고 희망찬 새봄을 여는 4월은 여러 기념일도 많다. 임시정부수립 기념일(4. 13일), 충무공 탄신일, 새마을의 날(4. 22일), 4·19의거 등의 기념일이 4월달 달력의 여백을 메우고 있다. 이 모두 우리가 기억하고 기념해야 할 중요한 날이라 생각한다.

그러나 정작 우리가 기억하고 되새겨야 할 중요한 날 중의 하나가 달력 어디에도 표시되어 있지 않다. 바로 임진왜란이 일어난 날이다. 지금부터 422년 전 4월 13일(음력)은 우리 민족에게 너무나 큰 비극을 안겨다 준 날이다. 아마도 단군 이래 가장(?) 큰 피해를 준 사상 초유의 전쟁이 시작된 이날을 우리는 까마득히 잊어버리고 국사학자의 전유물이 된 건 아닌지 한번 생각해 보아야 한다.

1592년 4월 13일 부산에 도착한 왜군 1진은 다음 날 부산성을, 그다음 날은 동래성을 '정발' 부산첨사와 '송상현' 동래부사의 분전에도 불구하고 손쉽게 무너뜨렸고, 계속해서 상륙한 13만여 명의 일본군과 합세 후 파죽지세로 북상하여 20일 만에 서울을 점령하였으며, 60여 일 만에 거의 전 국토를 점령한다. 외세의 침략에 대비를 소홀히 한 조정은 이렇다 할 대책을 세우지 못하고 피난을 할 수밖에 없었고, 지방행정조직도 거의 마비될 지경이 되어가고 있었다.

그뿐만 아니라 왜군이 지나간 곳은 말 그대로 초토화 그 자체였다. 약탈과 살인으로 사람이건 동물이건 생명체라고는 남아나질 못했고, 방화로 인해 시커먼 연기가 하늘을 뒤덮었다. 오죽했으면 조선사람은 연기 나는 것을 보고 일본군의 현재 위치를 파악했을 정도이다.

만에 하나라도 대비를 굳건히 해야 했지만, 그렇게 하지 못한 값비싼 대가를 백성의 목숨으로 치러야 했다.

5월이 되면서 이순신 장군에 의한 해전에서의 연전연승과 각지에서 일어난 의병활동으로 함경도까지 점령한 왜군은 보급선이 막히고, 생각지도 않은 희생이 막심해질 뿐만 아니라, 겨울이 되면서 봄옷을 입고 침략한 왜군은 혹독한 조선의 추위로 급격한 전투력 저하와 명군의 참전으로 기세가 꺾이면서 서울로 퇴각하고, 위기감과 전투력복원의 필요성을 절감하면서 급기야는 서울까지 버리고(1593년 4월) 남쪽으로 물러난다. 서울에서 퇴각하면서도 그들은 그나마 목숨을 부지하면서 근근이 하루하루를 살아가던 조선 백성들을 보이는 대로 살해하고 모든 가옥은 불태워 버리는 만행을 저질렀다. 서애 '유성룡'은 징비록에 "한성에는 여기저기에 사람과 말의 사체가 즐비하게 늘려 있었고, 썩는 냄새가 코를 찔렀으며, 용케 살아남은 사람도 짐승 몰골을 하고 있었고, 먹을 게 없어서 사람을 잡아먹는 일이 벌어지고 있었다."라고 기록해 놓았다.

전쟁 동안 조선 인구의 3분이 1인 200만 명(당시 조선 인구는 500~700만 명으로 추정) 이상이 죽었고(300만 명이 죽었다고 주장하는 학자도 있음), 살아있는 백성도 움직이고는 있지만 살아 있는 몰골이 아니었다. 서울 인구는 12만에서 약 4만으로 줄었고 전후 조정이 파악한 전국 인구는 전쟁 전의 6분의 1에 불과했다. 그리고 전쟁 중에는 목숨에 대한 위협과 종자

씨가 없어 농사를 짓지 못해 식량부족으로 기근이 극에 달했고, 전쟁 후에도 150만 결의 농토가 30만 결로 줄어들어 기근이 극심했다고 한다.

이러한 끔찍한 비극을 안겨다 준 이 사실을 오늘의 우리는 쉽게 잊어버리고 있는 것은 아닌지 한 번쯤 숙고해야 한다. 사전 외침에 대비하지 않은 대가가 무엇인지 임진왜란은 우리에게 똑똑히 가르쳐주고 있다. 더 이상 임진왜란이라는 역사적 사실이 한국사를 공부하고 가르치는 몇몇 사람의 소유물이 되어서는 안 된다. 또 몇 주갑이라는 해에 잠시 반짝하는 행사로 끝날것이 아니라, 자손만대에 이르기까지 임진왜란과 같은 비극의 역사를 기억하고 잊히지 않도록 개인은 개인대로, 국가는 국가대로 노력해야 한다.

전쟁에서 타 국가에 점령당한다는 것은 국가의 몰락과 함께 수많은 백성이 목숨을 잃어야 하고, 살아있는 백성은 노예보다 못한 생활을 해야 한다는 것을 우리의 역사가 증명하고 있다. 한 사람의 운명이 아닌 나라와 국민 모두가 굴종적인 관계로 전락하고, 어떠한 도덕과 정의도 통하지 않는 능욕을 당해야 하는 것이 전쟁의 속성이다. 이러한 전쟁은 일어나지 않도록 사전에 대비를 철저히 해야 하고 만약 일어난다면 우리의 힘으로 반드시 이겨야 한다.

현재 우리의 안보환경은 더욱 복잡해지면서 어느 때보다 굳건한 안보의식을 요구하고 있다. 우리가 모두 우리의 현실을 직시하고 주변 위협에 대비해야 할 때이다. 역사를 잊으면 그 역사는 되풀이된다고 했다. 되풀이되는 역사는 우리가 원하는 태평성대의 역사가 아니라 바로 우리가 망각한 역사이고, 우리에게 되풀이되어서는 안 될 참담한 비극의 역사이면서 다시는 쓰기 싫은 치욕스러운 역사이다.

바로 그 역사가 되풀이되지 않게 하기 위해서 우리는 전대미문의 참화를 가져다준 420여 년 전 4월의 비극을 똑바로 인식하고 대비태세에 만전을 기해야 할 때라는 생각을 하면서 흥사단을 조직하고 조국독립에 평생을 바친 도산 안창호 선생의 말을 되새겨 본다.

"세상의 모든 것은 힘의 산물이다. 힘은 기르면 반드시 생긴다. 우리가 믿고 의지할 것은 우리 스스로의 힘밖에 없다."

2013년 5월 1일 국방일보 기고문

무비(無備)로 유환(有患)을 혹독하게 치른 조선 조정

임진왜란이란 전쟁의 배경에 대해서는 여러 가지 설이 분분하다.

일본의 도요토미 히데요시(豊臣秀吉)가 명나라 정벌이라는 허황된 꿈을 실현하기 위해 조선을 침략했다는 설, 막 100년 전쟁을 끝내고 전국을 통일한 도요토미 히데요시가 지방 영주들의 반란 가능성을 무마하기 위한 목적으로 무력을 소모시키기 위해, 그리고 1589년 태어난 도요토미 히데요시의 아들이 1591년 사망하자 그의 비정상적인 이성으로 인해 임진왜란을 일으켰다는 설이 있으며, 섬나라인 일본의 영토를 확장하기 위해 전쟁을 일으켰다는 설과 왜가 명나라에 조공할 수 있도록 조선이 길을 터주지 않아서였다는 설 및 그것들이 복합적으로 작용하여 임진왜란을 일으켰다는 설이 있다. 당시 정황상 나름대로 맞는 논리일 것이다.

그러나 우리는 더 냉정히 따져보아야 한다. 물론, 전쟁의 책임은 먼저 일본에 있다는 것은 분명하다. 이유가 어떻든 그들은 남의 나라를 침략하여 수많은 무고한 조선사람을 도륙하였을 뿐만 아니라 우리 민족에게 영원히 씻을 수 없는 상처를 입힌 것이다. 그리고 그것은 어떠한 이유로도 정당화 될 수 없다. 우리는 임진왜란의 비극을 잊지 않고 기억해서 다시는 이러한 크나큰 비극이 이 땅에 없도록 해야 할 것이다.

이러한 측면에서 우리는 다시 그때의 시대상황을 살펴보아야 한다. 우리가 좀 더 대비했더라면 임진왜란은 없었을 가능성과 그렇게 무참하고 많은 희생을 줄일 수 있었다고 생각하기 때문이다.

당시의 위정자들이 조금만 정신을 가다듬고 정사에 임했더라면 하는 큰 아쉬움이 남는다. 임진왜란 전 조선과 일본은 너무나도 대비되는 사회상을 보이고 있었다. 일본은 도요토미 히데요시에 의해 100년간의 전쟁을 마무리하면서 전국을 통일하였기 때문에 온 나라가 고도로 단련된 무사들의 나라였다. 즉, 그들은 별도의 추가적인 전쟁준비 없이도 언제든지 전쟁을 할 수 있는 준비가 되어 있었다. 그리고 그 무사들 중 일부는 당시의 최첨단 신식무기인 조총으로 무장하고 있었고, 조총과 활 및 창검을 적절히 활용하기 위한 고도의 전술훈련도 되어 있었을 뿐만 아니라, 조직적인 운용으로 적에게 조금의 빈틈도 없이 계속 공격할 수 있는 전투방식에 숙달되고 훈련이 되어 있었던 것이다. 거기에다가 도요토미 히데요시는 명나라를 점령한다는 구실을 가지고 조선을 침략한다는 방침을 이미 굳힌 다음 전국에 1592년 1월에는 정식으로 동원령[1]을 하달했는데, 규슈(九州), 혼슈

---

1 노병천, 『이순신(서울: 양서각, 2005)』, p. 18

(本州), 시코쿠(西國) 등 서부지역을 위주로 대소 다이묘(大名, 영주) 88명을 대상으로 하여 병력을 동원하였다. 바야흐로 조선 침공을 위한 막바지 마무리에 일본 전체가 날뛰고 있었던 것이다.

이에 비해 조선 조정은 어떠했는가?

안타깝게도 조선은 일본의 이러한 여러 사정에 대해 까마득히 모르고 있었다. 더 한심한 것은 알려는 노력도 하지 않았고, 누가 알려주어도 들으려고 하지 않았다는 것이다. 조정차원에서 서둘러야 할 전란대비를 임금의 주도하에 거의 하지 않고 있었고, 설마 하다가 막판에 유성룡의 건의에 따라 약간의 준비를 한 것 말고는 대비를 서두르지 않았으며, 유일하게 관심을 가지고 노력한 것이 있다면 통신사를 파견한 것이었다. 일본의 요청으로 마지못해 왜(倭)의 동향을 파악하기 위한 목적으로 황윤길을 정사로 하고 김성일을 부사로 하여 1590년 3월에 통신사를 파견하지만, 1591년 3월에 조선으로 돌아온 그들은 대국적 차원의 진실된 보고는 없었다. 오로지 그들에게는 당리당략만 있을 뿐이었다. 당파가 서로 다른 통신사 인원을 선정할 때부터 파견결과 보고내용은 이미 예고된 것이라고 할 수 있다. 일본 내에서도 임무를 수행하면서 사사건건 대립한 그들은 결론을 정해놓고 떠난 통신사였는지도 모른다. 즉, 황윤길은 부산에 닿자마자 '곧 병화가 있을 것'이라며 전쟁 가능성을 경고했지만, 김성일은 이유야 어떻든 황윤길과는 전혀 반대되는 의견을 표명했다. 그리고 선조임금은 가장 최악의 상황을 상정하여 대비를 해야 했지만, 전쟁준비의 번거로움 때문인지, 아니면 백성들의 원성이 두려웠던지, 믿고 싶었던 것을 믿는 중대한 과오를 범하고 만다. 황윤길이나 김성일의 보고가 맞고 그른 것이 중요한 것이 아니라 조선 조정의 태도가 문제였다. 예나 지금이나 국민의 생명과 재산을 보호해야 하는 가장 큰 책임은 임금에게 있는 것이다. 통신사들이 돌아올 때 대마도 성주 소 요시토시(宗義智)가 공작새 두 마리와 조총, 창, 칼 등을 바쳤다. 그러나 선조와 조정 대신들은 공작새는 남양(지금의 경기도 화성)에 놓아 보내고, 조총은 군사물자 제조를 맡았던 군기시(軍器寺)에 놓아두라고 할 뿐 그것을 보내준 대마도주의 의도를 파악하려 하지 않았다.

한편, 유성룡은 김성일의 주장을 받아들이면서도 그가 그렇게 말한 것은 민심이 흉흉해질까 두려워서이기 때문이라는 것을 확인하고 왜의 침략 가능성을 어느 정도 인식하여 부분적인 준비를 하지만, 그것이 상상할 수 없을 정도의 큰 비극이 될 거라는 생각은 하지 않고 있었다. 즉, 시시각각 너무나 큰 국가적인 비극이 다가오고 있었지만 대신들 대부분은 무관심으로 일관했다. 하찮은 왜놈 따위가 쳐들어오면 잠깐의 난리일 뿐 그것이 전쟁이 될 것이라는 생각은 아예 하지 않았다. 조정이 무지했기에 그 당시 일본은 조선보다 면적이 넓고, 인구가 많고, 조선보다 빠르게 고유의 문자를 가졌으며, 그 나름의 문화를 가지고 있는 하나의 국가라는 사실을 인정하지 않았던 것이다. 자신보다 더 강한 자가 나타나서 자기를 죽이려고 칼을 뽑은 채로 바로 코앞에 있는데, 일부러 눈을 감았기 때문에 그것을 보지 않아서 안심하고 있는 것과 같은 상황이라고 해도 지나친 과장은 아닐 것이다.

그러면 당시 조선사회는 어떠했는가?

1592년은 조선개국 200주년이 되는 의미 있는 해였다. 선조는 큰 의미를 부여하면서 기념을 할 수 있도록 연초에 조정 대신들에게 지침을 내려놓은 상태였다. 그러면서 전란에 대비를 해야 한다는 유성룡의 건의에 의해 종6품이었던 이순신을 정3품인 전라좌수사로 7단계 진급시켜 파격적인 인사를 단행하였고, 장군들을 지방으로 보내 준비상태를 확인하게 하였으며, 성을 보수하고 일부는 새로 쌓도록 조치하였다. 그러나 거기까지였다. 왜구가 들어와도 그전처럼 소규모로 들어오지 대대적으로 쳐들어올 것이라는 인식이 부족했다. 거기에다가 조선건국 후 계속된 200년간의 평화는 백성들을 전쟁에 대해 무감각하게 만들었다. 그래서 유성룡은 징비록에 "사실 태평한 세월이 오랫동안 지속되었다. 그 때문에 중앙조정이나 백성들은 안일한 생각에 젖어있어 노역을 꺼리고 원성이 드높았다."라고 기록해 놓았다. 큰 외침 없이 지속된 200년간의 평화가 조선의 평화를 위협하는 주범이 된 것이다. 그리고 선조수정실록에도 "성을 높이 쌓을수록 백성들의 원망이 심해졌다."라고 기록되어 있다. 조정과 백성들이 하나같이 다가올 전란에 대한 대비의 필요성에 대해 공감대가 형성되지 않은 상태에서의 준비는 한계가 있을 수밖에 없었다. 대부분 형식적인 준비에 그친 것이다. 그나마도 미적대다가 막판에 긴가민가하면서 부랴부랴 준비를 서둘렀고, 기간이 너무 짧은 탓에 한꺼번에 하려니까 백성들을 무자비하게 내몰았는데, 결국 그것은 민심의 이반까지 가져오고야 말았다. 이런 와중에도 신각과 이정암 같은 일부 의인들은 전쟁을 예견하여 미리부터 성을 새로 쌓고 보수하는 등의 전쟁준비를 탄탄히 하지만, 애석하게도 대부분의 백성들은 지금 살고 있는 곳이 지옥 같은 아비규환의 현장으로 바뀔 것이라는 것을 꿈에도 생각지 않았고, 조정도 백성의 원성을 사지 않겠다는 구실로 더 이상 전란대비를 서두르지 않았다.

그리고 왜군에 대한 정보가 전혀 없었고 획득하려는 노력도 하지 않았다. 다만, 일본은 섬나라이므로 수군은 강하고 지상군은 약할 것이라고 안이하게 판단하고 있었지만, 일본의 지상군은 100년 전쟁으로 고도로 단련되어 있었다. 급기야 선조는 수군은 싸우면 틀림없이 패할 것이라는 생각에 임진왜란 직전 수군을 폐지하라는 결정을 내리기까지 하는데, 이러한 여러 가지 착각은 임진왜란 초기 순식간에 서울은 물론 함경도까지 점령당하는 원인이 된다.

임진왜란 직전 조선에 왔던 왜의 사신이 조선을 떠나면서 "사마귀에게 먹힐 줄도 모르고 매미는 저렇게 노래하는구나."[2] 라는 구절을 그들의 숙소인 동평관(東平館)에 낙서로 남겨 놓았다. 그 당시 중앙에서는 당파끼리의 암투가 계속되고, 지방에서는 백성을 착취하는 관리가 많은 것을 보고서 일본은 조선정벌을 착착 진행하고 있지만, 조선은 무사태평으로 지내고 있는 것을 보고 한심한 정도가 아니라 아예 방비를 포기한 것 같은 느낌을 받았을 것이다. 그러나 조선에서는 누구 하나 그 글에 관심을 가지는 사람은 없었다.

결국, 임진왜란은 전란을 대비하지 않고 무사안일로 소일한 무능한 조정과 해이해질 대로 해이해진 백성들의 안보 불감증이 만든 종합 작품이라고 할 수 있다.

조정은 다소 백성의 희생이 따르더라도 황윤길의 주장을 적극 수용하고 전란에 대한 대비를 해야 했다. 성을 수축하고, 허물어진 성은 보수하고, 무기를 만들고, 군사를 소집해서 조련을 부지런히 해야 했다. 대비를 하지 않은 대가는 고스란히 힘없는 백성들의 비참한 죽음과 신음으로 치러야 했고, 백성들의 귀중한 목숨이 미리 대비하지 않았기 때문에 침략군에게 개나 돼지만도 못한 한낱 미물로 취급당한 것이다. 전쟁을 대비하기 위해 치르는 대가는 침략군에게 무참히 점령당해서 치러야 하는 대가보다 훨씬

---

2 김현우, 『임진왜란의 흔적 1(파주: 한국학술정보, 2012)』, p. 33

싼 것이다.

일본은 조선을 점령할 수 있다는 확신을 가지고 침략을 한 것이다. 바로 우리의 무비(無備)가 그런 허점을 보인 것이다. 미리 대비하여 그러한 허점을 보이지 말았어야 했다.

시문 놀이와 책 읽기를 좋아했던 조선의 고관대작들은 분명히 평화를 원하거든 전쟁에 대비하라는 옛말을 알고 있었을 것이다. 그러나 알고만 있었지 행동으로 옮기는 것에는 인색했다. 머릿속에만 들어있고 행동으로 옮기지 않는 지식은 죽은 지식일 뿐이다. 국왕이 어리석고 대신들에게 혜안이 없으면 만백성이 고난을 당하고, 나라의 운명이 위태롭게 된다는 것을 일찍이 깨닫고 대비를 해야 했다.

전쟁의 책임을 가장 먼저, 그리고 가장 많이 져야 할 일본은 종전 후에도 조선에 대해 아무런 책임 있는 조처를 하지 않았다. 우리는 끝까지 그냥 무시당했을 뿐이다. 후에 사명대사가 일본으로 건너가 협상으로 포로 수천 명을 귀환시키지만, 예나 지금이나 무책임으로 일관하는 소행은 어찌 그리 똑같은지… 온갖 만행을 저질렀지만 책임은 철저히, 그리고 끝까지 회피한 것이다. 침략주의 근성을 버리지 못하고 있는 일본을 탓해 봐야 소귀에 경 읽는 격이다.

다만, 우리는 그것을 거울삼아 다시는 그런 역사가 쓰여지지 않도록, 그리고 오늘을 사는 우리가 후손들에게 역사의 죄인이 되지 않도록 안보태세를 굳건히 해야 한다.

명재상 유성룡의 아쉬운 선택

임진왜란 시 가장 큰 전공을 세운 사람은 이순신이지만, 유성룡이 그를 천거했을 뿐만 아니라, 임진왜란을 극복할 수 있도록 선조를 가장 측근에서 보필하였기 때문에 유성룡은 임진왜란 극복의 가장 훌륭한 공훈자라고 해도 과언이 아니다. 유성룡은 이순신뿐만 아니라 후에 선무일등공신으로 책봉되는 권율을 추천하였고, 임진왜란 기간의 대부분이라고 할 수 있는 1592년부터 1598년까지 영의정으로 조정을 이끌면서 외교와 군사 등 여러 방면에서 전란을 극복하는 데 앞장섰다. 그는 어릴 적부터 이순신과 잘 아는 사이였으며, 이순신의 인품을 잘 알고 있었기 때문에 그를 천거하였고, 그것은 이순신이 우리의 영웅으로 탄생할 수 있었던 중요한 계기가 된다. 또한, 1592년 조선의 운명이 위태로워지자 일부 대신들이 "사태가 위급할 경우에는 곧바로 압록강을 건너 요동으로 가야 한다."라고 주장하였으나 유성룡은 "임금께서 우리 땅을 단 한걸음이라도 떠나신다면 조선땅은 우리 것이 안 될 것입니다."라고 하여 임금의 마음을 움직였다.

그러나 이처럼 전란을 극복한 조선의 명재상 유성룡이 한 선택 중에서 아쉬운 선택이 있었기에 안타까운 심정으로 살펴본다. 어쩌면 역사의 물줄기를 바꿀 수 있는 중요한 선택의 순간에 그는 아쉽게도 그 물줄기를 바꾸는 선택을 하지 못했다.

그 첫 번째 선택이 통신사가 일본에 다녀온 후 첫 번째 어전회의 자리에서 있었다. 여기서 정사 황윤길은 "그들은 가까운 시일 내에 반드시 쳐들어 올 것입니다."라고 보고하였다. 그런데 부사였던 김성일은 "신은 일본에서 그러한 낌새를 전혀 보지 못했습니다. 황윤길 정사는 쓸데없이 사실을 과장하여 민심을 동요시키려고 합니다. 그것은 옳지 못한 일이라 생각합니다."라고 서로 완전히 상반되는 보고를 하였다. 같은 지역을 같은 일자에 같이 보고 와서는 서로 대립하는 내용으로 맞서게 되었다. 이 회의는 좌의정 유성룡이 의장[3] 노릇을 했는데 누구의 말을 믿어야 할지 난감한 처지에 놓이게 되었다. 누구의 주장을 받아들여야 할지 쉽사리 판단을 할 수가 없었다. 유성룡은 중대한 기로에 선 것이다. 최종 결정은 임금이 하겠지만, 유성룡의 선택은 임금의 선택에 많은 영향을 미칠 수 있고, 임금의 최종 선택 결과는 백성들에게 엄청난 파문을 몰고 올 수 있는 것이다. 즉, 지금부터라도 착실히 전쟁준비를 하느냐, 하지 않느냐의 선택으로 이어지는 것이고, 그것은 바로 국가의 운명과 직결되는 문제인 것이다.

범인들은 이럴 경우 무엇을 잣대로 판단하게 될까?

아마도 누구의 주장이 진실인지 아닌지를 먼저 알려고 했을 것이고, 그것이 안 되면 사람 됨됨이와 그 이전의 개인적인 관계, 그리고 선택 이후에 개인과 사회에 미치는 영향 등을 생각해서 판단하게 될 것이다.

그러나 유성룡은 그 모든 것보다 안타깝게도 당파를 먼저 생각했다. 김성일은 동인이고 황윤길은 서인이었는데, 유성룡이 동인이었기에 김성일의 주장을 받아들였다. 결국, 그것은 잘못된 선택으로 김성일은 민심의 동요를 걱정하여 그렇게 주장하였다고 했지만 엄청난 파문을 몰고 온 것이다. 파문을 몰고 왔다기보다는 조정과 백성들은 지금까지 해왔던 대로 하면 된다는 생각을 굳힌 것이다. 즉, 외침에 무감각한 조정과 백성들은 외침에 대한 대비를 지금까지 하지 않았고, 앞으로도 하지 않아도 되는 계기를 만

---

3 노병천, 『이순신(서울: 양서각, 2005)』, p. 22

들어준 어전회의가 된 것이다.

유성룡이 이때 황윤길의 손을 들어 주었다면 어떻게 되었을까 하는 아쉬움이 있다. 그때 유성룡은 진실을 알기 위한 노력을 좀 더 기울여 본 후 사실대로 판단할 수는 없었던 걸까? 일찍이 증손전수방략(增損專受方略)이라는 책을 이순신에게 주어서 전란에 대비하게 한 장본인이 아닌가? 그런데 왜 김성일의 주장을 받아들여 전 국가적인 차원에서 대비를 하지 않았는지 궁금하다. 당리당략을 초월해서 냉철한 판단으로 임금과 백성을 움직여 1년여 동안 내실 있게 전란에 대해 대비를 했더라면 임진왜란은 일어나지 않았을 수도 있고, 설령 일어났더라도 그렇게도 무참하게 짓밟히지는 않았을 것이다. 이순신 장군은 전라좌수사로 부임 후 1년 동안 대비를 한 결과 연전연승하지 않았는가? 두고두고 아쉬움이 남는 순간이다.

두 번째 아쉬움은 이순신 장군의 투옥이 결정되는 어전회의에서의 선택이었다. 1597년 1월 27일 이순신 문제를 논의하는 어전회의가 열렸다. 여기서 이순신에 대한 선조의 물음에 유성룡은 "임진년에 공을 세워 정헌대부까지 이르렀으니 분수에 너무 지나칩니다. 무릇 장수는 뜻이 차고 기가 펴지면 반드시 교만하고 게을러집니다."라고 답한다. 이순신을 천거한 유성룡은 또 "(이순신이) 거제도에 들어가 지켰다면, 영등포·김해의 적이 반드시 두려워했을 것입니다. 그런데 오랫동안 한산도에 머물면서 별로 하는 일이 없었고, 이번 바닷길도 역시 요격하지 않았습니다. 어찌 죄가 없다고 하겠습니까?"라고 답변하면서 이순신을 공격하는 데 한몫 거들었다.

왜 그랬을까? 유성룡은 이순신에 대해 누구보다 잘 아는 사람이다. 아마도 이순신이 죄가 없다는 것을 알고 있었을 가능성이 크다. 이순신이 죄를 지었다 할지라도 그럴만한 이유가 있었을 거라는 것쯤 짐작할 만한 인물이다. 그런 그가 적극적으로 이순신을 대변할 수는 없었을까? 어차피 죄를 면치 못할 거라고 생각하고 이순신을 두둔하면 선조의 분노만 더 사게 되어 죄가 더 무거워지는 게 두려워서 그랬을 가능성을 부인할 수는 없다. 이 어전회의 결과에 따라 이순신을 투옥하느냐 마느냐가 결정되는 중요한 회의라는 것을 유성룡은 잘 알고 있었을 것이다. 그러나 이순신을 두둔하는 말은 한마디도 하지 않는다. 오히려 원균에 대해 논할 때 "대개 나라를 위하는 데는 성심이 있습니다. 상당산성을 쌓을 때 움막을 만들고 자면서 공사를 감독했습니다."라고 하면서 원균을 두둔했다. 기울어버린 추세를 유성룡 혼자 바로 세운다는 것이 불가능하다는 것을 알았기 때문인가?

어쨌든 이 회의를 끝으로 이순신은 체포되어 서울로 압송되고 죽을 고비를 넘긴다. 이순신이 없는 동안 원균이 지휘한 조선 수군은 칠천량 해전에서 패하여 이순신이 각고의 노력으로 이룩해 놓은 세계 최강의 해군력은 여지없이 궤멸하여 버리고 만다. 이제 조선은 임진왜란 초기보다 더한 절체절명의 위기에 놓이게 된 것이다.

어전회의에서 영의정 유성룡이 다른 신하와 의기투합하여 선조를 만류했더라면 이러한 위기는 오지 않았을는지도 모른다. 역시 두고두고 아쉬움이 남는다.

세 번째 아쉬움은 바로 얼레빗 참빗과 관련된 내용이다.

'왜군은 얼레빗이고 명군은 참빗'이라는 내용으로 구원군으로 온 명군이 침략한 왜군 못지않게, 또는 왜군보다 더 큰 폐해를 조선에 끼쳤다는 것을 빗대어서 하는 말인데, 1593년 겨울에 유성룡은 명나라 사신인 사헌(司憲)

과 같이한 자리[4]에서 사헌이 유성룡에게 "내가 들으니 조선사람들이 왜적은 얼레빗[梳子] 같고 명나라 군사는 참빗[篦子] 같다고 한다니 사실입니까?"라고 물었다. 그런데 유성룡은 그 기회를 이용하여 명군에 의한 피해가 심각하다는 이야기는 하지 않고 군대가 왕래하다 보면 민간인이 피해를 보는 것은 어쩔 수 없는 일이니 신경 쓰지 않아도 된다는 식으로 답했다. 위 내용이 사실이라면 참으로 안타까운 순간이다. 왜군 점령지에서는 왜군에게 갖가지 수모를 다 겪으면서 하루하루를 연명하고 있고, 명군 주둔 이후에는 명군에 의한 피해가 극심하다는 것을 모를 리가 없는 유성룡이기에 명군에 의한 피해를 방지해 달라고 강력하게 요청해야 하는 자리이면서 요청할 기회를 잡은 것 아닌가? 그런데 그러지를 못했다. 유성룡에게 백성보다 명나라 사신의 비위가 더 중요했기 때문일까?

당시 힘이 없던 조선의 재상으로서 어쩔 수 없는 선택일 수도 있었다. 그러나 아무리 나라의 앞날을 위한 선택일지라도 말미에 한 번쯤은 조선 백성을 핍박하지 말라고 요청해야 하지 않았을까?

굶주림과 추위에 지쳐 쓰러져 갔을 가엾은 조선 백성을 생각하면 한없이 안타까운 생각이 든다.

임진왜란 극복의 명재상 유성룡!

그는 전란을 극복한 재상으로 역사의 한 면을 채우고 있다.

그것은 누구도 부인하지 않을 것이다.

그러나 전란을 극복한 훌륭한 면이 있는 이면에, 어쩌면 그것은 소 잃고 외양간 고친 것인지도 모른다.

---

4 최우열, 『조선이 뒤흔든 이순신의 바다(서울: 채륜, 2012)』, p. 5

그것도 너무나 많은 소를 잃은
뒤에 고치는 외양간이었다.

미리 대비하지 않았기에 수많은
백성이 도륙당하고 굶어 죽고 농토
가 훼손되어 전후에도 기근이 극심
하지 않았는가?

쉬운 일은 아니었겠지만, 통신사
가 귀국했을 때 어떻게 하든 선조
를 설득하고 백성들에게 위기의식
을 인식시켜 전란에 대비하고, 이

임진왜란 시의 충신 서애 유성룡

순신이 투옥되는 것을 막았어야 했으며, 명나라 사신에게 조선 백성을 구
해달라고 강력히 호소했어야 한다는 아쉬움이 두고두고 남는다.

통사 홍순언(洪純彦)

임진왜란 일등공신은 당연히 이순신 장군이다.

그것에 대해서는 더 이상 말이 필요 없다.

그런데 이순신 장군만큼은 안될지라도 전란을 극복하는 데 혁혁한 공적
을 세운 분이 한 분 있다. 바로 통사(通事) 홍덕룡(洪德龍)이다.

이순신 장군이 칼로 공을 세웠다면 홍덕룡(자는 순언)은 외교로 공을 세
운 사람이다. 그러나 안타깝게도 홍덕룡을 아는 사람은 별로 없다. 그렇지
만 바로 그 홍덕룡의 행적을 통해서 그의 나라 사랑 정신을 본받고, 일상

생활에서의 의로운 행동이 때에 따라서는 한 개인뿐만 아니라 망해가는 한 나라를 구할 수 있다는 것을 인식하고, 좋은 일 하는 데 앞장서는 사람이 되도록 자신의 마음을 가다듬어야 할 것으로 생각된다.

임진왜란이 발발하기 10년 전인 1582년(?) 홍덕룡은 한학(漢學) 통사(通事)로서 사신과 함께 명나라를 가게 된다. 명나라 북경에서 며칠 동안 사신으로서의 임무를 거의 마치고 한가한 시간을 이용해 북경거리를 거닐게 되었는데, 우연인지 계획된 것인지는 확인이 안 되지만 홍등가를 지나게 되었다. 그런데 한 집을 지나다가 천금(千金)을 주어야 상대를 하겠다는 글을 보게 된다. 천금이라면 은 천 냥으로 보통 노류장화(路柳牆花)의 비용보다 백배나 천배가 넘는 것이다. 호기심이 발동한 홍 통사는 필히 무슨 곡절이 있을 거라 생각하고, 자기가 가지고 있던 금전을 다 털어서 천냥을 지불하고 그 집으로 들어간다. 도대체 얼마나 천하절색(天下絶色)이기에 천 냥씩이나 요구하는지 궁금하기도 했다. 집으로 들어간 그는 주인에 의해 화려한 침실로 안내되었는데, 그곳에는 그야말로 천하절색의 미인이 소복을 입고 누군가를 기다리고 있었다.

홍 통사는 기다리고 있는 여인의 고풍스러운 자태를 보고 보통 집 아녀자가 아니라는 것을 알 수 있었다. 청초하고 단정한 얼굴과 떨고만 있는 여인의 모습을 보고 비록 홍등가에 있는 여인이지만 함부로 범할 수 있는 여인이 아니라고 생각하고 먼저 곡절을 들어보기로 했다. 이야기인즉, 그 여인은 절강(浙江) 사람으로 아버지가 명나라의 호부시랑(戶部侍郞)이었으며, 간신(奸臣)들의 모략으로 공금을 횡령하여 전 재산을 몰수당하고, 횡령한 공금을 갚지 않으면 곧 사형을 당하기 때문에 3,000냥을 받고 이 집주인에게 몸을 팔아서 아버지의 목숨은 겨우 구했는데, 아버지는 지금 중경(重慶)으로 귀양을 갔다는 것이다. 그리고 의기 있는 사람을 만나 다행히 몸값을 치러주면 한평생을 그 사람의 첩으로라도 살 작정인데 천 냥의 비싼 값을 정한 것은 여러 소인배와 상대하는 것을 피하기 위해 그렇게 한 것이라고 했다. 또한, 처녀의 몸으로 여기에 온 지 3개월이 지났지만, 아직 아무도 상대한 사람이 없다는 것이다. 역시 생각했던 대로 이런 곳에서 머무를 노류장화(路柳牆花)가 아니라 사대부 집의 규중처녀라는 예감이 정확히 맞았다.

홍 통사는 조금 전까지 솟구쳤던 남성으로서의 욕정을 차분히 깔아 앉히고 난 다음, 효심이 강하고 순결한 천하절색의 여인을 한평생 책임을 질 것도 아닌데, 순간적인 호기심과 한 때의 감정으로 정조를 짓밟아 버린다는 것이 너무나 잔인하다는 생각을 한다. 그리고 흥분된 감정을 애써 억제하고 그 여인을 안심시킨 다음 같이 왔던 일행을 찾아 2,000냥을 빌려서 그 여인의 몸값 3,000냥을 집주인에게 다 지불하고 그 집을 나선다. 자유의 몸이 된 그녀는 멀리까지 따라나와 함자라도 알려달라는 여인의 청을 거절하고 서둘러 그 집을 나오는데 동료 한 사람이 그 여인에게 조선 통사 홍덕룡(洪德龍)이라고 말해주었다. 그런데 그 일이 나라를 구하는 의기 있는 일이 될 거라고 예상한 사람은 아무도 없었다.

사신들은 명나라에서 임무를 끝내고 조선으로 귀국했고, 귀국과 동시에 홍 통사는 공금을 횡령한 죄로 감옥에 갇히게 된다. 재산을 다 팔아 2,000냥은 갚았으나 1,000냥을 갚지 못해 옥살이를 하게 된 것이다.

그런데 그 일이 있은 후 조선에서 명나라로 사신이 갈 때마다 북경에 도착하기 전에 한 무리의 명나라 사람들이 와서 일행 중에 홍 통사가 같이 왔느냐고 묻고, 홍 통사가 없다고 하면 어디론가 휑하니 사라졌다. 조선 사신 입장에서는 아무래도 이상한 일이었고, 그것은 온 장안의 화제가 되어 여러 사람의 입으로 오르내리게 되었다.

그리고 임진왜란이 발발하기 8년 전인 1584년 선조임금은 그때까지 수정이 안 되었던 명나라의 대명회전(명나라 임금의 어명을 받아서 국가의 권위로 편찬한 사전(事典)의 하나)에 잘못된 내용을 바로잡기 위해 변무사(卞誣使)를 파견한다. 대명회전에 이 태조의 아버지가 이자춘(李子春)이 아닌 이인임(李仁任)으로 되어 있고, 그 밑에는 고려의 이씨가 왕씨(王氏)의 네 임금(4王: 禑, 昌, 瑤, 奭왕)을 죽이고 나라를 차지한 것으로 되어 있었다. 즉, 조선왕조의 정통성이 무지막지하게 훼손되어 있었다. 그것을 바로 잡기 위해 열한 번이나 사신을 보냈지만 고쳐지지가 않자, 선조는 황정욱(黃廷彧) 일행에게 이번에 고치지 못하고 돌아오면 목을 치겠다고 엄명한다. 고민에 빠진 그들은 사신이 명나라에 갈 때마다 홍 통사를 찾는다는 소문을 듣고 옥에 있는 홍 통사를 찾아가 옥에 갇힌 내력에 관한 이야기를 다 듣고 난 다음, 무엇인가 도움이 될 것으로 기대하고 이번에 같이 가기로 한다. 1,000냥을 구해서 홍 통사를 옥에서 구해내고 같이 명나라로 가는데, 통주에 다다랐을 때 역시 한 무리의 관원이 나타나 홍 통사도 오느냐고 묻고는 홍 통사가 온 것을 확인 후 사라졌다. 그리고 홍 통사가 북경 근처에 도달했을 때 명나라 관원에 의해 예부시랑의 집으로 안내되어서 갔는데, 한 여인이 아버지라 부르면서 깍듯이 절을 하고 인사를 하는데, 바로 몇 년 전에 3,000냥으로 빚을 갚아준 그 여인이었다.

유씨 성을 가진 그 여인은 그날 이후 뛰어난 미색과 갸륵한 효심, 그리고 누구도 따를 수 없을 정도의 훌륭한 범절을 가진 품성으로 자자하게 소문이 나 상처한 후 외롭게 살고 있던 예부시랑(현재의 외무부 또는 안전행정부 차관) 석성의 아내가 되어 있었다. 그리고 석성은 훌륭한 행실과 뛰어난 외모를 가진 아내에 대해 항상 흡족하게 생각하고 있었으며, 아내와 홍 통사 간에 있었던 일을 아내를 통해 이미 알고 있었기 때문에 자기가 누리고 있는 지금의 이 행복이 다 의협한 홍 통사 덕이라 생각하고, 조선에 대해 무척이나 호감을 가지게 되었을 뿐만 아니라 조선사람을 존경하게 되었다. 이리하여 홍 통사는 생각지도 않은 대접을 받으면서 이번에 종계변무사(宗系卞誣使)로 오게 된 사유를 설명하였고, 석성은 마침 예부에서 대명회전을 증보(대명회전을 증보하는 담당부서가 예부시랑임)하기로 했는데 고쳐주기로 약속을 하였다. 그리고 한 달 뒤에 수정된 대명회전의 등본(謄本)을 가지고 조선으로 돌아왔는데, 200년간 고치지 못한 것을 고쳐서 돌아오니 온 조정이 난리였고 선조의 기쁨은 절정에 달했다. 그렇게 해서 오랫동안 나라의 수치를 씻어낸 그들은 광국공신에 봉해졌는데 홍 통사는 1등 공신이지만 중인인 탓에 2등 공신으로 봉해지고 당릉군(唐陵君)이라는 칭호가 내려졌다. 한때의 의협한 행동이 대명회전에 잘못 실려진 왕조(王朝) 관련 내용을 바로잡는데 결정적인 기여를 하게 된 것이다. 그러나 이것은 하나의 의협한 행동이 계기가 되어 나라를 위해 한 일 중에 시작일 뿐이라고 말할 수 있다.

그로부터 8년 후인 1592년 왜(倭)는 치밀한 준비 끝에 조선으로 쳐들어온다. 사전 전란에 대한 대비가 미흡했던 조선은 속수무책으로 당하고 만다. 20여 일 만에 한성이 점령당하면서 조선의 운명이 백척간두에 이르자 병조판서 이항복은 홍 통사를 개인자격으로 명나라에 파병을 요청하는 사신으로 가 줄 것을 요청한다. 나라 걱정에 잠을 못 이루던 홍 통사는 지체

없이 승낙하고 개인자격의 청병사(請兵使)로서 명나라로 향한다. 그가 북경에 당도했을 때 역시 석성의 아내 유씨가 제일 먼저 맞아주었다. 그리고 석성은 공교롭게도 명나라의 병권을 쥐고 있는 병부상서가 되어 있었다. 그날 저녁 홍 통사는 그의 집에서 개인자격으로 명나라의 병부상서와 마주앉게 되었다. 융숭하게 음식과 술을 차렸으나 오로지 청병 목적을 달성해야 한다는 책임감에, 그리고 이 순간도 왜의 칼에 죽어가고 있는 백성들을 생각하면서 일체 술에는 손을 대지 않고 이번 방문의 목적을 설명한다. 즉, 홍 통사는 조선의 임금도 만나기 힘든 사람을 한순간의 의기 있는 일로 인해 개인적으로 만나서 청병을 요청하게 된 것이다. 그 자리에서 그는 명나라가 조선에 빨리 파병해야 하는 이유를 논리정연하게 말한다. 즉, 조선은 명나라를 치기 위해 쳐들어온 왜에게 길을 빌려주면 그만인 것을 그렇게 하지 않고 준비가 안 된 상태에서 전쟁을 하고 있기 때문에 엄청난 희생을 하고 있고, 그것은 곧 명나라를 지키는 것과 같은 것이며, 조선이 망하면 그다음은 명나라 차례가 될 것이기 때문에 조선으로 하루속히 출병해서 조선을 지켜주어야 한다고 설파한다. 또한, 왜가 너무 빨리 조선 땅을 점령하자 조선이 왜의 앞잡이가 되어 명을 칠 것이라는 소문에 대해, 200년간 평화가 지속되어 문약(文弱)에 빠져서 대비를 못 해 그렇게 되었다는 논리로, 헛소문이라는 것을 알게 한다. 청산유수 같은 그의 언변과 나라를 생각하는 진심 어린 간청에 석성의 마음이 흔들리게 되고, 그는 명나라 신종에게 역시 조선뿐만 아니라 명나라를 위해서 조선으로 출병해야 한다는 주장을 올리자, 신종도 조리 있는 그의 논리에 동의하면서 조선으로의 파병을 결정한다.

이렇게 해서 1592년 6월 명나라 조승훈이 3,500여 명의 병력을 이끌고 조선으로 오게 되고, 1593년 1월 2일 이여송이 지휘하는 5만여 명의 대규모 병력이 압록강을 건넜다. 그리고 1593년 1월 6일 조·명 연합군은 평양성 전투에서 대승을 거두었는데, 이것은 임진왜란의 중요한 전환점이 된다. 비록 명나라는 우리가 원하는 만큼, 그리고 원하는 시기에 출병한 것도 아니고, 우리의 속을 후련하게 해줄 만큼 왜군을 물리쳐 주지는 못했지만, 명군의 참전이 왜군에게 많은 심리적 영향을 주게 되었다. 때를 같이해서 속수무책으로 패하기만 하던 지상군은 연전연승하는 수군과 의병활동, 그리고 점차 전열을 갖추어가는 관군 및 혹독한 추위가 계속되는 계절의 영향과 명군의 참전으로 전세를 역전시켜 나가고, 결국 임진왜란 극복의 발판을 마련하게 된다. 명군의 참전으로 상상 이상의 폐단이 있었지만, 어떻든 임진왜란을 극복하는 하나의 영향요인이 된 것은 분명하다.

우리는 여기서 한 남자의 의로운 행동이 가련한 한 여인의 인생을 구하고, 망할 뻔한 나라를 구하는 데 많은 영향을 끼쳤다는 것을 알 수 있다. 평범한 사람으로서는 하기 힘든 그의 의협한 행동은 사뭇 대인으로서의 품성을 간직하고 있었고, 평상시 그의 마음 어디에선가 자신도 모르는 의협심이 있었기 때문에 가능했을 것이다. 모름지기 사람으로 태어났으면 끊임없이 심신을 갈고닦아 순간의 즐거움을 쫓을 것이 아니라, 다른 사람의 딱한 사정을 알았을 때는 나의 고통으로 생각하는 의기를 지녀야 할 것으로 생각된다. 그것이 곧 나라를 위하는 것으로 연결될 수 있는 것이다.

그후 석성이 임명한 심유경이 강화회담 대표로 왜와 강화회담을 했으나, 심유경과 고니시 유키나가의 농간으로 협상이 결렬되면서 그 책임을 물어 명나라는 석성을 하옥했는데 그는 옥사하고 만다. 그리고 그가 그토록 사랑했던 그의 아내는 귀양을 갔다고 전해지고, 아들 두 명은 조선으로 귀화하였는데 조선 조정에서는 그들을 각별히 배려하여 해주에 있는 토지뿐만 아니라 맏아들 담(潭)은 성주 석씨의 성을, 둘째 아들 천(洊)에게는 해주 석씨의 성을 하사해서 조선에서 살게 하였다. 석성은 양(兩) 석씨 시조의 아버지가 되었고, 조선과의 인연은 만대로 이어지고 있는 것이다. 통사 홍덕룡은 이여송이 조선으로 출병하자 그의 통사가 되어 활동하였고, 임진왜란 기간 내내 명군과 조선의 가교역할을 하였으며, 임진왜란이 끝나자 그의 임무도 끝났음인지 안타깝게도 1598년 69세(1530~1598)를 일기로 세상을 하직했다.

제2장

조선의 의기를 떨친 사람들

가족을 조국에 바친 호국의 영웅들

천칠백의총, 천의총 금산전투

적장을 죽인 평양기생 계월향

가짜 바다

목동 김천손

가족을 조국에 바친 호국의 영웅들

우리의 전통사상 중에 선비정신이 있다. 선비정신은 충·효·예를 바탕으로 하고 있다. 그중에서도 단연 충(忠)이 뜸이다. 이러한 선비정신을 임진왜란 시 몸소 실천한 우리의 영웅들을 소개한다.

먼저 전라도 의병장 김천일은 임진왜란이 발발하자 고향 나주에서 의병을 일으켜 북상하여 수원, 안산 등지에서 왜적과 싸우다 강화도로 건너가 서울의 적과 대치하였다. 기회를 봐서 서울을 되찾기 위해서였다. 그러다 서울이 수복된 후에 진주가 위험하다는 소식을 듣고 그가 이끌고 있던 300여 명의 의병과 함께 진주를 지키기로 다짐하고 진주성으로 들어간다. 왜군은 1차 진주성 전투의 패배를 설욕하고 차후 명과의 강화회담에서 유리한 고지를 차지하기 위해 치밀하게 진주성 공략을 준비하였다. 진주성을 빈틈없이 포위하여 조선군의 증원과 추가지원을 차단하고 조선으로 건너온 거의 전 병력을 집중한다. 그러나 조선군의 대비는 1차 진주성 전투 때보다 많이 미흡했다. 조정에서의 지원이 전혀 없었고 일부 의병과 관군을 제외하고는 진주성을 외면했다. 그렇지만 김천일과 황진, 최경회 등을 중심으로 진주성을 지키겠다는 일부 의병 및 관군과 성민들의 굳은 결의는 하늘을 찌를 듯했고 그들은 군량미와 화약을 비축하는 등 왜군에 맞서 그들이 할 수 있는 모든 싸울 준비를 해나갔다.

왜군에 의해 증원군의 길목을 차단당한 진주성의 조선군 병력 육천여 명과 왜군 구만이 천명과의 처절한 사투가 1593년 6월 22일 본격적으로 시작되었다. 이른바 2차 진주성전투의 서막이 오른 것이다. 어차피 죽을 각오를 한 조선군은 아무것도 두려울 것이 없었다. 인간의 상상을 초월한 처참한 싸움이 연일 계속되고, 칼이며 창을 휘둘러 적을 치고 짓밟는 조선군은 영락없는 관우, 장비의 환생을 보는 듯했다.

그러나 어쩌랴! 1차 진주성 전투와 달리 외부의 지원이 전혀 없는 고립무원의 상황에서 그들만의 힘으로 진주성을 끝까지 지키기에는 역부족이었다. 순성장 황진 장군이 전사하고 비로 인해 동문 쪽의 일부 성문이 무너지면서 그곳으로 전투력을 집중하자, 서문과 북문으로 왜군이 입성하면서 물밀 듯이 몰려오는 바람에 진주성은 완전히 왜적의 손에 넘어가고, 육만여 성민은 도륙(屠戮)의 대상이 되고 만다. 사람뿐만 아니라 움직이는 생명체는 잔악한 왜군의 칼에 피를 뿌리며 쓰러져 갔고, 모든 것이 불타면서 지옥 중에서도 가장 처참한 한 폭의 지옥도가 진주성에서 그려진다. 이때 김천일은 백발을 휘날리는 57세의 나이에 최경회와 총사령관 역할을 하면서 끝까지 싸우다 전세가 밀리자, 촉석루 위에서 북향 재배하고 아들 상건(象乾)에게 "젊은 너에게는 미안하다."라는 말을 하면서 아들을 껴안고 촉석루의 벼랑으로 뛰어내렸다. 그의 아내도 더러운 왜군의 칼에 죽기 싫다며 촉석루의 벼랑에 그의 몸을 맡겼다. 그 가족들의 영혼은 영원한 진주성의 수호신이 된 것이다.

그리고 의병장 고경명, 그는 백발이 성성한 60세에 주위의 추대로 의병장이 되어 전남 담양에서 6,000여 명의 의병을 모아 한양을 탈환하기 위해 북상하다가 호남을 지키기 위해 금산성을 먼저 탈환하기로 한다. 의병과 관군이 합동으로 금산성을 공격하던 중 의외로 성문을 열고 공격해오는 왜군을 보고 당황한 나머지, 관군이 먼저 후퇴하는 바람에 전열이 무너지고 의병들도 전의를 상실하고 흩어지고 만다. 기세가 꺾인 이상 고경명도 어쩔 수 없었다. 그는 부하들이 억지로 태워 고삐를 잡아끄는 말에 타고 있다가 얼마 못 가 적에게 둘러싸여 적의 칼날에 피를 뿌리고 숨을 거둔다. 둘째 아들 인후(因厚)와 함께였다. 그는 무인도 아니었다. 전형적인 선비였다. 그리고 그의 첫째아들 종후(從厚)도 의병장이 되어 2차 진주성 싸움에서 순절한다. 동생 고경신은 전투에 필요한 말을 구하기 위해 제주도에 갔다 오다가 풍랑을 만나 익사하였고, 또 다른 동생인 고경형은 2차 진주성 전투에서 조카 종후와 함께 전사하였다. 또 그의 딸(영광 유생 노상룡의 처)과 질부인 광산정 씨(고거후의 처)는 정유재란 때 왜적이 들이 닥치자 칼을 깔고 엎드려 자결하였고, 손자 부금(傅金, 종6품인 宣敎郞)은 효심이 굉장히 두터웠다고 한다. 그래서 고경명 집안은 자신은 물론 동생 및 아들과 딸이 모두 1충(고경명), 3효(장남, 차남, 손자 부금), 2열(烈, 딸과 姪婦), 1절의(節義, 동생 경형)로 표창되었고, 한집안에서 삼강(忠, 孝, 烈)을 모두 실천한 가문이라 하여 '일문삼강(一門三綱)' 집안으로 불렸다. 그래서 이들 가족의 충효열을 기리기 위해 광주광역시 대촌동에 고씨삼강문(高氏三綱門)이 세워져 있으며, 광주광역시 기념물 제12호로 지정되어 그들의 호국혼을 만대에 전하고 있다. 또한, 고경명의 금산전투에 앞서 왜적이 금산성을 공격하자 금산군수 권종(권율의 종형)도 1백 명의 군사를 모아

성을 끝까지 지키다가 아들 준(晙)과 함께 장렬히 전사한다. 일가족을 겨레 수호에 받친 고경명과 함께 이들 부자 역시 영원한 이 땅의 파수꾼이 되었다.

한편, 의병장 고경명이 1차 금산성전투에서 패하자, 충청도 의병장 조헌은 먼저 청주성을 탈환하고 전라 감사 권율과 같이 금산성을 치

기로 하였으나, 왜적이 먼저 조헌의 의병들을 공격하였다. 임진왜란이 발발하기 전 전란에 대비해야 한다며 대궐 앞에 도끼를 들고 와서 상소를 올린 그가 전란이 발발하자 의병장이 된 것이다. 전투력 면에서 비교가 될 수 없는 조선군 의병 칠백 명과 이십 배나 많은 만 오천 명 왜적 간에 처절한 전투가 금산 연곤평에서 벌어진다. 최신무기로 무장한 왜적과 모든 것이 빈약하기 이를 데 없는 조선군과의 전투였다. 어쩌면 그것은 인간의 능력으로는 표현할 길이 없는 기막힌 광경이었다. 전투라기보다 살육전이라고 표현하는 것이 더 적절한 것이다. 그러나 밀물처럼 몰려오는 왜적을 맞아 그들은 한 명도 물러나지 않았다. 활과 칼, 농기구, 돌멩이, 주위에 있는 모든 것이 의병에게는 무기였고, 그것마저 다하자 이빨로 물어뜯으면서 끝까지 싸우다 생존자는 한 명도 없이 연곤평 들판에 피를 쏟고 쓰러졌다. 이때 그의 아들 완기(完基)도 그림자처럼 아버지를 따르다 장렬한 최후를 맞는다. 역시 부자가 조국의 수호신이 되었다. 지금 금산의 칠백의총(七百義塚)에 모셔져 그들은 영원히 이 나라를 지켜주고 있다.

또한, 조헌의 의병이 위태로워지자 그들을 구하기 위해 승병 삼백 명을 이끌고 온 영규대사도 번개같이 칼날을 휘두르며 무수히 적을 치다가 압도적으로 많은 적들의 공격을 받아 영원한 호국의 원혼이 되었다.

그리고 정유재란 시(1597년) 일본은 전라도를 점령하기 위해 총력을 기울인다. 그들은 전주성을 치기 위해 약 6만 명을 동원하여 그중 일부는 배후인 남원성으로 향하였고, 일부는 전주성으로 가는 길목인 경남 안의에 있는 황석산성을 공격하였다. 황석산성의 500여 명 성민은 안음 현감 곽준(郭䞭)을 중심으로 끝까지 분전했으나, 안타깝게 함락되면서 짐승처럼 날뛰는 왜군에게 전원 학살되는 비운을 맞는다. 이때 곽준이 장렬한 최후를 맞이하자 아들 이상(履常), 이후(履厚)도 "아버지가 임금을 위해 죽었으니 아버지를 위해 죽는다."라면서 아버지의 뒤를 따랐고, 사위인 유문호는 적의 포로가 되었으며 딸은 남편의 소식을 듣고 목을 매어 자결했다. 그리고 곽준의 며느리(거창신씨)도 남편의 뒤를 따른다면서 자결했다. 곽준 가족 역시 고경명의 가족과 함께 '일문삼강(一門三綱)' 집안으로 불렸다. 수많은 외침의 역사에서 보기 드물게 고경명과 곽준은 가족을 나라에 바치고 일월과 함께 영원히 이어질 이 땅에서 호국의 화신이 되었다.

이들만이 아니다. 1592년 초계전투에서는 전투가 끝나갈 무렵에 달아나는 적을 끝까지 쫓아가던 의병장 정인홍의 중위장(현재의 참모장)인 손인갑이 아들 약해(若海)와 함께 안타깝게 전사하였고, 진주성에서는 할아버지인 정관윤과 김개는 손자인 정정열과 김덕련이 같이 전사하였으며, 송건도와 송국평은 부자(父子)가 같이 전사하였고, 형제인 남원사람 박홍남·기수, 김사종·언종, 강희복(姜熙福)·희열(熙悅), 김극후·극순 형제가 전사 또는 순절하였으며, 인동 출신 장봉한(張奉翰)은 아우 홍한(鴻翰) 및 사촌 사진(士珍)과 의병활동 중 함께 전사하여 삼문의사(三門義士)라고 불렸다. 또한, 나주사람 양산숙은 김천일 휘하에서 2차 진주성 전투 중 전사하자 그의 아내도 은장도로 목을 찔러 자결하였고, 형과 동생 및 어머니 등 8명은 정유재란 때 물에 뛰어들어 양산숙의 뒤를 따랐다.

또한, 부자나 형제가 같이 참전하여 가족 중 일부가 전사한 사례 역시 많이 전해지고 있다. 우리가 잘 아는 이순신 장군은 노량해전에 큰아들인 회(薈)와 함께 참전하여 자신은 전사하였고, 보성지역의 최대성(崔大晟)은 안치전투에서 아들 언립(彦立) 및 후립(厚立)과 함께 싸우다 역시 아버지 최대성은 전사하였으며, 장흥 출신 마하수(馬河秀)는 네 아들(성룡, 위룡,

이룡, 화룡)과 함께 명량해전에 참가하여 아버지가 전사하자 네 아들은 시신을 안고 대성통곡을 하면서 복수를 맹세하고 적이 패퇴할 때까지 결사항전을 그치지 않았다.

그리고 왜적을 물리치기 위해 목숨을 걸고 부자나 형제가 같이 싸운 가족도 많이 있다. 이들은 다행히 가족 중 목숨을 잃은 사람은 없다. 먼저 잘 알려져 있는 의병장 권응수는 처음 의병을 모을 때 동생(응전, 응평, 응생)과 아들(우와 적) 및 노복 등 10여 명을 데리고 의병활동을 하다가 소문을 듣고 많은 의병이 몰려들자 세력이 커져서 영천성과 경주성을 탈환하는 개과를 올렸고, 영광 출신 정희맹(丁希孟)은 아들 경(鏡)과 건(鍵)을 근왕 의병으로 보내고 자신은 향보 의병이 되어 고향을 지켰다. 또한 박승원(朴承源)은 아버지가 고경명과 함께 의병활동을 하자 형 장원(長源)과 함께 의병 대열에 합류하여 여러 전투에 참가하였고, 최강(崔堈)은 동생 최균(崔均)과 함께 의병을 일으켜 고성과 진해에서 많은 공을 세웠으며 흥양 첨산전투에서는 노비인 두리, 갑술 형제가 참가하여 맹활약을 하였다.

이들뿐만 아니라 미천한 신분으로 왜군과 맞서 싸우다가 부자나 형제 또는 가족이 같이 참전하여 전 가족 또는 일부가 전사했지만, 혼란한 시기라 역사에 이름 한 줄 남기지 못한 사람이 한둘이 아닐 것으로 추측된다. 또한, 가족이 같이 참전은 하지 않았어도 침략군과 맞서 싸우다 창검에 무참히 쓰러져간 이름없는 장졸들이 무수히 많을 것이다.

혼자 행하기도 어려운 것이 나라를 위해 목숨을 바치는 일인데, 대를 이어야 할 책임이 어느 때보다 강조되던 그 시대에 아들 또는 가족이 같이 참전했거나 같이 참전하여 일부 또는 전 가족이 함께 산화한 그들은 가지 않아도 되는 길을 스스로 갔다. 아무도 강요하지 않았고 요구하지도 않았다.

자기의 목숨보다 소중한 아들이나 가족과 같이 가는 죽음의 길은 더더욱 가지 않아도 되는 길이었다. 그러나 그들은 조금도 주저하지 않았다. 풍전등화와 같은 조국의 위기 앞에 아들과 함께, 그리고 가족과 함께 목숨으로 조국을 구하는 일에 촌각도 망설이지 않았다. 그들은 가족을 버린 게 아니라 가족을 지키기 위해 가족과 가정을 나라에 바친 것이다.

하나밖에 없는 목숨을 사랑하는 아내와 자녀, 그리고 가족과 함께 조국에 바친 그들의 희생정신에 심심한 애도를 표하면서 오늘의 우리가 있게 해준 애국혼에 감사드린다. 과연 우리는 그들 앞에서 부끄럽지 않은 후손인지 한 번쯤 돌아보아야 하지 않을까?

천칠백의총, 천의총 금산전투

1592년 4월 13일 바다를 건넌 왜군은 파죽지세로 북상하여 20여 일 만에 서울을 점령하고 계속 북상하였다. 그들은 북상을 서두른 나머지 전라도와 일부 충청도는 점령하지 않은 채 북상하였다. 그들이 점령하지 않은 전라도와 충청도 일부 지역은 관군의 기능이 살아 있어야 했지만, 그 기능은 미약했다. 미약해진 관군의 공백을 의병(義兵)이 대신하고 있었다고 해도 과언이 아니다. 그리고 왜군은 계속 북상하면서 일부 병력은 전라도를 점령하기 위해 6월 초에는 청주성까지 점령하고 계속 전주성을 향해 남하하고 있었다.

바로 이때 일어난 의병이 전라도의 고경명과 충청도의 조헌 및 승병 영규대사였다. 고경명은 육천여 명의 의병을 모아 한성을 탈환하기 위해 북상하던 중 왜군이 금산을 공격하여 군수 권종이 전사하였다는 소식을 듣고, 조헌과 금산성의 적을 먼저 공격하기로 약속하고 금산성을 공격한다. 바로 전라도를 지키기 위해서였다. 1592년 7월 9일 곽영이 이끄는 전라방어사군과 합동으로 금산성을 공격하여 첫날에는 진천뢰 등으로 수백 명의 적을 죽이는 전과를 올렸다. 그러나 다음날 이른 아침 공격을 시작하는데 왜적이 의외로 성문을 열고 취약한 관군을 공격하자, 영암군수 김성헌이 먼저 달아나면서 일시에 관군진영이 무너지고, 관군이 도망가는 것을 본 의병진영도 무너지고 만다. 고경명도 왜적에게 포위되어 아들 인후(因厚)와 함께 전사한다. 이때 그의 종사관 유팽로(柳彭老)는 탈출에 성공했으나, 대장이 위급함을 알고 대장을 구하고자 다시 적진으로 뛰어들어 같이 최후를 맞이했다. 그야말로 의로운 선비들의 장렬한 최후였다.

한편, 고경명의 의병이 패했다는 소식을 들은 조헌은 칠백명의 의병을 모아 금산성을 되찾기로 결심한다. 애초에 조헌은 고경명의 의병과 합동으로 금산성을 공격하기로 하였으나 고경명의 의병이 합세 이전에 패하였고, 권율과는 8월 18일 금산성을 같이 공격하기로 하였으나 8월 17일 조헌의 의병이 연곤평 들판에서 패하는 까닭에 약속이 지켜지지 않았다. 조헌은 금산성 공격전에 천육백 명의 의병으로 8월 1일 청주성을 공격하여 수복하는데, 이때 영규대사는 삼백 명의 승병으로 조헌과 생사를 같이하기로 약속하고 청주성 전투에 참가하여 많은 활약을 하였다.

조헌이 충청도에서 의병을 일으킬 때는 그의 의기에 감동되어 모여든 사람이 삽시간에 천여 명이나 되었다. 일찍이 조헌은 임진왜란이 일어나기 전해인 1591년 왜국 사신 현소가 왔다는 소식을 듣고 도끼를 들고 대궐 문밖에서 전란에 대비해야 한다고 상소를 올렸던 사람이다. 임란 전에 전란이 닥칠 거라는 것을 예상하고 있었던 사람은 이이와 이순신, 그리고 조헌밖에 없었다. 그런 그가 예상대로 전란이 일어나자 자신의 말을 아무도 들어주지 않은 것에 분통을 터뜨리고 의병을 일으킨 것이다. 나라를 구하겠다는 그의 의기가 하늘을 찌를 듯하자 여기저기서 의병이 구름처럼 모여들고 군량미를 대는 사람, 무기를 대는 사람 등 지역에서 너나없이 지원을 아끼지 않았다. 그러나 충청좌도 관찰사 윤선각은 왜의 앞잡이 안세헌의 꼬임에 빠져 의병으로 나간 사람의 부모와 가족을 잡아들여 옥 속에 가두자 조헌이 어렵게 모은 의병들은 다 흩어지고 말았다.

이에 조헌은 편지를 써서 윤선각을 꾸짖은 다음 충청우도로 가서 다시 의병을 모집하니 역시 그의 기개에 감동되어 모여든 사람이 천육백여 명이나 되었다. 그러나 또다시 관가의 방해가 있자 의병은 흩어지고 조헌에게는 칠백명만 남게 되었다. 그 칠백 명은 조헌을 스승과 부모처럼 숭배하고 존경하는 사람들이었다. 그리고 영규대사의 삼백 명과 칠백명의 의병은 생사를 같이하기로 하고 금산성으로 출정한다. 8월 18일을 기해 권율군과 합동으로 금산성을 치기로 약속이 되어있었기에 8월 17일 연곤평에서 권율군을 기다리고 있었다. 그러나 권율군이 당도하기 전에 왜적은 조헌의 칠백 명이 연곤평에 있다는 것을 알고 금산 성문을 열고 나와 공격하였다.

칠백명의 의병과 왜군 만 오천여 명 간에 연곤평에서 피의 혈투가 벌어진 것이다. 일찍이 조헌은 칠백 명으로 금산성을 공격하기로 결심했을 때 그의 아들 완기(完基)는 천 명이 못 되는, 훈련되어 있지 않은 군사로 수많은 왜적을 당해낼 수 없다며 금산성 공격을 만류하였으나, "이 강산이 이 모양이 되었는데 내 한 몸만 목숨을 구하여 살아보겠다는 것은 일이 아니다. 고제봉 선생을 보라! 나도 최후까지 싸워서 이 나라에 의기가 남아 있다는 것을 보여줄 뿐이다."라고 하였다. 고경명과는 이전부터 교분이 두터운 사이였고, 그가 전사하자 조헌은 대성통곡하면서 복수를 결심했다. 그리고 영규대사도 잠깐 퇴군을 하여서 진을 완전히 친 뒤에 싸워도 늦지 않을 거라고 하였으나, 우리는 꼭 이기러 온 것이 아니라 적에게 우리의 의기를 보여주는 것뿐이라면서 평소 강직하고 성격이 불같았던 그는 물러서지 않았다. 이미 조헌은 나라를 위하여 죽음을 각오한 것이다.

　적은 칠백 의병을 완전히 포위하여 공격하기 시작하였다. 그러나 그들은 시시각각 다가오는 죽음의 그림자를 보면서도 한 명도 이탈하지 않았다. 모두가 목숨을 내걸고 최후까지 싸우겠다는 결의만 있을 뿐이었다. 그들은 일제히 함성을 지르며 활을 쏘고 창을 들어 적병에게 돌격한다. 그리고 닥치는 대로 찌르고 베고 화살을 날렸다. 그의 아들 완기도 아버지의 뒤를 따르면서 좌충우돌 적병을 사살한다. 온종일 그렇게 싸웠다. 칠백 의병은 비겁하지 않았다. 한 명도 생명을 구하기 위해 항복하거나 도망하는 사람은 없었다. 어쩌면 가장 실력 있는 무인은 죽음을 두려워하지 않는 사람을 일컫는 말일 수도 있다. 지금의 칠백 의병을 두고 한 말인지도 모를 일이다. 만 오천여 명의 적은 칠백 의병을 향하여 사정없이 총을 쏘고 또 쏘았지만, 하늘을 사를 듯한 그들의 의로운 기백을 꺾을 수는 없었다.

　그러나 전투는 의기만으로 되는 것은 아니었다. 하루종일 절대우위의 전력을 가진 왜군과 맞서 싸운 의병은 화살이 떨어지고 기력이 떨어지면서 한 사람씩 쓰러져 간다. 칠백이 오백으로, 오백이 삼백으로, 그 삼백마저 백으로 줄어들고, 또 그 백 명은 급기야 십 명으로, 드디어 조헌과 아들 완기만이 남았다. 그리고 완기가 먼저 적의 칼에 쓰러지자 조헌은 마지막으로 칼을 휘두르다 원한에 쌓인 눈을 부릅뜬 채 땅 위로 쓰러져 버린다. 죽음으로 나라를 지키겠다고 분연히 일어선 칠백 의병 전원이 옥쇄하는 순간이다. 그들을 오늘의 우리는 칠백의사(七百義士)라고 하고, 그들이 모셔져 있는 곳을 칠백의총(七百義塚)이라 일컫는다. 나라를 위해 방파제가 되어 쓰러진 칠백의사의 의로운 넋은 영원히 이 땅을 지켜줄 것이다.

한편, 와여평(금산군 금산면 양전리)에서 진을 치고 있던 칠백의사와 생사를 같이할 것을 맹세한 영규대사는 칠백 의병이 포위되자 승병 삼백 명을 이끌고 그들을 구하러 달려간다. 그는 상좌승려가 군사를 더 모아서 싸우자고 간언하였으나, 일언지하에 거절하고 조헌과 생사를 같이하기로 한 약속을 지켜야 한다며 적진으로 돌격한다. 3백 명으로 만여 명의 적과 싸운다는 것은 계란으로 바위를 치는 것과 같은 것이다. 그러나 영규대사는 칠백 의병과 함께 죽음으로 의기를 적에게 보이기로 마음먹었다. 영규대사가 거느린 삼백의 승병도 칠백 의병 못지않게 최후까지 싸우다가 한 사람 남지 않고 나라를 지키는 든든한 둑이 되어 장렬한 죽음의 길로 올랐다.

칠백의총

그리고 칠백의사와 삼백의 승병이 전사했다는 소식을 듣고, 또 금산으로 왜적을 향해 돌진하고 있는 두 부대가 있었다. 해남 현감 변응정(邊應井)이 거느린 이백 명의 군사와 남평 현감 한순(韓楯)이 거느린 오백 명의 군사였다. 이들 역시 앞서 간 칠백의사와 삼백 승병의 대의를 본받아 그들 못지않게 용감하게 금산성을 육박해서 적과 싸우다가 순절한다.

이러한 세 번에 걸친 의병의 필사적인 항전으로 막대한 타격을 입은 왜군은 승리하고도 더 이상 전라도로 침략하지 못하고 영남지역으로 퇴각하였으며, 전라도 점령은 그들의 처절한 실패로 돌아간다.

이렇게 3차에 걸친 금산전투가 끝나고 조헌이 전사했다는 소식을 듣자 송강 정철은 눈물과 함께 구슬피 울면서 "조헌은 바르게 살다가 곧게 죽으려 하드니만, 마침내 의롭게 죽었구나!"라며 탄식했고, 시인 권필(權韠, 조선 시대 시인, 1569~1612)은 "崔槐錦山色 萬古只麼靑(높고 높은 금산 빛 만고에 푸르렀네.)"라는 시를 읊어 조상했다. 그리고 중봉 조헌의 제자들은 칠백의 시신을 모아 무덤을 만들고 칠백의사총(七百義士塚)이라는 글을 새겨 비를 세웠다.

바로 이 두 번의 금산성 전투에서 왜군은 앞으로 전라도를 점령하기 위해서 치러야 할 대가가 엄청난 것임을 깨닫게 된다. 그리고 조선 의병이 죽음을 두려워하지 않고 그토록 악착같이 덤벼들 것이라는 것을 예상한 왜군은 아무도 없었다. 비록 두 번 다 의병의 처절한 패배로 막을 내린 금산성 전투이지만, 왜군은 전투력에서 막대한 손실을 입었고 심리적으로는 조선이 대승한 전투라고 할 수 있다.

금산성 전투에서 왜적과 싸우다가 산화한 사람은 천칠백으로 이들 모두는 조선의 의기를 만천하에 떨친 의인들이다. 그들은 죽을 줄 알면서도 그것을 피하지 않고 끝까지 대항하다 민족의 등불이 되어 오늘도 이 강토를 비춰주고 있다. 우리는 그들의 희생정신을 길이길이 추앙하고 후손들이 본받도록 해야 할 것이다.

그런데 다 같이 같은 장소 또는 근접한 장소에서 왜적과 싸우다 전사했는데, 칠백의총(七百義塚)이라는 이름으로 칠백의사가 전사한 사실만 많이 부각되어 있는 것 같아 안타깝다는 생각이 든다. 삼백의 승병과 뒤따라 전사한 또 다른 칠백명의 군사들이 전사한 사실은 간과되고 있다. 승병들은 순박하기 그지없는 조선 백성들이 무지막지하게 살육되자 그들을 구하기 위해 구생(求生)의 일념으로 일어섰고, 뒤이어 전사한 칠백명의 군사들은 앞서 전사한 칠백의사와 같이 구국(救國)의 정신으로 일어선 의인들이다. 왜적은 칠백의사와 같은 의병이 전국 곳곳에서 일어나자 전혀 예상하지 못한 저항에 부딪히고 이 나라 백성들의 의기가 얼마나 굳고, 구국의 일념으로 얼마나 단단히 뭉쳐 있는가를 짐작하고, 정신적으로 큰 충격을 받았을 것으로 추측할 수 있다. 특히, 산속에서 불도를 수행하던 승려들까지 군사를 일으키자 얼마나 더 많은 조선 관군 및 승병을 비롯한 의병과 전쟁을 해야 할지 전혀 예측이 안 되는 앞으로의 양상에 왜적은 더 많은 공포에 휩싸였을 것으로 생각한다. 그 승병들은 군사를 일으키지 않았더라도 손가락질할 사람은 아무도 없었을 테지만, 힘없는 조선의 백성들이 무참히 죽어가는 것을 앉아서 볼 수만은 없었기 때문에 죽음의 대열에 합류한 것이다. 그런 승병과 칠백 명 군사들의 희생을 칠백 의사와 동일한 희생으로 평가해야 한다는 의미에서 칠백의총보다 천칠백의총(千七百義塚)으로 불러야 할 것으로 생각한다.

중봉의 제자들이 시신을 수습할 때에 칠백 의사의 시신만 수습하지 않았을 것으로 생각한다. 같은 장소이거나 가까운 거리에서 같은 조선군으로 동일한 왜적과 싸우다 전사했는데 칠백 의사의 시신만 수습했다고 보기는 힘들다. 칠백 의사가 아닌 사람의 시신을 어떻게 처리했는지에 대해서는 앞으로 더 확인이 필요한 사항이지만, 칠백의사 희생 못지않게 승병과 후속한 칠백 명 군사들의 희생도 고귀하다고 생각한다. 그런 의미에서 천칠백의총(千七百義塚)으로 일컫는 것도 의미 있는 것이라 생각한다. 해남 현감 변응정(邊應井)과 남평 현감 한순(韓楯)이 거느린 칠백 명이 후속해서 벌인 전투에 대한 기록이 명확하지 않다면 우선 삼백 승병들의 희생은 명확한 역사의 기록으로 남아있는 것이기에 천의총(千義塚)으로 일컫는 것도 의미를 더하는 것이라 생각한다.

어쨌든 금산성에서 숨져간 무수한 별들은 구국의 혼이 되어 오늘 저녁에도 대한민국을 밝게 비춰줄 것이다.

적장을 죽인 평양기생 계월향

임진왜란 시 조선 여성의 의기(義氣)를 떨친 사람으로 우리는 기생 논개를 꼽고 있다. 그러나 논개가 있기 전에 조선 여성의 기개를 떨친 이가 있었는데 바로 평양기생 계월향(桂月香)이다. 그러나 진주의 논개를 기억하는 사람은 많아도 평양의 계월향을 기억하는 사람은 극히 적을 것으로 생각된다. 논개의 그늘에 가려 잘 알려지지 않았을 뿐 아니라 남북분단이라는 현실의 벽이 계월향의 일화를 덮고 있는지도 모른다.

국립 민속박물관에 소장되어 있는 계월향 영정

계월향의 본명은 월선으로 당시 22세로 자색이 뛰어나 누구나 보면 한눈에 반할 정도였다고 한다. 1592년 조선을 침략한 왜적은 약 두 달만인 6월 초에 평양점령을 위해 평양성 외곽에 진을 친다. 이때 평양성 안에서는 평양성을 방어하고 있는 장수들을 위한 위로연이 베풀어졌는데 기생 계월향과 김응서 장군은 그것이 계기가 되어 연인이 되었고, 평양성이 함락되기 직전까지 부부로 지낸다. 6월 11일 평양성이 함락되자 계월향은 피난을 하지 못하고 고니시 유키나가의 부장인 소서비(小西飛)에게 정조를 잃은 후 한때 죽을 결심을 했으나, 혼자 죽는 것은 아무런 의미가 없다고 생각하고 비장한 결심을 한다. 바로 자기 몸을 더럽힌 왜장 소서비를 죽일 것을 굳게 맹세하고 그의 애첩이 된다. 그리고 갖은 애교를 부리면서 소서비의 혼을 빼버린다. 그때 김응서 장군은 평양성을 탈환하기 위해 평양성 근처에 자주 모습을 드러낸다. 계월향은 자기 오빠를 만나겠다고 소서비에게 청하여 통행증을 받아 평양성 외곽으로 가서 인근에 있던 김응서와 연락이 되어 오빠로 위장하여 평복으로 갈아입은 김응서를 평양성으로 잠입시키는 데 성공한다.

그리고 그날 계월향은 소서비에게 어느 때보다 화사한 얼굴로 화장을 한 후에 한껏 애교를 부렸다. 이미 계월향에게 혼이 빠진 소서비는 계월향이 기뻐하는 것을 보고 대단히 흡족해하면서 따르는 술을 연거푸 마셨고, 잔뜩 취한 소서비는 자기 장막으로 들어가 이내 잠이 들었다. 계월향은 절호의 기회라 생각하고 김응서를 소서비의 장막으로 안내하자 김응서는 소서비가 차고 있던 칼로 단숨에 그의 목을 자른다. 그리고 김응서는 전과를 보고하기 위해 소서비의 머리를 가지고 계월향과 함께 성을 빠져나가려고 말을 타고 성벽으로 간다. 성벽에서 김응서는 성을 넘을 수 있으나 계월향은 그럴 수가 없었다. 그렇다고 김응서가 계월향을 업고 넘을 수도 없었다. 난감했다. 김응서는 또다시 사랑하는 계월향을 두고 갈 수는 없었다. 뒤늦게 사태를 알아차린 왜군은 시시각각 그들을 잡기 위해 달려오고 있었다. 여기서 계월향은 굳은 결심을 하고 김응서에게 간청한다. "당신은 전란을 극복하기 위해 나라에서 꼭 필요로 하는 사람이지만, 나는 이미 몸을 더

럽힌 여성으로 더러운 일본 칼에 죽느니 차라리 나를 죽이고 빨리 성을 빠져나가라."라고 애원한다. 김응서는 어쩔 수 없이 소서비를 죽인 칼로 계월향을 죽이고 눈물을 흘리면서 성을 빠져나간다.

계월향의 도움을 받아 적장을 죽인 김응서가 선봉이 되어 이듬해 1월 평양성을 탈환하는 데는 당찬 기상을 지닌 조선 여인의 활약이 숨어있었던 것이다. 사회적 약자이면서 천대받으며 살던, 한낱 기생에 불과한 여인이 큰 규모의 부대를 이끌고 있는 장수도 하기 힘든 일을 한 것이다. 어찌 민족의 등불이 아닐 수 있겠는가?

그러나 애석한 일이다. 여기저기 임진왜란 관련 조형물이 들어서 있지만, 계월향을 기리는 조형물이 남한에서는 어디에도 없다. 그리고 세상 사람들은 계월향을 잊은 지 오래다. 2011년 이수광이 지은 『조선을 뒤흔든 16인의 기생들』이라는 책에도 계월향은 포함되지 않았다. 우리가 잘 아는 황진이, 소춘풍, 만덕 등이 포함되어 있고, 의기(義妓) 논개도 포함되어 있으나, 계월향은 빠져 있다. 계월향은 기생이지만, 자신의 미모로 뭇 남성들을 농락하고 조정을 혼란에 빠뜨린 다른 기생과는 차원이 다른 여성이라고 할 수 있다. 침략자에 맞서 여성으로 할 수 있는 마지막 방법을 선택해서 몸소 실천한 의기였다. 그는 조선뿐만 아니라 일본까지 뒤흔들었다. 논개보다 먼저, 그리고 논개 이상의 갸륵한 일을 했지만, 논개는 기억하면서 아쉽게도 세상은 계월향을 기억하지 못한다. 논개는 실체 자체를 부인하는 사람(조열태 등)도 일부 있지만 계월향의 실체를 부인하는 사람은 아무도 없는데도 말이다. 한평생 조국의 독립에 헌신했던 '만해 한용운' 선생만이 한 편의 시를 지어 그를 칭송하고 있다.

계월향에게

계월향이여, 그대는 아리땁고 무서운 최후의 미소를 거두지
아니한 채로 대지(大地)의 침대에 잠들었습니다.
나는 그대의 다정(多情)을 슬퍼하고 그대의 무정(無情)을 사랑합니다.
대동강에 낚시질하는 사람은 그대의 노래를 듣고,
모란봉에 밤놀이하는 사람은 그대의 얼굴을 봅니다.
아이들은 그대의 산 이름을 외고, 시인은 그대의 죽은 그림자를 노래합니다.
사람은 반드시 다하지 못한 한(恨)을 끼치고 가게 되는 것이다.
그대의 남은 한은 있는가, 없는가? 있다면 그 한은 무엇인가?
그대는 하고 싶은 말을 하지 않습니다.
그대의 붉은 한(恨)은 현란한 저녁놀이 되어서 하늘길을 가로막고
황량한 떨어지는 날은 돌이키고자 합니다.
그대의 푸른 근심은 드리고 드린 버들실이 되어서 꽃다운 무리를 뒤에 두고
운명의 길을 떠나는 저문 봄을 잡아매려 합니다.
나는 황금의 소반에 아침볕을 받치고 매화 가지에 새봄을 걸어서 그대의 잠
자는 곁에 가만히 놓아 드리겠습니다.
자, 그러면 속하는 하룻밤 더디면 한겨울 사랑하는 계월향이여.

왜적의 침략에 맞서 조선의 의기를 떨친 계월향은 지금 평양 장향각(藏
香閣)에 모셔져 있다. 한 번쯤 방문하여 그녀의 영정 앞에 고개 숙여 묵념
이라도 하고 싶지만 그럴 수 없음이 애석할 뿐이다. 그렇게 할 수 있는 날
이 빨리 오기를 바란다. 계월향은 외롭게 장향각을 지키고 있지만, 우리
민족의 가슴속에 아름답고 향기 높은 넋이 되어 지지 않는 꽃으로 길이길
이 살아있다.

가짜 바다

가짜 바다라는 말은 쉬운 말이면서 생소한 말이다. 바다면 바다이고 육지면 육지이지 가짜 바다라는 말 자체가 성립될 수 없기 때문이다. 그러나 임진왜란 시에는 조선에 가짜 바다가 있었다. 그리고 기생 월이가 만든 그 가짜 바다는 당항포해전에서 조선 수군이 대승하는 데 결정적인 기여를 한다. 조선 수군에게 대승을 안겨준 바로 그 가짜 바다에 관한 이야기를 풀어나가고자 한다.

1592년 5월 9일 이순신 장군은 첫 번째로 출동하여 옥포와 합포, 적진포에서 적선 70척을 격침하고 전라좌수영으로 귀환하였다. 1차 출동에서 대승을 거둔 이순신 장군의 조선 수군은 적을 이길 수 있다는 자신감으로 충만해 있었고, 휴식을 취하면서 언제 또 있을지 모를 해전을 준비하고 있었다. 그러던 차에 5월 27일 경상우수사 원균으로부터 "적선 10여 척이 벌써 사천, 곤양 등지에 대었으므로 수사(원균 자신)는 배들을 남해 땅 노량으로 이동시켰소."라는 공문이 전해졌다. 이순신 장군은 재빨리 두 번째 출동에 맞도록 전투 편성을 실시하였다. 첫 출전 시 각 장수들의 특징이 파악됐기 때문에 전투효율을 높이기 위해서 전투 편성을 고칠 수밖에 없었다. 이를테면, 탁월한 공격정신과 대담성을 갖추었다고 판단된 정운을 후부장(後部將)에서 좌척후장(左斥候將)의 임무를 맡게 했고, 좌·우별도장(左右別都將)을 신설하고 좌·우부장(左右部將) 및 좌·우부기전통장(左右部騎戰統將)을 폐지했다. 그리고 어영담과 김완은 중부장과 우척후장의 임무를 그대로 수행하게 하여 최적의 전투편성을 하였다.

드디어 1592년 5월 29일 사천지역으로 두 번째 출동을 하였다.

경상우수군의 판옥선 3척과 합류하여 이순신 장군은 모두 26척을 이끌고 사천 앞바다를 향해 위용도 당당하게 출동을 한 것이다. 사천 앞바다에 이르렀을 때 왜적이 지상의 높은 곳에서 응전해오자 이순신 장군은 도망하는 척하며 사천 포구를 빠져나왔다. 적들이 사천 포구를 벗어날 때까지 바다 가운데로 유인한 조선 수군 선단은 급히 뱃머리를 돌려 적들에세 공격을 퍼부었다. 그리고 처음으로 거북선으로 하여금 돌격의 임무를 부여하여 적선 깊숙이 쳐들어가게 했다. 어느새 적선들이 거북선을 포위하자 거북선의 좌우현판에서 불길과 함께 천지를 진동하는 폭음이 터지면서 여러 개의 포탄이 일제히 날아올랐다. 그리고 좌우에 있던 적선들의 여기저기에 구멍이 뚫리고 물이 들어가면서 서서히 가라앉기 시작했다. 거북선의 대담한 돌격으로 적들의 전열이 흐트러지자 판옥선은 재빨리 적들의 퇴로를 차단한 후 일제히 불을 뿜으면서 적선들을 격침하기 시작했다. 이른바 원거리 화력전으로 왜군의 등선육박전술을 무력화시키고 있는 것이다. 그리고 사수들은 연거푸 화살로 적들을 하나, 둘 쓰러트렸다. 이순신의 계략에 말려든 왜적은 대부분 아군의 화포공격에 이은 화살공격으로 살상되거나 바다에 빠져 허우적거리며 죽어나갔다. 이렇게 해서 사천해전

은 적선 26척 중 13척을 격침한 조선 수군의 대승으로 막을 내린다.

사천해전을 승리로 이끈 이순신 장군은 6월 1일 전투에 지쳐있는 장졸들을 쉬도록 하기 위해 사량포에 머물고 있었다. 다음 날 동이 트자 적선들이 당포 선창에 대어 있다는 첩보가 들어왔다. 이순신 장

거북선의 위용

군은 즉시 출동하여 사천에서와 마찬가지로 거북선의 활약에 힘입어 적선에 있는 왜장의 목을 베고 21척을 격침하는 전과를 올렸다. 이른바 당포해전이다. 당포에서 살아남은 왜적은 재빨리 달아났다. 6월 3일 이순신 장군은 새벽부터 도주한 적을 추격하였는데, 그 지역으로 피난을 온 토병(土兵) '강탁'이라는 자가 당포에서 도망친 적은 기가 완전히 꺾인 채로 거제도로 향하고 있다고 적에 대해 알려주었다. 때마침 전라우수군이 25척의 판옥선을 거느리고 거제도의 적을 찾아 출발하려는 이순신 장군의 선단과 합류하게 되었다. 이제 조선 수군은 51척의 판옥선을 거느린 막강 함대가 되었다. 6월 5일 연합 선단은 다시 거제의 적을 치기 위해 이동을 시작하였는데 7, 8명의 거제주민이 "당포에서 쫓긴 왜선들은 거제읍의 선창에 머물다가 지금은 고성 땅의 당항포에 머물고 있습니다."라고 너무도 소중한 정보를 알려주었다. 이에 이순신 장군은 전 수군을 당항포로 향하도록 했다.

그런데 당항포는 거제도의 동북방에 위치한 포구였다. 조선 수군이 입구를 봉쇄하고 밀어붙이면 왜적은 꼼짝없이 전멸을 피할 수 없는 곳이다. 당항포로 들어가기 위해서는 소소강(召所江) 입구를 통해 진입해야 하고, 넓은 곳이 1,200~1,300m이고 좁은 곳은 300m의 폭을 이루고 있으며, 소소강 입구에는 몇몇의 산들이 솟아 있어서 당항포를 관측하기가 쉽지 않았다. 그래서 폭이 좁은 당항포 입구를 당목(닭목)이라고 지명을 붙였다. 오후 1시경 소소강 입구에 다다른 조선 수군은 적선을 치기 위한 만반의 준비를 갖추고 있었다. 이순신 장군은 입구에서 당항포까지 거리와 너비를 몰랐기 때문에 진해연안에서 활동하고 있던 함안군수 유숭인(柳崇仁)에게 사람을 보내 알아본 결과, 소소강이 길이는 10리가량이며 그 너비는 배가 출입할 정도라고 알려왔다. 이에 판옥선 3척으로 하여금 정찰을 하기 위해 먼저 당항포로 보내자 얼마간의 시간이 지났을 무렵 빨리 들어오라는 신기전(神機箭)에 의한 신호가 왔다. 이에 조선 수군은 급히 장사진을 형성해서 당항포로 향하고 그곳에 웅거하고 있던 26척의 적선을 발견하였다. 곧바로 거북선을 앞세운 총통과 직충(直衝) 공격에 이어 판옥선에 의한 집중화력으로 적선을 거칠게 짓뭉갰다. 작은 물결이 출렁이던 소소 강변은 갑자기 왜적들이 죽어가는 지옥의 강으로 변해 있었다.

그러나 어느 장수보다 신중한 이순신 장군은 적들을 다 섬멸하지 않은 상황에서 공격을 멈춘다. 퇴로가 없는 적들은 마지막에는 배를 버리고 강변으로 올라갈 가능성이 있었기 때문이다. 그래서 조선 수군은 적을 유인하기 위해 거짓 후퇴를 하기 시작했다. 패색이 짙은 선단의 모습으로 패하여 달아나는 것 같은 조선 수군을 다행히 왜선들은 뒤쫓아 왔다. 어느 지점에 이르자 조선 수군은 갑자기 돌아서 거친 공격을 퍼붓기 시작했다. 왜선은 속았다는 것을 알았지만 이미 때는 늦었다. 포위를 당한 왜선은 도주가 불가능함을 알고 마지막 발악을 하였다. 최후 한 명까지 살려두지 않겠다는 조선 수군은 여지없이 적을 쏘고 또 쏘았다. 그런데 발 빠른 일부의 적들은 육지로 도주하고 있었다. 육지로 도주한 적은 무고한 백성들을 약탈할 것으로 예상되었다. 그리하여 이순신 장군은 적선 한 척을 남겨놓으라고 했다. 육지로 도주한 적들이 그 배를 이용하여 물길을 따라 다시 나오면 일망타진하려는 계획이었다. 이미 날은 어두워져 밤이 오고 있었다.

6월 6일 이순신 장군은 방답첨사 이순신(李純信)으로 하여금 새벽에 기습 선단을 거느려서 잠적한 왜적을 소탕케 했다. 이순신은 기대를 저버리지 않고 새벽녘에 왜선 1척을 타고 도주하는 왜적 100여 명을 모조리 소탕하였다는 보고가 올라왔다. 이렇게 해서 당항포 해전은 깔끔하게 마무리를 하게 되었다. 이 당항포 해전에서 조선 수군은 적선 26척을 격침하고 3천여 명의 적을 살상하여 그들의 서진 전략을 좌절시켰고, 적선에 있던 분군기(分軍記, 임진왜란을 앞두고 수천 명의 왜군들이 피로써 맹세한 글)도 노획하였다.

그런데 여기서 한 가지 의문점이 생긴다. 왜 적들은 당포에서 도주하면서 퇴로가 없는 당항포로 들어갔는가이다. 소소강으로 들어가 있는 동안 조선 수군에게 공격을 당하면 그대로 당할 수밖에 없는 곳인데도 그들은 그곳으로 들어갔다.

그 의문은 지금도 당항포 전투와 관련하여 전해오는 이야기를 알면 쉽게 풀린다. 이야기는 임진왜란이 일어나기 1년 전으로 거슬러 올라간다. 1591년 가을, 지금의 고성읍 무학리에 있는 주막집에 해가 넘어갈 즈음 나그네 한 사람이 들러 하룻밤 묵고 가기로 한다. 그 주막집에는 미모가 뛰어나고 재치가 있는 기생 월이가 있었는데, 이 나그네가 1년 전에도 며칠 쉬었다 간 사람임을 한눈에 알아본다. 그 나그네는 임진왜란을 일으키기 전에 왜가 보낸 밀사였다. 조선땅에 대한 지도를 작성하고 해변을 정찰하여 침투경로를 사전에 확인하면서 민심과 조선 내부의 상황을 염탐하는 임무를 부여받은 간첩인 것이다. 그는 조선말에 능한 사람으로 부산을 비롯해 당항만 일대와 경상도의 남해지역을 샅샅이 돌아보고 정보를 수집하고 있었다. 월이와 그 나그네는 이미 구면이라 서로 술을 권하며 마음껏 퍼마시기 시작했다. 시간이 흘러 새벽닭이 울 즈음에 밀사는 만취가 되어서 곯아떨어지고 만다. 그런데 그 남자의 옷 속에서 비단으로 싼 보자기가 불거져 나왔다. 호기심에 월이는 그 보자기를 풀어보았는데 그 속에는 지도가 상세히 그려져 있었고, 바다와 육지의 주요지형 및 해로와 육지에서 퇴로까지 표시가 되어 있었다. 재치가 뛰어난 월이는 바로 우리나라를 침략하기 위해 제작된 지도라는 것을 알아차렸다. 그래서 일부 지역이 엉터리가 되도록 그림 붓을 가지고 육지가 바다로 보이도록 파랗게 칠해버렸다. 지금의 고성읍 수남동과 마암면 두호리를 연결해서 바다가 이어지는 것으로 해서 동해면과 거류면, 도산면과 광도면을 섬으로 만들었다. 왜 간첩은 그것도 모르고 "일년 후에는 내가 이 고을의 군주가 될 것이다."라는 잠꼬대를 하면서 계속 코를 골았다.

그 지도가 조선기생 월이에 의해 위조되었다는 것을 알 리가 없는 왜적은 그 지도에 표시되어 있는 대로 당포에서 조선 수군의 공격을 받고 도주하기 위해 당항포로 들어온 것이다. 당항포 깊숙이 들어와서야 그들은 잘못 들어왔다는 것을 알았지만 이미 때는 늦었다. 지역 주민들이 제공한 정보에 의해 조선 수군은 입구를 봉쇄해서 더 이상 도주를 못하게 하고는 공격에 들어갔다. 그래서 당항포로 들어간 왜적은 꼼짝없이 수장된 것이다. 바로 조선 수군의 승리는 기생의 몸이지만, 나라를 생각해서 지도상의 육지를 바다로 바꾼 월이의 공이 결정적인 역할을 했던 것이다. 비록 구전으로 전해오는 것이지만 기생 월이의 호국정신과 뛰어난 직감을 높이 평가해야 할 것으로 생각한다.

당항포뿐만 아니라 노량해전 시에도 왜군은 조선 수군에게 몰리자 관음포로 도망쳐서 많은 수의 왜군이 물귀신이 되었는데, 왜군이 가지고 있는 지도에 육지를 바다 색깔로 칠을 해서 바다가 이어져 있는 것으로 알고 들어갔다고 하여 남해에서는 관음포 일대를 가청도(가짜로 푸른색으로 칠한 곳)라고 부르고 있다는, 당항포와 비슷한 유래가 관음포에도 전해지고 있다.

한편, 조선 수군은 당항포 전투 후 6월 7일 율포에서 적선 6척을 격파하고 6월 9일까지 계속 몰운대와 송진포 지역을 샅샅이 뒤졌으나 적을 발견하지 못하고, 6월 10일 2차 출동을 마무리하고 본영으로 귀영했다.

목동 김천손

BC 490년 마라톤 광장에서 아테네와 페르시아 간에 치열한 전투가 벌어졌다. 아테네군 1만 1천 명은 보병 형태였고, 페르시아군 1만 5천 명은 보병과 경기병으로 구성되었으며, 전투지역이 광야였기에 병력까지 많은 페르시아군이 유리한 상태였다. 그러나 아테네군은 페르시아군 기병대가 잠시 진영을 비운 사이에 전면 기습공격을 했다. 아테네군은 페르시아의 주력부대를 포위하여 공격했는데 페르시아군은 6,400명의 전사자를 내고 바다로 후퇴했다. 그리고 아테네군은 192명만 전사했을 뿐이었다. 이 전투가 끝난 뒤 그리스군 페이디피데스가 마라톤 광장에서 아테네까지 약 40km를 달려와 승전보를 알리고 피로에 지쳐 사망했는데, 이 사연은 마라톤 경주의 기원이 되었다. 임진왜란 시 조선에도 그리스의 그 병사만큼이나 훌륭한 일을 해낸 사람이 있다는 것을 아는 사람은 많지 않다.

1592년 8월 14일 이순신 장군이 거느린 조선 수군은 한산도 앞바다에서 세계 4대 해전 중 하나이면서 임진왜란 3대첩의 하나인 한산도대첩을 치른다. 한산도대첩은 이순신 장군의 지략과 리더십, 휘하 장졸들의 호국정신, 그리고 조선의 우수한 무기체계가 완전한 팀워크를 이루어서 만들어낸 완전한 종합작품이라고 할 수 있다. 세계 어느 해전도 한산도대첩처럼 완전한 작전을 구사한 해전은 없을 것으로 생각된다. 그것도 이 땅을 침략한 정예의 왜 수군과 맞붙은 전투에서 보기 좋게 궤멸시키고 그들의 수륙병진 전략을 완전히 좌절시킨 전투이기에 더욱 의미가 큰 전투라고 할 수 있다. 한산대첩에서의 패배로 왜군은 호남의 곡창지대 점령이 무산되고, 병참선 두절로 평안도와 함경도를 점령하고 있던 왜군은 더 이상 버티기가 힘들어진 반면에, 선조는 드디어 명나라로 망명하겠다는 생각을 접게 되었으며, 도요토미 히데요시는 조선 수군을 만나면 무조건 도망치라고 지시할 정도로 전쟁의 국면을 전환시키는 계기가 되었다.

그러면 이순신 장군은 어떻게 이런 세계 전사에 길이 빛날 전투를 할 수 있었는가에 대해 고찰해 본다.

이순신 장군은 전투에 앞서 항상 지형을 보고 유·불리를 먼저 생각한 후에 전투를 실시했다. 한산도 해전도 견내량에 적 선단이 있다는 것을 알고 지형을 고려하여 어떻게 전투를 할 것인가에 대한 방책을 결정했다. 먼저 이순신 장군은 견내량이 폭은 좁으면서 암초가 많은 지형이라는 것을 알고, 조선 수군의 주력함인 판옥선이 자유롭게 움직이기에 힘들뿐더러 적군 배와 부딪히면 적의 등선육박전술에 말려들 것이 우려되었다. 그리고 아군의 기본 전술인 원거리 화력전을 펼치기가 어려울 뿐만 아니라 적들이 육지로 도망칠 우려도 있었다. 당시에 한산도는 사람이 살지 않았기 때문에 적들이 도망쳐서 상륙하더라도 먹을 것이 없어서 굶어 죽을 수밖에 없는 곳이기에 육지로 도망칠 수 있다는 것을 염두에 둔 것이다. 그래서 이순신 장군은 왜적을 넓은 한산도 앞바다로 이끌어내서 단숨에 섬멸하겠다는 작전계획을 수립한다.

이순신 장군은 먼저 조선 수군의 판옥선 5~6척으로 하여금 왜적의 척후선을 추격하여 공격하는 척하다가 물러나게 했다. 조선 수군이 물러나자 왜적은 때를 만난 듯이 일제히 맹추격을 하면서 따라나왔다. 그들은 73척으로 5~6척은 아주 손쉽게 격침할 수 있을 거라고 생각하고 전속력으로 추격한다. 바로 한산도 앞바다까지 따라왔다. 조선 수군은 거북선 3척을 포함하여 59척으로 5~6척을 제외한 다른 전선은 이미 주요지점에 매복하고 있었다.

한참을 물러나다가 넓은 한산도 앞에 다다른 조선함대는 갑자기 방향을 180도 틀어서 왜적선을 가로 막아선다. 그리고 양쪽에 매복해 있던 판옥선이 일제히 모습을 드러내면서 조선 수군은 왜군을 용의 아가리 속으로 들어간 먹이가 되게 만들었다. 그 때서야 왜 수군은 이순신 장군의 계략에 속았다는 것을 알았지만, 이미 돌이킬 수 없는 상황이 되어 있었다. 다른 해전에서처럼 거북선이 먼저 돌격하면서 불을 뿜어대고 판옥선에 의한 포격으로 적선들이 불길에 휩싸이면서 한산도 앞바다는 순식간에 왜군이 무수하게 수장되는 죽음의 바다로 변하고 만다. 뒤를 따르던 적선은 일부 반격을 하면서 퇴각을 하려고 했으나 이미 도주할 시간까지 놓쳐버리고 말았다. 어찌할 줄 모르는 왜적을 본 조선 수군은 사기충천하여 맹공을 퍼부어 버린다. 이른바 그 유명한 학익진 전법으로 적을 섬멸한 해전이다. 이날 해전에서 조선 수군은 왜 수군 73척 중 59척을 격침해 와키자카 야스하루(脇坂安治)의 주력함대를 궤멸시켜 버리는 통쾌한 한판을 장식했다. 지금까지의 전투는 이순신 장군이

거북선 내부의 일부 모습

왜 수군을 찾아서 기습으로 대승을 거둔 전투였다고 할 수 있다. 그러나 이번 한산도대첩은 조선 수군을 섬멸하라는 도요토미 히데요시의 지시를 받고서 하루아침에 궤멸시키겠다고 단단히 준비하고 야심만만하게 나온 왜의 정예 수군과 당당하게 맞붙은 전투에서 대승하였기에 더욱 의미가 있는 전투였다.

이 전투를 지휘한 왜장 와키자카 야스하루는 우리가 잘 아는 것처럼 왜 수군의 명장으로, 전쟁 초기에 조선 수군의 활약이 거의 없자 바다를 떠나 육전에 임하고 있었고, 1,600명으로 조선군 약 6만 명을 물리친 용인전투의 수장이었다. 그런 와키자카 야스하루는 육전에서의 크나큰 승리에 도취해서인지 조선 수군을 우습게 보고 무모하게 덤볐다가 이순신 장군에게 제대로 걸려던 것이었다. 조선 수군과의 전투도 육전에서처럼 아주 손쉽게 승리할 수 있으리라, 크나큰 착각을 하고 있었던 것이다. 그러나 와키자카 야스하루는 겨우 목숨만 건진 채로 하늘의 도움으로 학익진 포위망에 걸려들지 않아서 도망갈 수 있었던 14척을 이끌고 견내량을 빠져나가 김해로 도망쳤다. 또 그의 부장으로 유명한 해적 출신 와키사카 사베에(脇坂左衛兵)와 와타나베 시치에몬(渡邊七右衛門)은 목이 달아났고, 선장 마나베 사마노죠(眞鍋左馬充)는 한산도로 상륙했다가 할복자살했다. 이 전투에서 왜적은 약 9천 명이 저승사자의 잔인한 초대에 응한 것으로 추정된다.

그리고 이 전투는 전술한 바와 같이 이순신 장군의 지략이 돋보인 전투로서 리더십과 휘하 장졸들의 호국정신 및 조선의 우수한 무기체계가 완벽한 조화를 이루어서 만들어낸 한 폭의 풍경화라고 할 수 있다. 그런데 모든 전투에서 기본이 되는 것이 있다. 바로 적에 관한 정보이다. 이순신 장군은 조금이라도 패배할 가능성이 있으면 전투력 보존을 우선시했는데,

가장 중요하게 여긴 것이 바로 지기지피였다. 그래서 항상 탐망선을 운용했고 지역주민이나 항왜(降倭, 항복한 왜군) 및 포로 등 모든 수단을 동원해서 적에 관한 정보를 수집했다. 그렇게 해서 얻은 정보가 연전연승하는 데 결정적 기여를 했음은 두말할 필요가 없다.

그런데 이번 한산도 해전에서도 결정적인 정보를 제공해준 사람이 있다. 바로 목동 김천손이었다. 그는 견내량 근처 산 정상에서 피난을 하고 있다가 적선을 보자 8월 13일 당포에서 땔나무와 물 등을 공급받고 왜군과의 또 다른 일전을 준비하고 있던 조선 수군에게 "대선, 중선, 소선을 합쳐 70여 척의 적선이 오후 2시쯤 거제도 영등포에서 나타나 거제와 고성의 경계인 견내량에 이르러 머물고 있습니다."라고 급히 달려와서 알려주었다. 바로 이 정보가 결정적인 것으로 정보전에서 조선 수군은 이미 승리하고 전투에 임했던 것이다.

김천손은 당포의 군마를 돌보는 관직인 목관 아래의 목동으로 일종의 머슴이라고 할 수 있는 미천한 신분이었다. 그렇지만 그는 왜의 수군을 보자 곧바로 이순신 장군에게 달려와서 알려 주었는데, 해전이 끝난 후 김천손이 제공한 정보를 분석했을 때 적선의 수, 이동 경로, 이동 시간 등이 아주 정확했던 것으로 드러났다. 그는 대선, 중선, 소선의 수를 정확히 헤아렸는데 적선과 아주 가까운 거리에서 관측을 했기에 가능했을 것이다. 그가 견내량에 적선이 있다는 것을 확인한 것은 오후 2시경으로, 적정을 살핀 후 당포마을까지 약 20km 거리를 한달음에 달려 적의 동태를 알려주었기 때문에 이순신 장군은 승리할 수 있었다. 미천한 신분이지만 먼 거리를 달려 적정을 제공해준 것은 그에게도 자랑스러운 조선사람의 피가 흐르고 있었기 때문일 것이다.

해전 후 이순신 장군이 김천손에게 어떤 보상을 하였는지는 밝혀진 것이 없다. 한산도 해전후에 올린 장문의 장계에는 당시의 전투상황과 각 장수들의 전공, 전사자와 부상자 명단 및 휼전(恤典)토록 한 내용, 포로심문 내용 등이 상세히 기록되어 있지만, 안타깝게도 김천손의 보상에 관한 내용은 없다. 다만, 목동 김천손으로부터 전술한 내용의 적에 관한 정보를 들었다는 것만 기록되어 있다. 그러나 이순신 장군이 정보의 중요성을 누구보다 잘 알고 있는 장군이기에 개인적으로라도 보상을 했을 것으로 짐작된다. 한산도대첩비 주위에 김천손에 관한 적은 비라도 하나 세워서 공을 기리면 어떨까 생각해본다.

제3장

굽히지 않는 항전

성민은 승리, 조정은 패배– 처절한 2차 진주성 전투

부산왜영 방화사건

칠천량 해전 후 왜(倭) 수군은 왜 곧장 서해로 침략하지 않았을까

남원성은 영원하다

성민은 승리, 조정은 패배- 처절한 2차 진주성 전투

전투는 이기느냐 지느냐의 문제가 아니라, 이기느냐 죽느냐의 문제이다. 전투에서 패하면 참전한 군인은 대부분 목숨을 잃든지 포로가 되고 만다. 군인뿐만 아니라 무고한 지역주민의 목숨까지 앗아가는 경우가 많다. 그 것도 참혹한 죽임을 당한다. 임진왜란 최대의 비극적인 전투인 2차 진주성 전투가 바로 그 대표적인 예라고 할 수 있다. 1593년 4월 18일 왜군은 명과의 강화협상에서 철군을 구걸하여 서울에서 철수하기 시작한다. 부산과 밀양 등지로 추가적인 전투력 손실 없이 철수를 완료한 왜군은 곧바로 진주성 공격준비에 돌입한다. 진주성은 이미 1차 진주성 전투에서 맞붙은 바 있는 성으로 전라도로 통하는 전략적 요충지였다.

왜군은 1차 진주성 전투에서의 패배를 설욕하고 평양성 전투와 행주산성 전투에서의 패배로 떨어진 사기를 북돋아서 자신감을 회복함과 아울러, 앞으로 전개될 협상에서 유리한 고지를 점령하기 위해 진주성을 치기로 한다. 또한, 곡창지대인 전라도로 침략하여 군량을 확보하기 위해 그들은 진주성 점령이 필요했던 것이다.

그래서 그들은 남쪽으로 철수함과 동시에 숨돌릴 틈도 없이 철저하면서도 대대적으로 진주성 공격을 준비한다. 이미 히데요시의 지시가 5번이나 내려온 상태에서 그들은 진주성 공격에 총력을 기울이고 있었다. 본토에서 3만여 명의 왜군을 조선으로 추가로 증파하여 부산 본영에는 2만여 명만 남긴 채 9만 2천 명에 달하는 거의 전 병력을 진주성 공격에 동원한다. 성 하나를 공격하는 데 10만이라는 대군이 동원된 것은 임진왜란 시에는 유일한 사례이다. 현대전에서도 단일 전투에 10만 명을 동원하는 경우는 거의 없다. 6·25 때의 가장 큰 작전이라고 할 수 있는 인천상륙작전 시에 동원된 병력은 칠만 오천 명이었고, 그 당시 남한 전체의 군이 10만여 명 밖에 되질 않았다. 과히 임진왜란 시에 10만이라면 얼마나 많은 병력인지를 짐작할 수 있다. 이러한 10만의 대군으로 진주성을 포위하여 조선군 증원을 차단하고, 왜의 수군도 일부를 견내량 부근까지 추진시켜 이순신 장군의 수군이 진주성의 조선군을 돕지 못하도록 견제하는 역할을 했다.

이에 비해 조선군과 명군은 왜군의 대대적인 공격준비를 앞두고 허둥대기 시작했다. 연합군은 차분하게 작전계획을 수립하고 왜군을 물리치기 위한 치밀한 준비를 하지 못했다. 명군의 현지 사령관인 부총병 유정이 가토 기요마사에게 "만일 진주성을 치면 백만대군을 동원해 왜군을 전멸시키겠다."고 협박하는 정도였고, 심유경이 고니시 유키나가에게 공격중지를 요청했으나, 유키나가는 오히려 '대항하지 말고 성을 비워 두는 게 상책'이라고 했으며, 명나라 경략 송응창도 고니시 유키나가에게 진주성 공격중지를 요청했으나, '임진년 진주성 공격때 전사자가 너무 많아 관백이 원수를 갚으라는 명령'이라며 거절당했다. 그리고 명나라는 그것으로 끝이었다. 진주성을 지원하기 위한 어떤 대책도 없었고 지원할 의사도 없었다. 평양성 전투 이후 그들은 적극적으로 전투에 임한 적이 없었다. 서울에서 남쪽으로 철수 시 그들을 보호해준 대가가 조선군과 진주성민의 희생으로 돌아올 수 있는 위기가 다가오고 있었지만, 그들은 형식적인 조치만 취했을 뿐 수수방관했다.

이때 조선 조정도 역시 마찬가지였다. 진주성이 위험하다는 것을 알았지만, 전투를 예방하거나 승리하기 위한 실질적인 아무런 조치를 취하지 않았다. 크나큰 전투가 초를 다투고 다가오고 있는 시간에(6월 14일) 조정에서는 어이없게도 도원수를 교체하는 한심한 조치를 한다. 그전까지 도원수인 김명원은 승산이 없다며 진주성을 버리고 남원의 운봉으로 후퇴했다. 전란 초기부터 도원수로 조선군을 총 지휘한 그는 한강 방어선에서, 임진강 방어선에서, 대동강 방어선에서 직접 전투 한번 해보지 않고 계속 도망만 다닌, 도망이 습관화된 무능하기 이를 데 없는 장수였다. 이번에도 그 습관을 버리지 못했다.

그리고 조정에서는 중대한 시기인 전투 중에 상급자인 순변사 이빈을 제치고 전라 감사 권율이 도원수로 교체가 되었다. 감사에 이어 순변사 및 도원수로 이어지는 지휘체계였는데 있어서는 안될 시기에 서열을 도외시한 주요 직위자의 교체로 하루아침에 상하가 바뀐 것이다. 당연히 지휘체계가 제대로 가동될 리가 없다. 그리고 새로 도원수로 부임한 권율 역시 진주성을 위해서 한 것이 별로 없다. 초를 아끼면서 상황을 파악하고 증원군을 보내든지 아니면 취할 수 있는 다른 조치를 해야 했지만 그렇게 하지를 않았다. 오히려 그는 모든 장령들은 진주성을 비우라는 한심한 지시를 할 뿐이었다. 도원수가 된 후 처음으로 명령을 내린 말이 성을 무혈로 왜군에게 내주라는 것이다. 그리고 그때까지 의병장으로 왜군에게도 명성을 떨쳤던 성주목사 곽재우도 바깥에서 지원하는 임무를 하겠다며 진주성으로 들어가지 않는다.

그러나 진주성민과 일부 관군 및 의병장의 생각은 달랐다. 죽는다는 것을 알면서도 스스로 죽음을 선택한 그야말로 민족의 의인들이다. 김천일 (57세, 아들과 함께 전사), 황진(44세), 최경회(당시 62세, 큰형 경운, 작은형 경장도 의병활동 중 전사)를 비롯해서 고종후(고경명의 아들), 위대기(해남현감), 오유(의병장) 등은 휘하군사를 이끌고 전운이 감도는 진주성으로 속속 입성한다. 그들은 진주성이 무너지면 전라도가 위험하다는 것을 잘 알고 있었기에 진주성을 지키고 전라도를 지키기 위해 목숨을 바치기로 한 것이다. 모두가 하나가 된 진주성민과 그들의 전투준비는 눈물겹다고 표현해야 할 것이다. 조정이 버린 진주성을 지키기 위해 서북쪽 땅을 파서 물을 채웠다. 남강 쪽은 적의 공격이 없을 것으로 예상하고 오직 한 방향으로 적을 유인해서 그쪽으로 전투력을 집중하기 위해서이다. 성안에서는 화포와 화약 무기도 충분히 준비하였고, 군량미도 10만 석이나 비축하여 나름대로 장기전을 한다고 해도 문제가 되지 않았다. 이처럼 김천일과 최경회를 도절제(총사령관)로, 황진을 순성장(전투사령관)으로 하여 6천여 명의 조선군(의병)과 5만여 명의 진주성민은 죽음을 각오하고 대비를 하고 있었다. 조정과 군 수뇌부는 진주성을 버렸는데 진주성민들의 지키겠다는 충정은 하늘을 찌를 듯했다. 거꾸로 되어도 한참 거꾸로 된 것이었다. 조선군 및 명군 수뇌부는 이제 완전한 방관자가 된 것이다. 상호 협력이 잘된다면 막강한 힘을 발휘할 수 있는 조·명 연합군을 곁에 두고 왜군은 보란 듯이 마음 놓고 공격을 할 수 있었다. 그야말로 진주성은 고립무원의 신세가 되었다. 망망대해에 홀로 떠 있는 돛단배 신세가 된 것이다. 죽어서 나가든지, 아니면 왜군과 싸워 반드시 승리하지 못하면 살아나갈 수 없는 10만 대군에 겹겹이 둘러싸인 외로운 섬이 되고 말았다.

지키려는 성민을 뒤로하고 조정은 지레짐작하여 싸울 생각은 하지 않고 진주성을 미리 포기해버렸다. 진주성의 백성을 구해야 한다는 약간의 의지도 없었다. 조정은 성을 비우라는 지시를 어겼다는 이유로 진주성을 지키려는 진주성민을 반란군으로 간주해버렸다. 너무도 어이없는 조치가 아닐 수 없다. 반란을 일으켜서 반란군이 된 것이 아니라 조정이 그들을 반란군으로 몰아붙이고 외면해 버린 것이다. 그러나 그들은 반란군이 아니었다. 반란을 일으킨 것도 아니었다. 단지 진주성을 지키겠다는 것뿐이었다. 진주성을 수호하고 왜군의 호남 침략을 저지하여 조선을 지키겠다는 굳센 결의로 뭉친 가장 의기 있는 백성인 것이다. 세상에 나라를 위해 그들보다 더한 희생정신을 가진 백성이 또 어디에 있단 말인가?

왜군은 19일 진주성 외곽에 도착해서 염탐을 한 후 22일부터 본격적으로 공격하기 시작했다. 이른바 가장 치열하고 처절하면서 한 맺힌 피의 서사시가 진주성에서 쓰이기 시작한 것이다. 어쩌면 그것은 한 폭의 지옥도가 막 그려지려는 순간이기도 하다. 전투는 갈수록 치열해지고 피아 간 무수한 희생자가 발생했다. 22일에는 3차에 걸친 공격으로 성벽을 기어오르려 했으나 돌과 화살로 물리치고, 23일에는 미리 만들어 놓은 호에 물을 빼고 흙을 채운 후 일곱 차례의 공격을 하기도 했다. 24일에는 새로운 무기인 수레 위에 가죽을 싼 나무궤짝을 얹어놓은 후 그 속에서 바퀴를 굴려 성에 접근할 수 있는 귀갑차를 동원하고, 25일에는 동문 밖에 흙을 메워 언덕을 만든 다음 성안을 내려다보며 무수한 조총 사격을 비처럼 퍼부으면서 일곱 차례의 공격을 해왔으나 진주성은 흔들리지 않았다. 귀갑차에는 기름으로, 왜군이 성밖에 쌓은 언덕에는 성안에서 언덕을 쌓아 맞섰다. 이에는 이로 맞서며 결사 항전하는 조선군은 결코 물러서지 않았다. 이미 죽음을 각오한 그들의 진주성 사수의지를 제지할 수 있는 것은 아무것도 없었다. 그들에게는 오직 목숨으로 내 땅을 지키겠다는 굳은 결의만 있을 뿐이었다. 26일에는 왜군은 생가죽을 씌운 나무궤짝을 뒤집어쓰고 공격하였으나 큰 돌과 화살로 물리쳤고, 27일에는 동문과 서문 밖에 다시 언덕을 축조하여 공격하는 바람에 순식간에 조선군 300명이 전사하기도 했다. 그리고 6월 28일에는 비까지 내렸다. 한창 아침 식사를 하고 있을 때 왜군은 육탄 돌격을 감행했다. 함성을 지르며 미친 듯이 돌진하는 왜병들은 먹이를 발견하고 날뛰는 굶주린 들개떼 같았다. 침략자와 침략을 분쇄하려는 자들 간에 벌어지는 처절한 피의 육박전은 차마 눈 뜨고 볼 수 없는 참혹하고도 끔찍스러운 장면을 만들어냈다. 무조건 오르려는 왜군들을 조선군 역시 기를 쓰고 무조건 찌르고, 던지고, 찍고, 내리치고, 쑤셨다. 피를 토하고, 뿌리며 나가떨어지는 왜군이 줄을 이었다. 그들은 이 성벽을 넘는 순간이 천국의 문에 들어서는 순간이지만 조선군에게는 지옥의 문에 들어서는 순간이 되는 것이다. 조선군은 지옥의 문이 두려워서가 아니었다. 그런 두려움은 이미 날려버린 지 오래였다. 오로지 진주성을 지키고, 전라도를 지키고, 조선을 지키기 위해서 사력을 다해 왜군과 치열한 백병전을 벌였다. 한때 서예원이 지키던 서문 쪽에 적군이 몰려들었으나 격전을 벌여 물리쳤고, 성을 오르거나 성 밑까지 바짝 다가온 적에 대해 죽을힘을 다하여 입성을 저지했는데, 왜군 장수 하나가 탄환을 맞고 전사하자 그 시체를 끌고 물러갔다. 온갖 방법을 다 동원해 파상적으로 공격해오는 적을 맞아 의기로 뭉친 진주성민은 흔들리지 않았다. 악귀(惡鬼) 같은 왜군의 공격 앞에 진주성민들은 악착같은 투혼으로 당당히 맞섰다.

그러나 운명의 시간은 점점 다가오고 있었다. 사냥개 곰 몰이하듯이 공격을 해오는 적군과 연일 계속된 전투로 휴식이나 잠을 이룰 수 없었던 진주성민은 피로가 쌓이고 쌓여 점점 지쳐가고 있었고, 중간마다 도원수에게 원병을 요청했지만 어찌 된 일인지 조선군과 명군은 요동도 하지 않았다. 곽재우 장군의 소수 병력이 밤이면 성 밖에서 횃불을 들고 소란을 부려서 적의 마음을 산란케 하고 때로는 약간의 야습을 했지만 대세를 좌우

할 수는 없었다. 그리고 설상가상으로 1차 진주성 전투 시의 김시민 못지 않게 순성장으로 훌륭히 임무를 수행하여 오던 황진 장군이 뜻밖에 적의 총탄을 맞고 전사하자 진주성민의 사기는 급격히 떨어졌다. 서예원이 순성 장이 되었으나 장수의 재목이 못되었다. 겁을 먹고 투구를 벗은 채 말을 타고서 눈물을 흘리는 추태를 보이자[5] 최경회는 그를 죽이려다 그만두고 장윤을 순성장으로 임명했으나, 그도 그날 오후에 적의 집중사격을 받고 쓰러졌다. 조선군에게는 악재가 연속되어 얄궂은 비로 인해 왜군에 의해 성 밑의 기초석이 제거된 부분의 성벽 일부가 무너져 버리고 말았다. 성이 무너진 동문 쪽에서는 백병전으로 물리쳤으나, 북문 쪽에서 성을 넘은 왜 군이 물밀 듯이 몰려오자 조선군(의병)은 촉석루로 집결했고, 이때 겁쟁이 진주 목사 서예원이 가장 먼저 도망가는 바람에 진영이 급격히 무너지고 끝내 진주성은 10일 만인 6월 29일 완전히 왜군 천지가 되었다. 그리고 의 병장과 장수들은 성민과 함께 최후를 마쳤다. 그것은 장렬한 옥쇄였다. 그 것은 바람 앞의 등불 같은 나라를 구하고자 일신의 안위보다 나라를 먼저 생각하면서 분연히 일어섰고, 민족 앞에 한 점 부끄럼 없이 희생된 영웅들 의 위대한 순직이었다.

치열한 전투 끝에 비록 처참하고 참혹한 패배로 끝났지만 2차 진주성전 투는 우리 민족의 불굴의 투혼을 온 천하에 보여준 역사적 대사건이었다. 그들은 승리하기 어려운 전투라는 것을 알면서도 성과 함께 운명을 같이 함으로써 나라를 지키겠다는 강렬한 의지를 왜와 명에 보여주었던 것이다.

---

5 조열태는 『진주성 비가』에서 서예원에 관한 위의 내용은 사실이 아니며 2차 진주성 전투는 서예원이 중심이 되어 왜군과 싸운 전투라고 주장.

외롭고 처절한 항전 끝에 왜군 세상이 되어버린 진주성에 찾아온 것은 상상을 초월하는 잔인한 학살과 약탈이었다. 진주성에 있는 모든 생명체는 남아나질 못했다. 무조건 죽이고 또 죽였다. 진주성은 그야말로 아수라장이 되었고 아비규환의 생지옥이 따로 없었다. 왜군들은 다른 전투에서도 항상 잔인했지만, 이번에는 더 잔인해졌다. 길고 긴 1차 전투와 이번 전투 간에 죽어간 다른 왜군들에 대한 앙갚음 때문이었다.

육식동물이 생존하기 위해 하는 사냥은 사냥감이 아무리 많더라도 배가 부르면 그만두지만 그들의 살육은 멈추지 않았다. 잡히는 대로 창으로 찌르거나 칼로 난도질하거나 도끼로 찍어버리든지, 아니면 조총으로 도살했다. 치마만 둘렀다 하면 겁탈부터 했고, 저항하는 여자는 손이나 발을 잘라내고, 눈알을 파내고, 얼굴 가죽을 벗기는가 하면 여자의 간을 꺼내어 나무에 걸어 놓기도 하였다. 어린아이들은 거꾸로 들고서 강물에 돌팔매 하듯이 내던져 버렸고, 높이 던져 떨어지는 아이를 거침없이 밑에서 창검으로 찔러 몸을 관통시켜 버렸을 뿐만 아니라, 강으로 끌고 온 백성들은 무자비하게 찌르거나 베어서 강물로 던졌다. 차마 눈뜨고 볼 수 없는 그들의 만행은 이튿날도 계속되었다. 포로로 잡혀있는 군과 백성들을 끌어내다가 사냥놀이를 즐기듯이 잔혹하게 죽여버렸다. 목을 치는 시범을 자랑삼아 보이기도 하고, 요참(腰斬)이라 하여 창검으로 참혹하게 허리를 두 동강 내면서 죽이기까지 하였으며, 살아있는 사람을 그대로 불 속으로 던져버렸다. 그리고 창고로 몸을 피하면 살려준다고 큰소리쳐서 창고에 사람이 모이자 출입문을 걸어 잠그고 불을 질러버렸다. 얼마 지나지 않아 생지옥에 온 사람의 비명이 터져 나왔고, 왜군은 그 광경을 보고 손뼉을 치면서 좋아했다. 그들은 분명 지옥에서 온 악마였다. 진주성은 생지옥의 진열장이었고, 온갖 사람을 죽이는 방법의 전시장이 되어버렸다. 그들을 어찌 인류의 민족이라 할 수 있으며, 인간이라고 할 수 있겠는가? 진주성은 이렇게 붉은 피로 물들어 갔고, 죽어가는 조선사람의 비명과 그것을 즐기는 왜군의 잔인한 웃음소리가 한여름 진주성의 하늘을 가득 메웠다. 남강은 조선사람의 시체와 피가 뒤범벅되어 그야말로 지옥에서나 흐를 수 있는 피의 강이 되고 말았다. 이렇게 진주성에서 죽어간 사람이 방어군이 1만 5천 3백여 명에 달하고, 강물에 죽은 자까지 다 합치면 2만 5천 명이 넘는다고 당시 일본군 종군기에 기록하고 있다. 통탄하고 통곡할 일이다.

피에 맺힌 한을 품은 채 죽어가야 했던 무고한 진주성민들은 죽는 순간에 무엇을 생각했을까? 아마 수많은 백성이 그들을 지켜주지 못하고 무참히 살해되는 것을 강 건너 불구경하듯이 바라만 본 조정을 원망했을지도 모른다. 실제로 구사일생으로 살아남은 진주 선비 '하명'이 쓴 '진주성일기'에는 "조정의 무위함을 어찌 다 말할 수 있으리요? 관군과 의병이 인근에 있었다고 하는데, 어찌 위급한 진주성에 지원군을 보내지 않았던가? …중략… 만일 이때 관군이나 의병군과 합심하여 배후에서 적을 교란했다면 진주성을 구원할 수도 있었을 것이다. 그러면 주장 김천일을 비롯한 수많은 장수들을 살릴 수 있었거니와 6만여 명에 달하는 무고한 주검도 내지 않을 수도 있지 않았겠는가!"라고 기록되어 있다.

그러면 왜 조정과 도원수는 아무런 조치도 취하지 않았을까? 특별한 이유는 없다. 조정이 진주성을 일찍 포기하였기 때문일 것으로 추측된다. 그것이 사실이라면 너무도 무책임한 조정과 도원수였다. 설사 그들이 반란군이라 할지라도 그들도 명백한 조선의 백성이 아닌가? 그들이 진짜로 반란군이었다 하더라도 진주성을 지키고 왜적의 무자비한 도륙으로부터 그들의 생명을 구하고 난 뒤에 책임을 추궁해야 하는 것이 순서일 것이다. 무려 6만여 명의 생명을 어떻게 그렇게 쉽게 포기할 수 있었는지 아무리 생각해도 납득이 되질 않는다.

1차 진주성 전투는 김시민이라는 걸출한 장수를 중심으로 의병을 포함한 성 안팎의 민·관·군이 하나가 되었기에 도적들을 물리칠 수가 있었다. 그러나 이번은 결과도 1차 전투 때와 다르지만, 전투 준비과정과 전투 양상이 1차 전투 때와 너무나 달랐다. 1차 전투 때는 진주성을 포위한 왜군을 의병을 포함한 조선군이 역포위하여 그들의 증원과 보급을 차단했고, 야간에는 기습으로 그들의 전투력이 진주성으로 집중되지 않도록 성 밖에서 충분한 지원을 했다. 그러나 2차 전투 때는 전혀 그렇지가 않았다. 증원도 없었고 왜군의 추가 증원과 보급을 차단하지도 않았고, 곽재우 장군의 소수병력을 제외하고는 성 밖에서의 야습과 지원도 없었다.

이때 조정에서 진주성민을 구할 의지가 있었다면 할 수 있는 조치가 없었던 것은 아니다. 먼저 도원수는 2차 진주성 전투가 벌어지기 전에 관군과 의병을 모아서 진주성으로 들어가든지, 아니면 전투가 시작된 후에는 증원군을 보내거나 왜군의 후방에서 그들의 증원과 추가보급을 차단하고 기습으로 왜군의 전투력이 진주성으로 집중되지 않도록 해야 했었다. 성민들이 끝까지 지키려고 결의를 모았고, 도원수가 성민들의 의지를 꺾을 수 없었으면 도원수도 성을 지키고 성민들과 생사를 같이하겠다는 굳은 결의를 보여주고 성안에 지휘소를 설치하여 그들과 함께 왜군에 맞서 싸웠어야 했던 것이다. 그래서 도원수는 진주성과 진주성민을 지키기 위해서라도 성민들과 생사를 같이해야 했었다. 진주성민들은 절대적으로 부족한 병력과 장비에도, 추가 지원도 없는 상황에서 10만여 명의 왜적을 맞아 10일간이나 성을 지켰다. 그것은 임진왜란 시 지상전에서 있었던 전투 중에 가장 긴 전투이면서, 가장 치열하고 큰 전투이자, 가장 참혹한 전투였다. 아마도 도원수와 다른 의병들이 제 할 일을 다 했다면 2차 진주성전투도 충분히 승산이 있는 전투였다. 왜군은 애초에 진주성을 점령한 다음 전라도로 침략하려고 했으나 구례까지 간 다음 철수한다. 이번 전투에서 3만 8천여 명이 죽어가는 바람에 전투력 손실이 너무나 컸기 때문이다. 이토록 큰 전력 손실 때문에 애초의 전투 목적인 전라도로 침략하는 것을 포기한 것은 더이상 공격을 할 수 있는 여력이 많이 없었다고 볼 수 있다. 이렇게 볼 때 함락되기 직전에 약간의 지원만 있었어도 지옥으로부터 진주성을 구할 수 있었을 것이다.

그렇기에 왜군의 전라도 침략을 저지하겠다는 진주성민들의 애초 목적은 달성된 것이다. 그래서 성민은 비록 처참하게 도륙당했지만, 결국 승리한 것이다. 2차 진주성 전투가 패배라면 그것은 성민이 패배한 것이 아니라 조정과 도원수가 패배한 것이다.

또한, 그 당시 조선에서의 의병과 관군 병력이 172,400명[6]이었다. 그중 경상도 지역의 군만 77,000명이었다. 왜군이 총력을 기울인 만큼 우리도 전투력을 집중했어야 했다. 그들은 부산 본영에 2만 명을 남겨둔 채 모든 전력을 진주성에 투입했기 때문에 다른 성이나 지역을 공격하는 것은 제한될 수밖에 없었다. 그래서 다른 지역 방어에 대한 부담이 없는 상황이기에 조선군도 진주성 수비에 전투력 집중이 가능했다고 볼 수 있다. 비록 훈련 정도와 무기는 왜군보다 못했지만, 진주성으로 증원할 수 있는 병력은 있었던 것이다. 관군과 의병 일부를 뒤늦게라도 진주성으로 입성시

---

6 양재숙, 『임진왜란은 조선이 이긴 전쟁이었다(서울: 도서출판 가람기획, 2012)』, p. 223

켜 같이 싸우게 하고 성 밖에서 1차 전투 때와 같이 그들을 혼란스럽게 해야 했었다. 물론, 왜적도 1차 진주성 전투의 패전 원인을 분석하고 진주성과 통하는 주요 길목을 차단하고 있었기 때문에 증원과 야습이 쉽지는 않았을 것이다. 그러나 조정과 도원수는 한곳으로 전투력을 집중해서 포위망을 뚫고라도 증원군과 함께 전투물자의 추가지원을 보내고 외부에서 왜군의 증원과 보급을 차단할 뿐만 아니라, 야간에는 배후에서의 공격으로 그들의 전투력이 진주성으로 집중되지 못하도록 해야 했다.

아무리 준비를 많이 했다 할지라도 상급부대나 외부의 지원이 전혀 없는 상황에서 전투에서 이기는 것은 쉬운 일이 아니다. 현대전에서도 예하 부대에 작전임무를 부여할 때에 상급부대에서 제일 먼저 판단하는 것이 지원요소이다. 임무를 부여받은 부대 역시 승리를 위해 상급부대에 요구할 추가 전력이 무엇인지를 판단하고 건의한다. 하물며 완전히 고립되어서 장기간 전투를 하고 있는 진주성은 더욱더 지원이 필요했을 것이다. 행주산성 전투도 화살이 다 소비되어 자칫 전세가 기울 수 있는 결정적인 시기에 100만 원군보다 더 값진 두 척의 배에 가득 실은 정걸 장군의 화살 지원이 있었기에 승리가 가능했던 것이다. 그러나 진주성에서는 간절히 요구되는 지원요소에도 불구하고 누구도 아무런 조치를 취하지 않았기에 진주성은 함락되고 순식간에 생지옥으로 변해버리고 말았다. 아무리 의병과 성민들이 전투준비를 많이 하였다고 해도 고립된 상태에서는 전투력의 한계가 있을 수밖에 없는 것이다.

두 번째로 조정에서 취할 수 있었던 조치로 부산에 있는 왜군의 본영이나 다른 지역을 공격했어야 했다. 특히, 본영을 공격했다면 왜군에게 심리적으로 많은 타격을 주었을 것이다. 당시 부산 왜군 본영에는 2만여 명이 있었던 것으로 전해진다. 그 정도라면 조·명 연합군이 공격해 볼 만한 병력이라고 할 수 있다. 만약 그렇게 했더라면 그들은 10만의 병력을 진주성에 집중하지는 못했을 것이고, 진주성에서 싸우고 있는 조선군(의병)과 진주성민의 부담은 많이 줄어들었을 것이다. 왜군은 그들의 본영을 지키기 위해서 진주성에 집중되어 있는 전력 일부를 부산으로 전환하였을 것이고, 그렇게 하였다면 진주성을 공격할 수 있는 전투력은 약화될 수밖에 없었을 것이다. 그리고 그것은 진주성을 지키는 조선군(의병)과 성민들의 사기를 올려주었을 것이고, 적들의 공격 여력은 줄어들었을 것으로 예상되어 참혹한 결과로 이어지지 않았을지도 모른다.

당시 조정과 도원수는 조선군으로 하여금 성 밖에서 지원이나 야습과 본영공격 등 취해야 할 조치는 많이 있었지만, 아무것도 하지 않았다. 물론 조정에서도 여러 가지 난관이 있었을 가능성은 있지만, 그중 하나만이라도 적극적으로 했더라면 진주성 전투의 양상은 많이 달라졌을 것이다. 그렇지만 어떤 조치도 취하지 않은 그들은 진주성민의 이름으로 역사의 심판을 받아야 했다.

그러나 역사는 그들을 냉철히 평가하지 못했다. 도원수 김명원은 그 진주성 전투 중에 공조참의로 벼슬이 바뀌고 전란 후에는 좌찬성과 우의정, 영의정을 역임했다. 6만 명의 무고한 백성이 희생되는 것을 방관한 것에 관해서는 아무런 책임도 지우지 않았고, 역사도 그것에 대한 평가를 회피했다. 그리고 이치 전투와 수원 독산성 전투뿐만 아니라, 뛰어난 지략과 불굴의 용기로 행주대첩을 승리로 이끈 권율 장군이 도원수로서 아무런 조치를 취하지 않았다는 것은 이해가 되지 않는다. 후세들이 기록만으로는 그 당시의 상황을 이해할 수 없어서인가? 어쨌든 행주산성에서의 승리로 민족의 영웅으로 우뚝 선 권율 장군이 진주성 전투 직전에 김명원의 뒤를 이어 도원수로 부임했지만, 무대응으로 일관한 것이 너무나도 안타깝다. 언젠가는 그럴 수밖에 없었던 새로운 사실이 밝혀져 역사의 올바른 평가가 있기를 바란다.

누가 2차 진주성 전투를 무모한 전투라고 했던가?

누가 애초에 진주성을 내주고 전투를 하지 말았어야 할 전투라고 했던가? 절대 무모한 전투가 아니었다. 성민들의 선택은 백번 옳은 것이었다. 그리고 성민은 승리했다. 다만 진주성이 잔혹한 왜군에 의해 인간도살장이 되어 수많은 진주성민이 도륙당했을 뿐이다. 조정과 군 수뇌부가 제 할 일을 다했다면 진주성은 가장 참혹한 생지옥의 인간도살장으로 되지 않았을 것이고 승리의 깃발을 펄럭일 수 있는 전투였다. 즉, 2차 진주성 전투는 성민은 승리했지만, 조정은 처절하게 패한 전투였다.

10일간 대단한 응집력과 피눈물의 투혼으로 민족의 저력을 떨쳐 왜군의 간담을 서늘케 했던 진주성민들이여!

그대들 이름은 영원한 호국의 화신이어라!

부산왜영 방화사건

때는 1596년 12월이었다. 1차 조선정벌에 실패한 왜군이 부산을 비롯한 남쪽에 머물러 있을 때이면서 왜군의 2차 침입이 임박한 시기로서 이순신에 대한 선조의 불신이 절정에 다다른 시기라고 할 수 있다. 그런데 뜻밖에 반가운 소식이 12월 29일 조정으로 날아든다.

명나라 도사(都司) 호응원(胡應元)이 최초로 부산왜영 방화사건에 대해 선조에게 보고했다. 부산의 왜영에 불이 나서 가옥 1천여 채와 미곡창고, 군기, 화약, 전선이 모두 불탔다는 것이다. 이것이 사실이라면 조정에서는 오랜만에 들어보는 쾌거였다. 이것이 조선군 누군가에 의해 계획되고 실행되어 그들에게 포상되는 것으로 일단락되었다면 전시에 가장 이상적인 전과이자 절차였을 것이다. 그러나 그것은 이순신 장군에게 피를 불러오는 하나의 계기가 되고 만다.

호응원의 장계가 도착한 지 3일 후인 1597년 1월 1일 이순신 장군이 12월 27일 쓴 장계가 조정으로 올라왔다. 내용은 거제현령 안위, 군관 김난서, 군관 신명학이 부산왜영을 불사르기로 모의하고 박의검을 불러 같이 계획하여 12월 12일 부산왜영에 불을 질러 적의 가옥 1천여 호와 화약창고 2개, 군기와 군량 2만 6천여섬 및 왜선 20여척을 불태우고 왜인 24명이 불에 타서 죽었으므로 안위와 김난서, 심명학, 박의검을 포상해야 된다는 내용이었다. 이 장계에 의하면 이순신 장군의 부하들이 부산왜영을 불태우기로 계획하고 실행하여 많은 전공을 세웠으니, 그 공에 대해 마땅히 포상해야 한다는 내용이다.

그런데 1월 2일 이순신 장군의 장계가 거짓이라는 이조좌랑 김신국의 장계가 올라온다. 그 내용은 『선조실록』에 기록되어 있는 것으로 "적의 진영을 불태운 것은 이원익(우의정이자 도체찰사)이 전적으로 정희현에게 명하여 정희현의 심복인 허수석이 도모한 것으로, 이때 이순신의 군관이 부사(副使)의 복물선(卜物船, 짐을 실어나르는 배)을 운반하는 일로 부산에 도착했는데, 그때 마침 불이 났고 그가 돌아가 자기의 공으로 삼아 이순신에게 보고한 것일 뿐으로 이순신이 보고한 사람에게 작상(爵賞)을 베풀면

허수석이 시기하는 마음을 일으키게 된다."는 것이었다.

이 보고서에 의하면 부산왜영 방화사건은 이원익의 부하들이 한 것이고 이순신 장군의 부하와는 무관하다는 것으로, 사실이라면 이순신 장군은 임금에게 거짓말을 한 것이다.

어느 것이 진실인지 지금도 학자들 간에 논란이 많이 있는데 1597년 1월의 『선조수정실록』에 있는 역사기록을 하나 더 보면 "군관 정희현이 수군 허수석을 심복으로 삼아 계책을 세워 날짜를 정하여 몰래 적의 영을 불태웠는데, 그날 이순신의 군관이 마침 부산에 이르렀다가 먼저 이순신에게 보고하여 자신의 공로로 삼은 것으로 이순신이 그러한 내용을 전혀 모르고 그렇게 보고를 한 것."이라는 내용이었다. 바로 김신국이 올린 장계와 비슷한 내용으로 이순신 장군의 장계는 거짓이라는 것이다.

그리고 선조에게 구명을 청한 정탁(鄭琢)의 상소문에도 "지난날 이순신의 보고서 중에 진술된 사실들은 허망함에 가까우므로 괴상하기는 하오나, 그것이 만일 아랫사람들의 자랑하고 떠드는 말을 얻어들은 것이라면 혹시 중간에서 정확히 살피지 못한 점이 들어있지 않은가 합니다."라고 기록되어 있다.

과연 어느 것이 진실인가?

당시 조정에서는 어느 것이 사실인지 알아보았어야 하는데 그런 노력을 한 흔적은 어디에도 없다. 선조는 어느 것이 진실된 보고인지 알려고 노력은 하지 않고 김신국의 보고서를 믿고 어전회의에서 이순신 장군을 거짓 보고한 것으로 일방적으로 매도한 것은 김신국의 보고가 사실일지라도 그것은 성급한 판단이라고 할 수 있다.

아직 그 진실은 밝혀지지 않았지만, 여러 역사기록을 보면 이원익의 부하들이 도모한 것으로 추정된다. 그래도 의문이 남는다. 이순신 장군이 부하의 말만 믿고 사실 여부를 확인하지 않은 채 장계를 올렸다면 그것은 분명 이순신 장군이 실수한 것이다. 그런데 항상 신중에 신중을 기하는 이순신 장군이 그렇게 가볍게 장계를 올릴 소인이 아니라는 것이다. 물론, 이순신 장군도 사실 여부를 확인하기 위해 노력했다는 기록은 어디에도 없다. 아마도 이순신 장군이 부하의 보고에 대해 사실을 확인하지 않고 그 부하의 보고를 믿고 장계를 올렸는데, 믿는 도끼에 발등을 찍히지 않았나 생각한다.

남천우는 그의 저서 『임진왜란 산책』에서 김신국의 장계에 대해 구체적으로 잘못된 것을 여러 가지 지적하면서 이것은 선조가 이순신을 죽이기 위해서 김신국을 통한 공작이라고 단정을 지었는데, 그 주장에도 주목할 필요가 있다고 생각한다.

어떻든 이 장계는 다른 여러 요인으로 이순신 장군에 대해 불신을 가지고 있던 선조에게 또 하나의 불신요인을 추가하는 것이 되었다. 결국, 이 것은 이순신 장군을 체포할 때 네 가지 죄 중 첫 번째 죄가 된다. 즉 이순신 장군이 조정을 속였다는 것이다. 하지도 않은 일을 자신이나 부하가 했다고 허위보고를 한 것이라는 죄목을 성립시킨 것이다. 목숨을 아끼지 않고 전장을 종횡무진 누비면서 전란 전체의 판도를 바꾸어 버린 전공은 순식간에 온데간데없고 진실 여부도 확인되지 않은 죄의 올가미가 우리의 영웅을 덮어버린 것이다.

부산왜영 방화는 누가 했든, 있었던 것은 사실이다. 누가 했느냐가 중요한 것이 아니라 누군가 목숨을 걸고 실행해서 적에게 많은 인적·물적 피해를 입혔다는 것이 중요한 것이다. 두 개의 보고서가 올라왔으면 어느 것이 진실인지는 전후에 확인하여 포상해도 되는 것이다. 다 같이 축하해주고 공치사를 하면서 즐거운 입방아 거리가 되어야 할 크나큰 전공이 누군가를 벌주는 구실로 악용되었다는 것이 너무나 안타깝다.

칠천량 해전 후 왜(倭) 수군은 왜 곧장 서해로 침략하지 않았을까

1597년 7월 16일 새벽, 칠천량 앞바다에는 조선 수군 114척이 정박하고 있었다. 바람은 잠잠하고 주위는 고요했다. 수군들은 전날까지의 반복된 항해로 피곤해질 대로 피곤해져 있었기 때문에 갑판이나 해변에서 곤히 잠들어 있었다. 그 시각에 왜군의 대함대가 여명을 타고 소리 없이 움직이기 시작했고, 조용히 조선함대를 향해 접근했다. 그런데도 조선 수군은 척후선 한 척 띄우지 않았고 경계병조차 세우지 않는 치명적인 실수를 범했다. 그렇기에 대함대가 접근하는데도 누구 하나 발견하는 사람이 없었다. 왜군 입장에서는 완벽한 기습이었다. 조총과 활의 사거리 이내까지 조선함대에 접근한 왜군은 신호와 함께 동시에 총공격을 개시했다. 조선 수군은 갑작스러운 공격에 우왕좌왕했고 조직적인 대응을 전혀 하지 못했다. 조총과 활의 엄호하에 판옥선에 오른 왜군은 거칠 것 없이 조선 수군을 무 자르듯이 베어 나갔다. 삼도수군통제사 원균이 일부 전선(戰船)을 이끌고 간신히 칠천량을 빠져나온 후 배를 버리고 춘원포에 상륙하여 도주하자, 그것을 본 다른 조선 수군들도 배를 버리고 각자 도주했다. 이른바 무패의 조선 수군이 궤멸하는 순간이었다.

이 전투에서 조선 수군은 배설이 이끌고 도주한 12척을 제외한 전 전선이 파괴되었고, 원균[7]과 전라우수사 이억기를 비롯해 만 명이 넘는 수군을 잃었다. 최고지휘관이 사망하고 함대 전체가 전멸하는 해전사상 유례가 드문 패전이었다. 왜군은 전쟁을 일으킨 후 6년간 한 번도 이기지 못한 조선 수군에 대해 그야말로 그간의 패배를 일시에 보상을 받기라도 하듯이 통쾌한 보복을 한 것이다. 이순신 장군이 지난 6년간 굶주림과 싸우면서 피눈물 나는 각고의 노력으로 이룩해놓은 무적의 조선 수군이 없어졌고, 무패 신화는 무참히 퇴색되어 버렸다. 그동안 조선 수군은 왜 수군에게 공포의 대상이었지만, 이제는 완전히 뒤집어져 왜 수군이 조선 수군에게 공포의 대상이 되었다. 무능한 조선 조정과 현장지휘관인 원균의 무모한 출전에 따른 결과였다.

이제 조선의 바다는 조선의 것이 아니다. 육지든 바다든 그것을 지킬 수 있는 힘이 있고, 그 힘으로 그것을 지키고 있을 때 우리 것이 되는 것이다. 그러나 지금 조선의 바다에는 전선 한 척 없다. 그야말로 주인 없는 텅 비어있는 집과 같았고, 도적에게 도적행위를 할 수 있는 자유를 부여한 것과 같다. 도적 같은 침략군에게 온 바다를 내어준 것이다.

그동안 조선 수군은 이순신 장군의 보기 드문 지휘하에 하나로 뭉쳐 경상도 일부와 전라도 해안을 굳건히 지켜냈고, 그렇기에 서해안은 자연히 지켜질 수가 있었다. 그리고 그것은 왜(倭) 지상군의 북상에 막대한 걸림돌로 작용하고 있었던 것이다. 그러나 지금은 아니다. 왜 수군이 남해안을 거쳐 서해로 올라간다면 속수무책이다. 그것을 막아야 할 조선 수군은 한 명도 없다. 왜군은 조선의 모든 바다에 대해 제해권을 완전히 장악하고 종횡무진 항해하면서 지상군에 대해 병력과 물자를 아무 방해 없이 보충할

---

7 원균은 칠천량해전에서 전사하지 않았다는 설이 있음

수가 있게 된 것이다. 하루아침에 바다의 주인이 바뀌고 세상이 바뀔 수 있는 최대의 위기가 조선에 닥친 것이다. 이제 조선은 어떻게 할 것인가? 왜 수군이 서해로 침략하지 않기를 바랄 뿐이다.

그런데 천운이라면 천운이었다. 천운인 정도가 아니라 절대로 있을 수 없는 요행이 조선에 다가온 것이다. 칠천량해전 패배는 조선에 최대의 위기를 가져다준 것이면서, 또 한편으로는 최고의 요행까지 가져다준, 병 주고 약까지 준 일대의 사건이라고 할 수 있다. 칠천량해전 후 왜(倭) 수군은 대승을 하고서도 서해안으로 곧장 침략하지 않았다. 서해로 침략하지 않기를 간절히 희망하는 조선 수군의 바람대로 수군을 통한 서해로의 북상보다 육로를 통한 북상에 더 치중했다. 남해와 서해의 제해권 장악에는 관심을 보이지 않았다. 이것은 왜군이 전략적으로 치명적인 실수를 한 것으로 보인다. 그로 인해 칠천량해전 후 명량해전까지 약 두 달간의 기간을 이용해 삼도수군통제사로 재임명된 이순신 장군은 궤멸한 조선 수군을 어느 정도 재건할 수 있었다. 왜군의 실수로 조선 수군은 재건할 수 있는 소중하고 귀중한 시간을 가질 수 있게 된 것이다.

그러면 왜 왜(倭) 수군은 칠천량해전 후 곧바로 서해로 침략하지 않았는가? 아무리 생각해도 불가사의(不可思議)한 일이다.

2차 세계대전 시 영국군은 독일군에 밀려 덩커크 해안으로 집결하였다. 덩커크 해안에 집결한 영국군은 본국으로 돌아갈 배편도 없어서 마냥 기다리고 있었다. 이때 독일군이 물자와 장비가 부족한 영국군을 공격하였다면 영국군은 엄청난 전력을 손실하였을 것이다. 그러나 독일군은 영국군을 공격하지 않았다. 왜였을까? 역시 불가사의였다. 확실한 이유는 히틀

러만 알고 있다. 어떻든 영국군은 본국에서 마련하여 덩커크 해안으로 보내준 배편을 이용하여 전투력을 보존한 채로 본토로 귀환할 수 있었다. 이처럼 제2차대전 시의 독일군처럼 왜군의 불가사의한 행동으로 말미암아 조선 수군은 전력을 정비할 수 있는 귀중한 시간을 벌 수 있었다.

왜(倭) 수군이 곧장 서해로 침략하지 않은 이유에 대해 확실한 기록은 전해지지 않고 있다. 추측만이 가능하다.

추측건대 그 이유는, 첫 번째로 칠천량해전의 목적을 서해로의 진출에 두지 않고 조선 수군 격멸에 두었던 것으로 생각된다. 모든 전쟁과 전투는 목적을 가지고 하게 되고, 그 목적에 따라 전쟁수행 방법도 달라지고 향후 조치도 달라지게 된다. 왜군이 임진왜란을 일으킨 목적은 명나라를 점령하는 것이었고 조선은 그냥 거쳐 지나가기만 하면 되었다. 그렇기 때문에 왜군은 전라도와 충청도 일부는 점령하지 않고 바삐 북상하였다. 그리고 그들이 점령하지 않은 전라도와 충청도 일부는 조선의 든든한 버팀목이 되었다. 만약 왜군이 임진왜란의 목적을 조선 전체 점령으로 정했다면 전라도와 충청도도 완전히 점령하면서 북상했을 것으로 추측된다. 이처럼 왜 수군이 칠천량해전의 목적을 조선 바다의 완전한 제해권 장악에 두고 있었다면 곧바로 서해로 침략했을 것으로 생각된다. 그렇지만 조선 입장에서는 불행 중 다행으로 그들이 칠천량해전 목적을 조선 수군 격멸이라는 근시안적인 것으로 정했기 때문에 더 이상 서해안 쪽으로 침략하지 않았으므로 조선은 수군 없이도 남서해안과 서해안을 지킬 수 있었던 것으로 추측된다.

두 번째로 추측되는 것은 칠천량해전 승리에 너무 도취해 있었을 가능성을 배제할 수 없다. 그들은 이순신 장군이 삼도수군통제사로 복귀할 거라는 예상은 조금도 하지 않았을 것이다. 그렇기 때문에 이순신 장군 없는 조선 수군은 조금도 두려울 것이 없었다. 그리고 조선 수군은 완전히 궤멸하였기 때문에 언제든지 서해로 아무 거리낌 없이 침략할 수 있다고 방심하고 있었을 것이다. 그들은 이제는 언제든지 마음만 먹으면 서해로 침략할 수 있다고 생각하고 있었기 때문에 서두를 필요가 전혀 없었던 것으로 생각된다.

세 번째로 추측되는 것은 지상군 북상에 따른 서해로의 보급이 다급하지 않았기 때문에 여유를 부리고 있었던 것으로 생각된다.

부산까지 밀렸던 왜군은 정유재란을 일으켜 전란 초기와 같이 다시 북상한다. 역시 수륙병진작전을 구상했는데 지상군이 보유한 물자가 어느 정도 여유가 있었기 때문에 해상을 통한 북상을 서두르지 않은 것으로 생각된다. 그들은 이순신 장군이 삼도수군통제사로 복귀하여 그토록 빠른 시간에 조선 수군을 재건할 거라는 생각을 꿈에도 하지 않았을 것이다. 즉, 조선 수군은 재건 자체가 불가능할 거라고 믿고 있었던 것이다. 그래서 그들은 조선 수군의 동태 파악을 등한시했고, 재건한다 할지라도 보잘것없는 전력일 것으로 착각했을 것이다. 그래서 결과적으로 그것은 이순신 장군에게 귀중한 시간을 벌어준 것이 되었다.

결국, 그것은 그들의 크나큰 실수로 이어지면서 조선 수군에게는 재건할 수 있는 귀중한 절체절명(絶體絶命)의 시간을 가져다주었고, 명량해전에서 대승할 수 있는 발판이 되었다.

조선 수군이 궤멸한 칠천량해전은 전술적으로는 왜군이 승리한 전투이지만, 전략상으로는 왜군이 크게 실패한 전투이며, 전투에서 지휘관의 중요성과 전투 목적의 중요성을 깨우쳐주는 해전이었다.

남원성은 영원하다

임진왜란 시 3대첩에 대해서는 비교적 잘 알려졌지만, 주요전투 중의 하나인 남원성전투에 대해 아는 사람은 거의 없다. 남원성 전투 역시 다른 전투 못지않게 치열했으면서 비극의 역사가 서려 있는 전투이기에 밝히고자 한다.

1597년 7월 왜군은 약 4년간의 강화회담이 무위로 돌아가자 2차 침략을 단행하면서 제일 먼저 전라도로 침략한다. 1차 침입 때 실패의 원인을 조선의 곡창지대인 전라도 점령에 실패했기 때문으로 분석하였다. 사실 그 분석은 정확했다. 전라도가 온전했기 때문에 조선은 백성과 의병 및 관군, 심지어는 멀리 피난해있는 조정에까지 식량을 비롯한 물자를 그럭저럭 공급할 수 있었던 것이다. 그래서 왜군은 조선을 점령하기 위해서는 전라도를 점령해야만 했던 것이다. 그리고 전라도 점령 전 먼저 전주를 점령하기 위해서 왜군은 좌군과 우군으로 나누어 공격했는데, 그중 좌군 5만 명은 전주의 배후도시인 남원을 공격하기 위해 고니시를 대장으로 하여 부산포와 안골포에서 출발한다. 칠천량에서 조선 수군이 궤멸한 상태라 그들은 아무 장애도 없이 해상이동으로 고성과 사천에 상륙하여 하동과 구례를 거쳐 남원성 외곽지역에 진을 친다.

이때 남원성을 지키고 있는 조·명 연합군은 명군 3,000명과 조선군 1,000명 및 주민 6,000명이 전부였다. 이른바 비전투원을 포함한 10,000여 명과 최신무기로 무장한 왜군 5만여 명 간의 전투였다. 조·명 연합군은 남원성을 더 높이 쌓았고 조총을 피해 포를 쏠 수 있도록 포 구멍도 곳곳에 설치하였으며, 성문에는 대포를 설치하고 참호도 깊이 파놓았다. 그리고 왜군이 점령 후 사용할 수 있는 것은 모조리 불태워버렸다. 이른바 청야작전을 실시한 것이다.

1597년 8월 13일 드디어 전투가 벌어졌다. 첫날은 탐색전에 그쳤으나 8월 14일부터는 본격적인 전투가 벌어졌다. 우수한 무기와 압도적으로 많은 병력으로 파상적인 공격을 퍼 붇는 왜군에 맞서 조선군은 죽을 각오로 싸웠다.

그것은 지키려는 자와 빼앗으려는 자 간의 처참한 혈투였고, 생존하려는 자와 죽이려는 자와의 처절한 사투였으며, 그리고 조선군은 정의의 사도로서 같은 하늘 아래에 있어서는 안 될, 그리고 같이 있기도 싫은, 하늘의 순리를 거스른 자를 응징하기 위한 악마와의 전투였다. 빈약한 무기와 수적으로 비교가 안 되는 싸움이었지만, 오직 조선의 의기와 민족정기를 잃지 않겠다는 그들은 아무것도 두렵지 않았다.

8월 15일 조명 연합군은 시시각각 좁혀오는 죽음의 그림자를 애써 외면하면서 5만여 명의 왜군과 피비린내 나는 격전을 벌였다. 8월 보름을 맞은 남원성은 명절이 주는 풍성함과는 거리가 멀었다.

8월 16일 일본군은 최후의 결전을 준비하고 있었다. 모든 포를 남원에 집결시켰고 잡초와 벼를 베어다가 참호를 메웠다. 밤 8시경 포의 발사와 더불어 조총을 우박 퍼붓듯 사격을 하면서 총공격이 실시되었다. 조선군에서는 전주성에 원군을 요청했지만, 원군은 끝내 오지 않았다. 성안에서는 왜군의 진군을 저지하고자 각종 포와 화살을 빗발처럼 날렸지만, 우세한 화력과 병력을 동원한 왜군은 물러나지 않았다. 남원성 밑까지 접근한 왜군은 미리 준비한 풀 다발로 참호를 메웠고, 마침내 성 높이까지 풀 다발이 쌓이자 왜군은 물밀 듯이 성안으로 들어오면서 전투는 하늘의 이치를 거스른 자의 안타까운 승리로 끝나고, 전라병사 이복남과 별장 신호, 구례현감 이원춘이 끝까지 싸우다 전사한다.

남원성을 함락한 왜군의 행동은 학살 그 자체였다. 그들의 파괴 활동은 피도 눈물도 없이 피에 굶주린 이리떼같이 무차별 자행되었고, 그것은 사람의 소행일 수 없고 어김없는 짐승의 소행이었다. 탈출에 성공한 극소수를 빼고는 조선군과 명군 모두 잔인한 죽임을 당한 후에 일부는 목이 잘리고, 목이 잘리지 않은 대부분의 군사와 백성은 코가 잘리어 소금에 절여 일본으로 보내어졌다. 종군 승려 왜인 게이넨의 일기에 "남원성 길바닥 위에 죽은 자가 모래알처럼 널려 있다."라고 적혀 있다. 또한, 그는 "남원성을 함락하고 성과 온 산천을 불태웠다. 사람들이 죽어 타는 냄새가 온 동네에 가득했다. 우리(일본) 병사들은 그래도 분이 풀리지 않아 큰 칼을 가지고 죽은 자의 코를 베어 대바구니에 담았다."라고 끔찍한 살육의 현장을 묘사하고 있다. 심지어 왜는 금줄을 끊고 들어가 출산 후 초이레도 되지 않은 갓난아기와 산모의 코를 베어 갔다고 한다.

어쩌면 짐승이라는 표현도 그들을 너무 신사 대접하는 표현이 아닐까 한다. 인간의 피를 빠는 흡혈귀도 할 수 없는 소행을 그들은 거리낌 없이 저질렀던 것이다.

만인의총

이때 전사한 조·명 연합군과 성민 1만여 명은 코와 목이 없는 시신으로 남원시 향교동에 있는 만인의총(사적 272호)에 모셔져 있고, 그들은 영원히 삼천리 강토를 지켜 줄 것이다.

제4장

두 왕자를 사로잡은 왜군, 그리고 정유재란

두 왕자를 손쉽게 사로잡은 왜군

왜의 황당한 강화조건과 가짜 국서, 그리고 정유재란

두 왕자를 손쉽게 사로잡은 왜군

1592년 임진왜란이 발발하자 조선 육군은 전투다운 전투 한번 치르지 않고 20일 만에 서울이 함락당한다. 서울이 함락당할 때까지 굳이 전투다운 전투를 꼽으라면 탄금대 전투일 것이다. 부산성 전투와 동래성 전투에서 정발 부산첨사와 송상현 동래부사가 중심이 되어 항전하였지만 애초에 준비되지 않은 전투였으며, 그렇기에 너무나 큰 전력 차이로 성민들이 하나가 되어 끝까지 분전했음에도, 성은 안타깝게 함락당하고 성민들은 전원이 목숨을 잃든지, 아니면 왜군의 포로가 되고 말았다. 탄금대 전투는 1592년 4월 28일 조선의 신립(申砬) 장군이 지휘하는 약 8,000명과(기록에 따라 병력 수는 차이가 큼) 고니시 유키나가(小西行長)가 지휘하는 왜군 약 18,000명 간에 벌어진 전투로서 병력 비는 다른 전투에 비해 비교적 큰 차이가 나지 않는 전투라고 볼 수 있다. 사전에 왜군에 대한 충분한 정보를 가지고 그에 맞는 전략을 세워서 전투에 임했더라면 어느 정도 승산이 있는 전투라고 할 수 있다. 비록 급조된 병력과 충분하지 못한 말을 가졌지만 나름대로 기병의 모습을 갖춘 군대였다. 그러나 군대는 운용하는 사람의 지략에 따라 질 수밖에 없는 전투도 이길 수 있고, 이길 수 있는 전투도 지는 경우가 허다하다. 바로 명량해전과 칠천량해전이 그 대표적인 경우라 할 수 있다.

그런데 신립 장군은 이길 수 있는 충분한 지략을 가지고 있지를 못했다. 오로지 북방에서 여진족 오랑캐들과 전투를 하든 방식만을 고집하고 있었다. 오랑캐들은 대부분 소규모로 침략해서 노략질을 일삼았는데 연락을 받고 기병화된 조선군이 달려가면 도망치기 일쑤였다. 바로 신립 장군은 그 전투방식에 익숙해져 있었기 때문에 왜군도 별거 아니라고 생각하고 나름대로 이유야 있겠지만, 천혜의 요새지인 조령을 버리고 평지인 탄금대에서 배수진을 치고 왜군을 맞이했던 것이다. 전투에서 가장 조심해야 할 것이 있다면 병사가 적을 두려워하는 것과 장수가 적을 가볍게 보는 것, 그리고 과거의 고정관념에 사로잡혀 있는 것이다. 그렇게 되면 병사는 전투력을 발휘할 수 없어서 싸움도 하기 전에 패하게 되고, 장수는 지피지기를 소홀히 하게 되고, 준비를 하지 않은 채 과거의 전투방식으로 전투에 임하게 된다. 그것은 곧바로 패배로 이어질 수밖에 없다. 바로 이 탄금대 전투가 그러한 전투의 대표격이라고 할 수 있다. 적에 관한 정보수집을 소홀히 하여 왜군이 4개 부대로 나누어 완전히 포위할 때까지 조선군은 전혀 모르고 있었다. 뒤늦게 포위당한 것을 알아차리고 돌격을 하지만, 주위가 늪처럼 되어있었기 때문에 기병은 제대로 돌격을 할 수 없었다. 돌격하더라도 조총과 활을 번갈아 쏘아대는 그들 특유의 사격전법에 휘말려 적진에 당도하기도 전에 조선군은 쓰러지고 말았다. 전투가 여의치 않자 뒤로 물러났다가 되풀이해서 돌격을 감행하지만 번번이 실패하고 만다. 결국, 조선군은 왜군과 제대로 된 전투를 치르지 못한 채 대패하고 만다. 처밀히 준비한 왜군과 준비를 소홀히 한 조선군과의 전투로서 왜군에 의한 살육전이 되어버린 전투였다. 전투 결과 신립 장군은 탄금대에서 아래로 몸을 던져 사망하고 병사들도 대부분 전사한다.

이렇게 탄금대에서 신립 장군이 대패했다는 소식을 들은 선조는 크나큰 충격을 받고 피난을 서두른다. 그때까지 선조는 그의 사돈인 신립이 왜군을 격퇴할 수 있을 것이라고 철석같이 믿고 마음 놓고 궁궐에 머물러 있었던 것이다. 그러나 그 믿음이 산산조각이 나자 피난을 서두르게 되는데,

더 이상 왜군을 막아낼 군사가 없다는 것을 알고 자신이 피난하기 전 4월 29일 왕자 임해군(臨海君)은 함경도로, 순화군(順和君)은 강원도로 보내어 모병을 하도록 하였다. 겉으로 내세운 것은 모병이었지만 왕자들만이라도 먼저 피난을 시키자는 속셈이었다. 임해군은 세 번째 부인 공빈 김씨(恭嬪金氏)의 소생으로 선조의 첫째아들이며, 광해군(光海君)의 형으로 왕위를 계승해야 할 신분이었지만, 평소에 난폭한 성격으로 처신을 잘못하여 광해군에게 세자 자리를 빼앗기고, 영부사 김귀영(金貴榮)과 칠원군(漆原君) 윤탁연(尹卓然)의 호위를 받으면서 함경도로 모병하기 위해 떠나게 된 것이다. 순화군은 다섯 번째 부인 순빈 김씨(順嬪金氏)의 소생이며 선조의 여섯째 아들로 장계군 황정욱(長溪君 黃廷彧)과 장인인 승지 황혁(黃赫)의 호위를 받으면서 강원도 방면으로 모병을 위해 가게 된 것이다.

임해군 일행은 양주·포천·김화·김성·회양을 거쳐서 철령(鐵嶺)을 넘어 함경도로 들어갔으며, 순화군은 포천에서 철원을 거쳐 통천으로 갔다가 왜군이 강원도를 점령했다는 소식을 듣고 안변으로 가던 중에, 앞에 있는 철령이 왜군의 손에 넘어갔다는 소식에 함경도 회령으로 가다가 7월 21일 임해군과 만나 회령에 피신하고 있었다.

한편, 6월 18일 가토 기요마사(加藤淸正)는 안변에 당도해 있었는데, 함경도 방면으로 들어가면서 소문을 들어보니 자신들 앞에 조선 왕자들이 두 명이나 피신해 있다는 것이다. 가토 기요마사는 쾌재를 부르며 왕자들을 생포하는 전과를 올릴 것을 결심한다. 그리고 점령한 안변과 함흥은 나베시마 나오시게(鍋島直茂)에게 맡기고 수천의 군사를 거느리고 회령으로 치달린다.

그런데 그 당시 함경도와 평안도 등 서북지방은 조선건국 이래 심하게 지역 차별을 받던 곳이었다. 이유는 알 수 없지만 함흥 출신인 이성계부터 서북인들을 등용하지 말라고 하였으며, 1457년 이시애의 난이 일어나면서 더욱 차별이 심해졌다. 그래서 서북지방에서는 그때까지 높은 벼슬아치가 나오지 않았고, 서울의 양반들은 그들과의 혼인을 기피하는 풍조가 생겨 서북지방은 사대부가 없는 지역이 되고 말았다. 그리고 중앙에서 내려온 벼슬아치들도 힘없는 이 지역 백성들을 무시하고 수탈만 일삼아 서북지역 백성들에게 조정에 대한 깊은 원한만 심어주었다. 조정에 대한 반감이 뼛속 깊이 사무친 백성들은 전쟁이 나면서 조정의 통치체제가 무너지자 곧바로 민란을 일으켰다. 함경도 관찰사 유영립과 판관 유희진은 산속으로 도망쳤으나 유영립은 북청에서, 유희진은 백성들의 밀고로 왜군에게 붙잡혔고, 남병사 이혼은 백성들에게 맞아서 죽은 다음 목이 베어져 왜군에게 넘겨졌다. 또 여기저기서 반란을 일으킨 소식이 백성들에게 전해졌는데 명천현(明川縣)의 사노(私奴)인 정말수(鄭末守)가 반란을 일으켰고, 종성(鍾城) 관노(官奴) 귀석(貴石)과 성인손(成仁孫)이 우후(虞侯) 이범(李範)을 잡아 왜군에게 넘겼으며, 온성(穩城) 부원관(府員官) 강신(姜信) 등이 부사 이수(李洙)를 잡아 왜군에 투항했다. 백성들은 왜군의 점령을 기다렸다는 듯이 곳곳에서 반란을 일으켜 서북지방은 난장판이 되어버렸다.

　바로 이러한 지방에 가토 기요마사(加藤淸正)는 왕자를 잡기위해 달려온 것이다. 7월 23일 마천령을 넘어 회령까지 쫓아온 기요마사는 뜻밖의 선물을 받는다. 바로 종성 관노 국세필(鞠世弼)은 친척인 회령 토관진무(土官鎭撫) 국경인(鞠景仁)과 정말수의 호응을 얻어 반란을 일으킨 다음, 회령에 피신해 있던 왕자와 그 일행들을 잡아 꽁꽁 묶어 가둔 뒤에 왜장 가토 기요마사에게 항복하는 글을 보내고 왜병을 맞아들였다. 가토 기요마사는 힘 안 들이고 왕자와 왕자의 부인 및 일행들을 잡아 버렸다. 그들을 붙잡기 위해 달려온 왜군들은 모병을 하기 위해 함경도와 강원도로 떠났던 왕자와 그 일행을 조선인 배신자들 덕에 의해 손쉽게 붙잡을 수 있었다. 이에 가토 기요마사는 국세필에게 조선의 병사(兵使)와 비슷한 판형사(判刑使)라는 벼슬을 주어 함경도를 다스리게 했다. 왜군 장수가 준 벼슬을 받은 그들은 거들먹거리면서 함경도 주민들에게 온갖 행패를 일삼았다. 그리고 이들 왕자 일행은 계속 끌려다니다가 1593년 4월 18일 왜군이 서울을 철수하면서 조선에 귀환시키기로 하였으나, 왜군은 끝까지 그들을 끌고 완전히 남쪽으로 퇴각한 다음 7월 22일에야 풀어주었고 8월 초에 왕자 일행은 서울에 도착한다.

왜군에게서 풀려난 순화군은 패악과 행패가 극에 달해 수많은 사람을 쳐죽이고 궁인을 겁간하는 등 인간말종의 행동을 골라서 했다. 순화군이 살인한 사람이 40여 명에 이른다고 하는 것을 보면 광적인 살인마라고 할 수 있다. 결국, 순화군은 선조에 의해 유배를 가게 되고 방탕한 생활로 30대 초반에 사망한다.

우리는 여기서 두 왕자와 그 일행이 조정에 한을 품고 있던 배신자의 소행으로 왜군에게 붙잡혔다는 대목에서 개운치 않은 느낌을 지울 수 없고, 풀려난 뒤에는 더욱 근신해야 할 왕자들의 행동도 이해할 수가 없다. 물론, 아무리 멸시를 받아 왔고 조정에 대해서 원한을 품고 있다 하더라도 자기 나라의 왕자를 적장에게 넘긴 것은 그 어떤 것으로도 정당화될 수 없을 것이다. 그래서 그 국경인과 국세필은 임진왜란 시 배신자 중에서 가장 대표적인 배신자라고 할 수 있다. 다행히 남쪽에서 이순신 장군의 연전연승에 힘입은 민초들에 의해 여기저기서 의병이 일어났다는 소문을 듣고,

이붕수(李鵬壽)에 의해 시작되어 정문부가 중심이 된 함경도 의병에 의해 개판이 되었던 함경도는 평정이 되고, 국세필이 의병에 의해 척살되자 국경인은 스스로 목숨을 끊고 만다. 동포를 배신한 자들이 동포에 의해 비참하게 최후를 맞이했다. 그것은 그들 스스로의 죗값을 치른 것이다.

그리고 더 안타까운 것은 피신한 지역에서 왕자들의 횡포가 민심이 극도로 좋지 않았던 그곳의 민심을 더 자극하였다는 것이다. 특히, 임해군은 피신한 곳에서도 제 버릇을 고치지 못하고 포악성을 드러내었는데, 평소 왕궁에서 호화로운 음식만 먹던 왕자들은 쇠고기가 먹고 싶다며 백성들이 키우는 소를 강제로 빼앗아 갔으며, 수령들에게 진귀한 물건들을 바치라고 생떼를 썼다. 그리고 하인들에게 민가에 들어가 노략질을 해오라고 시키기까지 했다. 이러한 두 왕자가 부리는 행패가 백성들의 입에서 입으로 전해지면서 민심이 더욱더 나빠졌다. 가뜩이나 조정에 대해 피해의식이 강한 상태에서 두 왕자의 횡포는 불난 집에 기름을 붓는 꼴이 되고 말았다. 어쩌면 그곳 백성은 조선은 망하고 왜군이 나라를 완전히 차지하고 눌러앉을 거로 생각했는지도 모른다. 바로 이때 두 왕자의 횡포와 민심을 지켜보고 있던 국세필과 국경인이 백성을 선동하여 두 왕자와 일행들을 붙잡아 적군에게 넘겼던 것이다. 바로 이 국세필과 국경인은 몇백 년 전에 전라도 전주에서 형벌을 받아 귀양온 무리의 후손으로 조정과 임금을 저주하는 원한이 뼛속 깊이 스며들어 있었고, 나라가 태평할 때는 조용했으나, 나라가 위태해지자 왕자들을 왜적에게 바쳐서 첩첩이 쌓인 앙갚음을 했던 것으로 보인다.

왕자들은 어디서나 백성들 앞에서 품위를 지키고 그들 스스로 노블레스 오블리주(noblesse oblige)를 이행하여 스스로 권위를 지켜가야 할 사람이다. 그 당시 왕실이라면 대부분의 백성들은 상상밖에 할 수 없는 사람인 것이다. 아무리 시대가 지금과 같지는 않더라도 임금 못지않게 매사에 스스로 조심하고 품행을 올바르게 해서 임금의 통치에 누가 되지 않도록 해야 한다. 바로 만백성의 아버지인 임금의 아들이 아닌가? 곧 백성을 하늘로 알고 항상 그들의 일상생활에 가장 많은 관심을 가져야 한다. 그래서 가려운 곳은 긁어주고 아픈 곳은 어루만져줌으로써 백성으로부터 두터운 신망을 쌓아가야 할 책임이 그들 자신에게 있는 것이다. 봉건시대에도 절대 왕권이라는 것은 평상시 백성이 안정된 생활을 할 수 있도록 임금으로서 할 일을 다했을 때 무난히 유지가 되었던 것이지, 전란 시에 백성을 핍박해서 유지될 수 있는 것이 아니다.

그러나 임진왜란이라는 사상 초유의 난으로 인해 백성들은 하루가 멀다고 수많은 목숨이 떨어져 나가고 있는 시기에 왕자들은 백성들을 하늘로 생각하지 않았다. 그들 눈에 백성은 자기들의 배를 채워 주기 위해 존재하는 하인에 불과했던 것이다. 이미 임금이 서울을 떠나면서 천심인 민심은 왕실을 떠나 있었다. 더욱더 조심하고 근신해도 모자랄 판에 그들은 전혀 그러지를 못했다. 더군다나 나라가 망할 판국이라 모병하러 떠난 왕자들이 아닌가? 백성과 생사고락을 같이하고 민심을 파악하고, 필요시에는 진정시키면서 현 시국을 설명하고 백성들을 설득해서 나라를 구할 방도를 찾아야 할 왕자들이 행패를 부리는데, 누가 그들의 말에 귀 기울이겠는가? 한 번 떠난 민심을 되돌리기 위해서는 굉장히 많은 노력과 정성이 필요한데도 전란 전부터 민심이 가장 좋지 않은 지역에서 행패를 부리고 오히려 민심을 더 떠나게 하였으니 아무도 그들에게 관심을 두지 않았을 것이다.

어쩌면 왕자 일행이 왜군에게 붙잡힌 것은 그들 스스로에게도 많은 원인이 있다고 보아야 한다. 물론, 나라를 배반해서 왕자들을 왜적에게 넘긴 배신행위는 어떤 것으로도 정당화될 수는 없지만, 포악한 왕자와 왕실을 떠난 민심이 어떠한 역사를 만드는지 우리는 부끄러운 역사일지라도 그것을 타산지석으로 삼아야 할 것이다.

왜의 황당한 강화조건과 가짜 국서, 그리고 정유재란

왜군은 1593년 5월에 남쪽 지방으로 철수를 완료하였다. 여러 가지 요인으로 전투를 지속할 수 없게 되자 어쩔 수 없이 도주나 다름없는 철수를 하였다. 그리고 곧바로 그들은 한쪽으로 진주성 공격을 준비하면서, 또 한쪽으로는 강화회담을 하기로 마음먹었다. 그래서 5월 9일 고니시 유키나가는 명나라 참장 사용재와 유격장 서일관, 그리고 이시다 미쓰나리(石田三成)와 함께 부산을 떠나 16일 나고야에 도착했다. 사용재와 서일관은 명나라 장수였으나, 강화회담 대표인 심유경과 고니시가 꾸민 가짜 명나라 사신이었다. 출발부터 가짜로 시작된 강화회담이었다. 5월 24일 내심 강화를 바라고 있던 도요토미 히데요시는 천수각에서 이들 가짜 사신을 접하고 극진히 대접했다. 그리고 6월 28일 나고야를 떠날 때 도요토미 히데요시는 왜의 일곱 가지 강화조건이 담긴 문서를 건네주었는데 그 조건은 다음과 같다.

첫째, 화평의 인질로 명나라 황제의 현녀(賢女, 皇女를 뜻함)를 보내어 일본황제의 후비로 삼게 한다.

둘째, 명과 일본의 관선과 상선이 왕래케 한다.

셋째, 두 나라 전권대사가 서로 서약서를 쓴다.

넷째, 조선의 반발에 구애받지 않고 조선 8도를 분할하여 4도와 한성을 조선국왕에게 돌려주고, 나머지 4도는 일본이 차지한다.

다섯째, 조선의 왕자와 대신 두 명을 인질로 일본에 보낸다.

여섯째, 이미 포로가 된 조선의 두 왕자와 대신들은 조선으로 돌려보낸다.

일곱째, 조선의 중신들이 약속을 지킨다는 각서를 작성한다.

명과 조선입장에서는 어처구니없는 조건이다. 먼저 명의 입장에서 명나라가 무엇이 모자라서 황녀를 왜 나라의 후비로 보내겠는가? 그것은 강화조건이 아니라 상대국에 항복 받을 때나 할 수 있는 조건을 내놓은 것이다. 그런 것을 명나라 황제가 들어줄 리가 없었다.

그리고 조선입장에서는 더 어처구니가 없다. 강화를 하려면 우선 남해안 지방에 있는 왜군을 본토로 전원 철수시킨다는 내용이 있어야 한다. 그러나 왜군을 본토로 철수시킨다는 내용은 어디에도 없다. 또한, 왜는 전쟁의 책임을 인정하면서 진정성 있는 사과를 먼저하고 그들이 무참히 앗아간 수많은 조선 백성의 생명과 천문학적인 피해를 입힌 재산에 대해서도 어떻게든 보상의 방향을 제시했어야 한다. 그렇지만 그들이 내놓은 강화조건이라는 것이 마치 조선을 완전히 굴복시킨 것 마냥, 조선이 관심을 둬야 할 가치조차 없는 내용을 강화조건으로 내놓았다. 참으로 가슴을 치고 분통해할 일이다.

애초에 전쟁을 일으켜서 국토를 유린하고, 무고한 백성들을 죽이고, 잡아가고, 겁탈하는 등의 짐승만이 할 수 있는 모든 잔인한 행패를 부린 것에 대해서는 일언반구(一言半句)의 반성도 없다. 근근이 살아가고 있는 백성들의 가옥을 불태우고 재산을 약탈하고 농토를 황폐화시켰으며, 농사를 짓지 못해 굶어 죽게 만드는 등 조선인의 삶 자체를 송두리째 앗아간 것은 물론이고, 대대로 내려오고 있던 수많은 문화재를 파괴하고 탈취해간 그들의 횡포는 온데간데없고 오히려 조선 국토의 반을 내놓으라고 도리어 큰소리다. 그것도 모자라 조선의 왕자와 대신을 인질로 보내라고 요구하고, 그들이 서울에서 남쪽으로 철수 시 석방하기로 했던 포로가 되어 있는 두 왕자를 마치 큰 인심이라고 쓰는 것처럼 석방하겠다고 한다. 도요토미 히데요시의 건방진 생각은 도를 넘었어도 한참 넘어선 것이었다.

이처럼 위의 요구조건은 조선이나 명나라에서는 도저히 받아들일 수 없었다. 이러한 도요토미 히데요시의 요구조건을 가지고 명나라 가짜 사신은 7월 15일 부산으로 와서 석방된 두 왕자와 함께 서울로 향했다. 한편, 가짜 사신이 도착하기에 앞서 고니시는 7월 8일 고니시조안(小西如安) 등 일행 35명을 심유경과 함께 서울로 올려보내 8월 30일 명나라로 들어가게 했다. 이들은 도요토미 히데요시의 강화조건을 갖고 가지도 않고 명나라에 강화조건으로 일본의 조공을 받아주는 것과 일본국왕을 명나라가 책봉하여 일본정부를 승인한다는 내용만을 가지고 갔다. 한편, 명나라 병부상서 석성도 도요토미 히데요시의 항표(降表)와 일본군의 조선 철군을 조건으로 하는 허봉(일본국왕을 명나라가 책봉하여 일본정부를 승인한다는 내용)을 신종 황제로부터 받아내고, 이 내용을 일본에 전달하고 일본의 승인을 받아오도록 심유경을 통해 고니시에게 전달했다. 이에 12월 21일 심유경과 고니시는 웅천에서 만나 도요토미 히데요시가 알면 길길이 뛰고 큰일날 수 있는 일본의 가짜 국서인 항복문서를 만들어 심유경이 고니시 조안을 이끌고 1594년 2월 7일 북경으로 향했다.

한편, 4월 명나라 경략 송응창은 조선이 일본과의 강화에 방해를 못하도록 조선에 압력을 행사하여 일본의 항복과 봉공을 허락해 달라는 요청을 명나라에 하도록 하여 조선에서는 봉공주청(奉貢奏請)을 하였는데, 형식적으로 나마 조선의 의사를 반영하여 일본의 항복과 봉공을 받아주는 대신에 3가지 조건을 제시하였다. 첫째는 조선에서 즉시 철군할 것, 둘째는 공시(貢市, 상호교역)는 요구하지 말 것, 셋째는 조선을 영구히 침략하지 말 것이었다. 이에 명나라는 책봉사(冊封使, 명 황제의 명을 받아 제후국에 가서 봉작을 주던 사절)를 일본으로 파견한다. 또다시 해를 지난 1595년 1월 30일 명나라 책봉사가 북경에서 출발했고 4월 7일 압록강을 건너 의주에 도착했다. 한편, 고니시와 심유경은 4월 30일 일본으로 먼저 출발하여 도요토미 히데요시에게 명나라 사신이 조선에 와 있음을 보고하자, 그가 제시한 강화조건의 수락사절이 오는 줄 알고 크게 기뻐하면서 부산 동래와 서생포에 있는 5개 부대를 귀휴(歸休)시키라 명했다. 5월 26일 고니시는 다시 부산으로 돌아와 왜군을 철수시키고 명나라 책봉사는 11월 22일에야 부산에 도착했다. 명나라 조정은 도요토미 히데요시가 그들의 조건을 수락하는 것으로 잘못 알았고, 도요토미 히데요시도 조선 4도 분할과 명나라 황녀가 일본황제의 후비가 되는 것으로 잘못 알고 있었다. 그때까지 양국에서는 종전이 앞에 다가온 것으로 착각하고 있었다.

그사이 고니시는 일본으로 갔다가 또다시 조선으로 오게 되는데, 명나라 책봉사는 1596년 6월 15일 고니시의 안내를 받으며 일본으로 향했다. 조선도 8월 4일 황신을 정사로, 박홍장을 부사로 309명의 인원을 편성하여 통신사를 파견했다. 두 나라 사신은 8월 18일 사카이에서 만나 9월 1일 오사카로 갔다. 그러나 조선통신사는 도요토미 히데요시가 요구한 조건인 왕자와 대신이 인질로 오지 않았다고 트집을 잡아 대면조차 할 수 없었다. 여기서도 어이없는 조건을 달고 나왔다. 9월 2일 히데요시는 수하 인원 50여 명을 배석시켜 명나라 사신들을 접견하였고, 양쪽 다 정중히 외교의례를 갖췄다. 여기서 명나라의 고칙(誥勅), 고명(誥命)과 칙유(勅諭)의 준말, 칙유는 명나라가 여러 작은 나라들 왕의 즉위를 승인한다는 문서로 승인장과 함께 금으로 만든 도장을 내려주는 절차이며, 칙유는 왕으로 승인하는 자리에 명나라 황제가 잘해 나가라는 요지의 당부를 하는 말)을 전할 차례에서 고칙은 읽지 않고 보따리째 도요토미 히데요시 측에 넘겨 주었다. 고칙을 읽을 때 도요토미 히데요시는 엎드려 절하고 받아야 하지만, 이것이 자신의 일본국왕 책봉식인 줄도 모르고 그때까지 강화조건 7개 항을 수락한다는 사신이 온 것으로 착각하고 매우 흡족한 표정으로 위엄있게 앉아 있었다. 그러나 심유경과 고니시는 등골에 식은 땀을 흘리고 있었다.

그렇지만 무사히 넘어갈 것 같았던 운명의 날은 오고야 말았다. 조선 4도가 자기의 것이 되고 명의 황녀가 자신의 후비가 되는 것으로 알고 있었던 도요토미 히데요시는 다음 날인 9월 3일 성대하게 잔치를 벌여 사신들을 대접했다. 고니시와 심유경은 명나라에는 도요토미 히데요시가 항복한 것으로, 일본에는 명의 사신과 조선 통신사를 불러 도요토미 히데요시의 위신을 세워줌으로써 전쟁을 종식시키려고 한 것이었다. 오로지 그들은 전쟁종식을 위해서 국서를 위조하고 온갖 계략을 꾸몄다. 그러나 한순간 그것은 일장춘몽(一場春夢)이 되고 말았다. 잔치가 끝날 무렵 도요토미 히데요시는 글을 잘 아는 승려를 불러 고칙을 읽으라고 했다. 사전에 고니시는 승려 승태(承兌)에게 도요토미 히데요시의 뜻과 어긋나는 부분은 다르게 읽으라고 부탁을 하였지만, 승태는 그대로 읽어 버렸다. 7개 조항은 온데간데없고 명나라가 자신을 일본국왕으로 책봉해 준다는 내용이었다. 도요토미 히데요시는 노발대발하면서 사신들을 모두 죽이겠다고 설쳐댔다. 배석한 주위 사람들이 사신들은 죽이는 게 아니라며 말려 겨우 진정시켰다. 어느 정도 진정이 된 도요토미 히데요시는 조선과 직접 교섭하면 어떠냐고 고니시에게 물었다. 이에 고시니는 말로 할 게 아니라 전투로 해야 한다며 얼떨결에 강경론을 폈고, 옆에 있던 가토도 자신이 앞장서겠다고 한 술 더 떴다.

이렇게 해서 완전히 물러날 것 같았던 전운은 다시 더 무서운 폭풍우로 바뀌어 조선으로 몰려왔다. 1597년 1월부터 왜군은 약 20만의 병력으로 물밀 듯이 조선으로 건너왔고, 악몽 같았던 1차 침입보다 더 잔혹한 전쟁이 1598년 11월 19일 노량해전이 끝날 때까지 지긋지긋하게 계속되었다. 천하의 국제 사기꾼들에 의한 강화회담이 끝나고 다시 전쟁이 시작되었는데 그 전쟁이 바로 정유재란이다. 1차 침략을 임진왜란이라 하고, 2차 침략인 정유재란까지 통틀어 임진왜란이라고 하기도 한다.

처음부터 성사될 수 없는 강화회담이었다. 아무리 고니시와 심유경이 농간 능력이 좋다고 하나 언제까지 상관을 속일 수는 없는 것이다. 하물며 최고위층까지 보고가 되어야 하는 국제관계에서 협상을 처음부터 속이려고 마음먹었던 것은 너무 무모한 행위였다. 설사 강화가 되었다 할지라도 그 시간은 오래가지 않았을 것이다. 왜냐하면, 강화 후에 도요토미 히데요시는 일본황제의 후비가 될 명나라 황녀가 빨리 일본으로 와야 한다고 명나라에 다그쳤을 것이고, 그 과정에서 탄로가 났을 것이다. 강화회담의 틈바구니에서 아무것도 모르고 협상을 지켜봤던 조선은 정유재란의 비극을 온몸으로 당해내야 했다. 잘못된 협상 때문에 협상에 참여하지도 않은 조선은 또다시 최대 피해자가 되어야 했다. 세계전쟁사에서 가장 잔인한 전쟁의 피해는 고스란히 가련한 조선 백성의 몫이 되고 말았다. 안타깝고 또 안타까운 일이다.

심유경은 명나라 병부상서 석성이 임명하였는데 강화회담 실패의 책임을 물어 석성은 하옥된 후 안타깝게도 옥사하고, 심유경은 조선에서 명나라 관리에게 붙잡혀 압송되어 처형된다. 왜의 고니시는 정유재란 시 조선으로 출병하여 끝까지 살아남아 왜로 돌아갔다. 임진왜란 후 일본은 도요토미 히데요시가 사망하였기에 잠시 도요토미 히데요시의 아들인 히데요리파와 도쿠가와 이에야스파로 나누어져 치열한 권력다툼을 할 때 가토와 와키자카가 도요토미 히데요시를 배신했으나, 그는 그때 용서받은 것 때문인지 배신하지 않고 양측이 맞붙은 1600년 9월 세키가하라 전투에서 고니시가 지휘하여 끝까지 항전하였다. 그러나 그 전투에서 패하는 바람에 히데요리는 한낱 제후로 전락하는 신세가 되었다. 1615년 5월 도쿠가와 군이 히데요리의 거성인 오사카 성을 총공격할 때 히데요리 측이 패하자 히데요리는 스스로 목숨을 끊었고, 고니시는 자살을 금지하는 천주교 교리 때문에 할복하지 않고 포로로 잡혔다가 참수형을 당한다. 그의 아들도 목이 잘려 혈통이 끊겼다. 그리고 가토는 1611년 6월 지병인 매독으로 50세에 사망하였고, 아들이 봉토를 몰수당하고, 손자 미쓰마사를 마지막으로 혈통이 끊겼다.

고니시와 가토는 다 같이 임진왜란 때 조선 백성에게 지은 죄 때문인지 인생 말년은 좋지를 않았으나, 조선에서 그들이 저지른 해악에 비한다면 하늘이 내린 벌이 너무 약하다는 생각이 든다. 그들은 가장 가혹한 벌을 받아야 할 왜군 수장이었다. 왜 하늘은 죽어가는 조선 백성은 구하지 않고 그들에게는 그렇게 많은 관용을 베풀었는지 답답할 노릇이다. 아마 그들은 지금 가장 고통이 심한 지옥에서 조선 백성이 왜군의 칼에 죽어갈 때 외쳤던 비명을 지금도 외마디로 질러대면서 허우적거리고 있으리라!

제5장

호국의 영웅들, 그리고 배신자들의 말로

연안성을 지킨 의병장 이정암

함경도 탈환의 주역 이붕수

권율과 세마대(洗馬臺)

호국의 위대한 의인들

억울한 희생자들

망국의 혼령과 배신자들의 말로

연안성을 지킨 의병장 이정암

1592년 8월 전투다운 전투 한번 없이 거의 전 국토를 쑥대밭으로 만든 왜군은 황해도의 해주와 개성 사이에 있는 연안은 점령하지 않고 있었다. 연안은 연백평야가 있는 북쪽 지방 최대의 곡창이면서 서해를 통해 호남 지방과 당시 임금이 있던 의주를 연결해주는 요충지이다. 이러한 중요한 지역을 왜군이 가만히 둘 리 없다. 당시 황해도는 구로다 나가마사(黑田長正)가 해주에 사령부를 두고 점령하고 있었다.

한편, 연안성은 양주에서 지상에서 처음으로 왜군을 물리쳤으나 김명원의 모함으로 억울하게 죽은 신각 장군이 부사로 있을 때에 전란 발발 1년 전 전쟁은 반드시 터진다면서 전쟁대비를 철저히 하라는 중봉(中峰) 조헌의 충고에 따라 성을 견고히 하고 참호를 깊이 구축하였을 뿐만 아니라, 성 밖에는 제법 깊은 못을 팠으며 전투에 필요한 화약과 병장기를 많이 준비해 놓았었다. 조헌 장군은 이때 황해도 감사 권징(權懲)에게도 같은 내용으로 충고하였으나, 권징은 비웃어버렸고 신각은 그 충고를 받아들인 것이다.

이정암 영정

이때 의병을 이끈 사람은 이정암(李廷馣)이었는데 경주 이씨로 스물한 살 때에 대과 급제를 해서 세상에서 천재라는 이름을 듣는 사람이었다. 잠시 이곳 연안부사를 지내고 대사간과 승지를 거쳐 이조참의가 되었지만, 전란이 터지자 8순의 노모를 모시고 연안성으로 들어왔다. 그곳에서 김덕성(金德誠)과 박춘영(朴春榮)이 의병장으로 추대하자 그는 기뻐하며 "내가 드디어 죽을 곳을 찾았다."면서 흔쾌히 승낙하여 의병장이 되고, 부사로 있을 때 선정으로 백성의 신임을 한몸에 받던 전(前) 부사가 의병장이 되었다는 소문을 듣고 모여든 의병이 1,400명이나 되었다. 그리고 피난을 가지 않은 성민을 합쳐 약 2,000여 명이 연안성을 지키게 되었다. 그리고 이때 이천에서 분조를 이끌던 광해군은 이정암이 황해도에서 의병을 이끌고 있다는 소식을 듣고 그를 황해도 초토사(草討使)로 임명하여 황해도 내에서 군을 모집하고 적을 토벌하는 총 책임자, 즉 황해도지역 군을 지휘하는 총사령관의 직책을 부여하였다. 의병은 물론이고 유명무실해졌지만, 관군을 지휘해야 하고 전쟁물자 징발과 지방관의 임면(任免)에도 관여할 수 있는 자리였다. 이정암은 그전에 준비되어있는 것에 만족하지 않고 군량미를 더 비축하고, 성에는 대포를 걸게 하고, 궁방장이와 대장장이를 시켜서 활과 화살 및 칼과 창을 만들었을 뿐만 아니라, 성벽에 오르는 왜군에게 던질 돌을 성안 곳곳에 쌓아 쉽게 사용할 수 있도록 했다. 또한, 가마솥을 걸고 마른 잎을 대량으로 모아 횃불을 만들었고 4백여 명의 장정을 뽑아 일반백성들에게도 훈련을 시켰다. 이렇게 준비하면 보름 정도면 어느 정도 준비를 마칠 수 있다고 생각하면서 성을 지키겠다는 백성들의 의기에 뿌듯해하고 있었다.

그러나 왜군은 충분한 시간을 허락하지 않았다. 이정암이 성에 들어와 정신없이 전투준비를 시작한 5일째 되는 날 왜군은 드디어 움직이기 시작했다. 8월 27일 동이 트면서 멀리 산 너머 새벽하늘에는 곳곳에 불길이 솟고 사방에서 급사가 달려와 해주와 강음을 출발한 적의 대군이 연안을 목표로 진격해 오는 중이라고 했다. 왜군은 항상 그랬듯이 이번에도 지나는 고을마다 불을 질러 온 산야를 잿더미로 만들고 있었다. 적의 대군 앞에 기가 눌려 성 밖으로 나가서 유격전을 하자는 이도 있었으나, 휘하 장수들을 불러 각자 구역을 정한 다음 죽음으로 연안성을 지킬 것을 맹세하였다.

8월 28일부터 전투가 벌어지기 시작했다. 여러 겹으로 성을 에워싼 적은 5천여 명으로 교대로 총을 쏘아 댔다. 이때 이정암은 생각했다. 두려운 것은 적이 아니라 바로 병사들이 가지고 있는 마음속의 겁이었다. 그 겁을 몰아내는 순간이 이기는 순간이었다. 그래서 그는 병사들이 가지고 있는 마음속의 겁을 털어내기 위해 천천히 성 위를 돌았다. 그리고 백성과 군사들을 격려한다. "한 번 죽어서 우리나라에 사람이 있다는 것을 보여주자. 기어이 이겨야만 우리가 살 수가 있다."라고 표정 하나 변하지 않고 총알이 날아다니는 속에서도 덤덤하게 걸어왔다가 걸어가는 의병장의 모습에 군사들은 이내 겁먹은 마음을 진정시키고 화살을 쏘았다. 첫 번째 날이라서인지 상호 탐색전만 있을 뿐 큰 전투는 벌어지지 않았다.

8월 29일, 왜군은 산과 들에서 풀과 나무를 베어다가 참호를 메우고 개미떼 같이 몰려들었다. 1진이 무너지면 2진, 그리고 3진이 끊임없이 몰려들었고 밤에는 사다리를 들고 성벽으로 모여들었다. 그러나 성안에 있는 조선군은 조금도 동요 없이 잘도 싸웠다. 미리 준비한 돌멩이로 적의 얼굴을 내리치기도 하고, 펄펄 끓는 뜨거운 물을 부어 성벽을 오르는 적의 피부 껍데기를 벗겨버리고, 횃불을 던져 적을 태워 버렸다. 그날 전투가 끝날 무렵 성 밖에서 돌에 매달린 한 통의 편지가 날아왔다. 적진에 포로로 잡혀있는 일본말 통역관 김선경(金善慶)이 보낸 편지였는데, 적은 총알이 거의 떨어졌다는 내용이었다. 아무리 성능이 좋은 조총도 총알이 없으면 하나의 몽둥이에 불과했다. 이에 의병들은 한껏 기운을 얻었고 왜군들의 시체는 성 밑에 지천으로 쌓여간다.

9월 1일, 이날은 연안성 전투의 절정이었다. 왜군은 공성도구와 화력을 총동원하여 공격해왔다. 이정암은 적으로 하여금 총알을 모두 써버리게 하려고 적의 부아를 돋운다. 아호도모(멍텅구리들아), 후누케도모(얼간이들아) 등의 욕설을 퍼부어서 잔뜩 약을 올려 무차별 난사하게 하였다. 화가 나서 쏘아붙이던 총소리가 한낮을 지나면서 뜸해지자 휘하장수 장응기(張應祺)가 조총이 없는 왜군은 별것이 못 된다는 것을 적과 아군에게 가르쳐 주기 위해 기병(騎兵) 1백여 기를 이끌고 종횡무진 적진을 휘저으면서 적을 난도질해댔다. 왜적은 대낮에 조선군이 성 밖으로 나오리라고는 생각도 못 하고 있다가 정신을 차릴 겨를도 없이 짓밟히고 피를 토했다. 그리고 장응기는 바람같이 적진을 휩쓸고 난 다음 온몸이 피투성이가 되어 성내로 들어왔다.

그리고 적들이 풀로 참호를 메우면 횃불로 맞서고 밤에 높은 다락에 올라 성을 내려다보고 총을 쏘아대자 흙담을 쌓아 막았다. 이런저런 수작으로도 연안성이 끄떡없자 왜적은 불화살을 성안으로 쏘아댔다. 그러자 역풍이 불어 성 안팎에서 타오르던 불길이 왜군 진영으로 옮겨붙으면서 그들이 저지른 화공전이 전혀 뜻밖의 결과로 나타났다. 그리고 왜군이 마지막으로 사력을 다해 공격을 퍼붓자, 끈질긴 왜군의 공세에 지칠 대로 지치고 공포에 젖은 의병 앞에서 이정암이 장작 위에 올라가 "이 성이 함락당하면 여기에 불을 질러라. 내가 적의 손에 모욕을 당하느니 차라리 여기서 죽겠다."라고 하면서 의병들에게 용기를 넣어 다시 목숨을 걸고 싸우게 하였다. 그리고 밤에 왜군 몰래 성 밖으로 전현룡(田見龍)을 보내 성 주위에 지천으로 있던 마른풀에 불을 지르자, 삽시간에 불은 커다란 저승사자가 되어 왜군 앞으로 다가와 순식간에 왜군을 삼켜버렸다. 이렇게 그날 밤도 위기를 넘기고 왜적들을 물리칠 수 있었다.

9월 2일이 되자 왜군은 포위를 풀고 수많은 사상자를 남긴 채 퇴각하기 시작했다. 성 주위에 널려 있는 그들의 시체는 다른 전투에서도 그랬던 것처럼 전날 밤에 왜군들이 한곳에 모아 불태웠다. 의병은 퇴각하는 적을 계속 추격하여 왜군 수십 명을 더 사살하고, 우마 90여 마리와 군량미 130여 석을 빼앗았다.

이렇게 사흘 낮과 밤에 걸친 치열한 사투 끝에 연안성을 지켰고, 다음 해 봄 왜군이 전면 퇴각할 때까지 안전하게 보전되어 충청도와 전라도 및 경상도의 하삼도와 의주 조정을 잇는 중계역할을 했다.

연안성을 지킨 것은 물론이고, 호남과 의주를 연결하는 서해의 남북 해상통로를 유지할 수 있었기 때문에 이는 곧 조선 조정을 지킨 것이다.

조선 의병은 이정암의 활약에 힘입어 세 배나 더 많은 적을 물리쳤을 뿐만 아니라, 하나로 단결한 성민이 성을 활용하여 죽음을 무릅쓰고 대항하면 훨씬 많은 적도 물리칠 수 있다는 자신감을 얻었고, 후에 벌어질 행주산성 전투와 진주성 전투에도 많은 영향을 끼쳤다. 연안성을 지킨 것은 임란 전에 연안부사로 있으면서 대비를 철저히 한 신각 장군의 전쟁준비와 성을 사수하겠다는 의병과 성민의 굳은 결의를 바탕으로 한, 의병장 이정암의 진두지휘뿐만 아니라 그의 지략이 만들어낸 작품이라고 할 수 있다.

함경도 탈환의 주역 이붕수

1592년 6월 18일 파죽지세로 북상을 계속한 왜군의 가토 기요마사는 함경도 안변에 당도해 있었다. 이때 그의 부장 나베시마 니오시게(鍋島直茂)

는 영흥과 함흥을 점령하고 있었다. 그리고 가토 기요마사는 바로 앞에 조선의 두 왕자가 피난해 있다는 소문을 듣고 그들을 붙잡기 위해서 회령으로 말을 달린다. 조선에 상륙하여 전투다운 전투 한번 치르지 않고 함경도까지 점령한 가토 기요마사는 간발의 차로 한성입성의 선봉을 고니시 유키나가(小西行長)에게 빼앗긴 것에 대해 분통해하고 있었다. 그래서 조선의 두 왕자를 포로로 잡아 한성 점령 시 고니시 유키나가에게 빼앗긴 공훈을 만회하려고 했다.

그리고 조선땅 회령은 임금이 있는 한성과는 천 리가 넘게 떨어져 있는 오지로, 죄수들을 유배시키는 장소로 유명한 곳이기에 조정을 원망하고 임금을 저주하는 원한이 쌓인 사람들이 많이 살고 있었다. 그중 국경인(鞠景仁)이라는 회령부의 아전으로 있던 자는 그의 친척 국세필(鞠世弼)과 반란을 일으켜 두 왕자와 수행한 대신들을 결박 지어서 가두어 버리고, 왜장 가토 기요마사에게 항복하는 문서를 보내고 왜병을 맞아들였다. 두 왕자와 대신들은 가토 기요마사의 포로가 되었고, 함경도도 역시 전투다운 전투 한 번 하지 않고 점령한다. 아울러 함경도 지방관리들은 피신하거나 백성들에게 잡혀서 왜적에게 넘겨지고, 목을 베이고, 일부는 도망가고, 왜적에게 항복하는 등 이미 점령당한 다른 지역과 마찬가지로 함경도 전체가 난장판이 되어버렸다. 나라가 태평할 때는 그럭저럭 조선 백성으로 살다가 나라가 위태로우니 평소 쌓였던 불만이 많았던 자들이 왜군의 앞잡이가 되어 함경도를 왜군과 그들의 세상으로 만들어버렸다.

그러나 민족정기는 살아 있었다. 함경도 경성선비 이붕수는 함경도가 순식간에 암흑천지가 되는 것을 보고 개탄하면서 암암리에 동지를 모으기 시작한다. 그는 최배천(崔配天), 지달원(池達源), 강문우(姜文佑) 등 몇몇 동지와 뜻을 같이하기로 하고 의병을 일으킬 것을 계획한다. 그리고 피신했던 몇몇 지방관리를 더 모아서 그 지방에서 함경도 북평사가 되어 인망이 높았던 정문부를 의병장으로 추대한다. 전란을 맞아 정문부 역시 한적한 곳에서 피신해 있다가 이붕수가 동지를 모아 피신한 곳으로 찾아와서 의병장으로 추대하자 흔쾌히 승낙하고, 소수의 의병을 모아서 제일 먼저 경성에서 반란을 일으켜 두 왕자를 왜군에게 넘기고 가토 기요마사로부터 함경 감사의 벼슬을 받은 국세필을 죽여버린다. 그리고 길주, 명천, 회령, 종성, 경원, 경흥에 격문을 뿌려 의병을 모은다. 의병은 구름처럼 모여들어 8월에 경성을 수복하자 순식간에 3,000명을 넘고, 9월에는 신세적·오윤적과 합세하여 반적 국경인까지 죽이고 회령과 종성을 수복한 뒤엔 7,000명을 넘었다. 곧바로 명천으로 진격해 들어가 가토 기요마사군을 몰아내고 명천까지 수복한다. 기세를 몰아 길주를 향해 치달았다. 바로 이때가 음력 10월이었다.

북쪽 지방은 벌써 얼음이 얼고 눈이 내리기 시작하였다. 그러나 그 지방 태생인 함경도 의병들에게는 큰 문제가 되지 않았다. 그렇지만 봄옷을 입고 침략한 왜군은 처음으로 눈까지 내린 조선의 혹독한 추위를 만나게 되었다. 조선의 추위에 대해서는 전혀 대비를 하지 않은 왜군은 대자연의 위력 앞에 속수무책이었다. 봄옷 차림으로 대한해협을 건너온 그들은 또 하나의 거대한 적을 만난 것이다. 설상가상으로 해전에서 이순신 장군의 눈부신 활약과 곳곳에서 일어난 의병들의 봉기로 식량마저 전혀 보충이 안 되는 상황이 되었다. 민가를 노략질해서 식량을 보충하는 데는 한계가 있었다. 즉, 그들이 전혀 예상하지 못했던 의병, 추위, 굶주림의 삼적(三敵)과 마주하게 된 것이다. 이렇게 되자 가토 기요마사는 길주평야에서 생산되는 군량미를 확보하기 위해 정문부 의병장이 지휘하는 의병과 정면대결할 것을 결정한다.

이에 정문부의병장은 종성부사 전견룡을 중위장, 경원부사 오응태와 원충서를 좌우복병장, 한인제(韓仁濟)를 좌부장, 유경천(柳擎天)을 우위장으로 임명하여 길주를 완전 포위한다. 왜군은 추위와 굶주림이라는 대자연의 적을 앞에두고 7천명의 의기양양한 조선의병과 마주하자 고양이 앞의 쥐 꼴이었다. 왜군은 한 번의 전투에서 의병들에게 참패를 당하여 단천(端川)으로 쫓겨나고, 의병들에 의해 길주는 완전히 회복된다. 단천으로 쫓겨가는 왜군은 단천 군수 강찬(姜燦)이 지휘하는 의병들에 의해 곳곳에서 참살당한다. 이렇게 쫓기고 쫓겨 북청(北靑)과 홍원(洪原)을 거쳐 함흥까지 퇴각한다. 쫓기는 도중 수많은 왜군이 낙오하고, 그 낙오병은 대자연의 엄숙한 심판을 받아 눈 속에서 동태가 되어버리든지, 아니면 그대로 백의민족 의병의 서슬 퍼런 칼에 목숨을 내놓아야 했다.

기세등등하게 함경도를 점령한 가토 기요마사는 7,000명의 의병에게 보기 좋게 쫓기어 함흥까지 퇴각했지만, 길주와 명천을 다시 점령하지 않으면 모두가 굶어 죽고 얼어 죽게 될 거라는 것을 잘 알고 있었다. 그래서 가토 기요마사는 길주와 명천을 점령하기 위해 다시 의병과 일전을 결정하고 길주 땅 60리에 있는 임명내(臨溟川)까지 쳐들어갔다.

그러나 정문부 의병장은 이미 의병을 움직여 임명내 아래 산골에 매복을 하고 있었다. 가토 기요마사가 임명내를 건너왔을 때 매복군이 일시에 왜군들을 공격하자 혼비백산해서 오던 길로 달아났다. 계속해서 달아나는 왜군은 곳곳에서 매복해 있던 의병의 공격을 받아 부지기수가 지옥의 구릉으로 나가떨어졌다. 이렇게 해서 1593년 1월에는 단천의 적까지 몰아내고 가토 기요마사는 안변으로 군을 돌림으로써 관북지방은 정문부 의병장이 거느린 의병에 의해 함흥 일부를 제외하고 완전히 수복되었다. 잃었던 지역 전체를 되찾은 것은 함경도가 처음으로 의병의 활약이 결정적이었던 것이다.

그러나 단천의 왜군을 쫓아내는 전투에서 함경도에서 최초로 의병을 일으킬 것을 계획하고 정문부를 의병장으로 추대한 이붕수가 왜군의 탄환에 맞아 순절한다. 만약 이붕수가 아니었다면 함경도 지역은 더 오래도록 왜군의 천지가 되었을 것이다. 정문부 의병장 자신은 애초에 의병을 일으킬 것을 계획하지 않았던 것으로 전해진다. 피신 도중 경성선비 이붕수에게 소개되어 의병장으로 추대된 것이다.

그런데 함경도에서 왜적을 모조리 쫓아내자 이붕수는 안타깝게 순절하고 만 것이다. 참으로 애통한 일이다. 이붕수는 벼슬을 하고 있던 사람도 아니다. 그저 시골에서 그럭저럭 생활하고 있던 선비일 뿐이었다. 그러나 판관이다, 부사다 하면서 평상시 백성을 쥐어짜던 양반 벼슬아치들은 쳐들어오는 왜적을 막아내거나 잃은 땅을 회복하는 데 앞장서기는커녕, 도망가거나 왜적 앞에 무릎을 꿇은 고관대작이 부지기수였다. 그렇지만 의병을 일으켜 조국 땅을 되찾고 목숨마저 나라에 바친 이붕수는 벼슬과는 아무런 관련이 없는 시골의 한 선비였을 뿐이다. 온갖 혜택을 다 누렸던 양반들이 나라를 저버릴 때 그는 역시 다른 지역의 의병들처럼 의연히 일어서서 조국을 되찾는 데 앞장선, 참으로 의로운 선비였던 것이다. 그러나 북관 지역을 의병들이 수복한 사실을 아는 사람은 드물고, 또 그 공로를 정문부 의병장 한 사람의 공로로 알고 있다. 가토 기요마사가 왕자를 포로로 잡은 사실은 알아도 그 가토 기요마사가 이붕수의 손에 달아난 사실은 잘 모른다.

이붕수가 사망하자 정문부 의병장은 7일장으로 장사를 지낸 뒤에 조정으로 북관 지역을 평정한 사실과 이붕수의 공을 보고한다.

그러나 이때 가토 기요마사가 함경도로 들어오자 황망히 달아났던 함경 감사 윤탁연은 이붕수에 의해 의병이 일어나 왜군을 몰아내고 있다는 소문을 듣고 함경도를 탈환하는 공을 빼앗기지 않기 위해 의병을 일으켰다가 대패하자, 정문부 의병장이 함경 감사인 자신의 결제를 받지 않고 무시해서 함경 감사의 직책을 할 수 없다면서, 정문부를 역적으로 몰아붙이는 터무니없는 장계를 조정에 올린다. 이에 선조는 사실을 확인하기 위해 직접 사람을 함경도로 보냈다. 비변사에서 나온 사람은 윤탁연에게 뇌물을 받고는 정문부와 이붕수가 국경인과 국세필을 죽인 것뿐이라고 거짓 보고를 한다. 이리하여 정문부는 절충장군(折衝將軍)과 길주 목사를 제수받고 이붕수는 겨우 감찰(監察)이라는 미관말직을 증직(贈職)한다. 공은 크되 지방관리의 모함으로 큰 공을 인정받지 못한 것이 못내 안타깝다. 특히, 목숨까지 나라에 바친 이붕수의 공이 사실대로 평가받지 못한 것이 너무나 아쉽다. 월탄 박종화 선생은 그의 소설 임진왜란에서 이것을 사람들 속에는 이렇도록 저주받을 인간성을 가진 자가 많다고 했다. 남의 공을 시샘하는 지방관리의 속내가 참으로 개탄스럽다.

한편, 세월이 지나 숙종 때에 함경도 의병이 가토 기요마사가 거느린 왜군을 무찌른 일과 국경인 일당을 참살한 사실을 기록한 북관대첩비가 함경북도 길주군 임명(臨溟)에 건립되었다. 이 비는 러·일 전쟁 때 왜군이 일본으로 가져가 침략주의 군국 일본의 상징인 야스쿠니 신사에 방치하였다. 1978년 재일 한국인에 의해 발견되어 정부에서 수차례 반환을 요구했으나 실현되지 못하다가 2003년부터 한·일 정부 간에 합의에 들어가 2005년 10월 20일에 우리나라로 반환되었다. 아무래도 일본은 임진왜란 시 그들이 패했다는 사실이 기록된 비가 야스쿠니에 있다는 것이 못마땅했을 것이다. 이 비는 2006년 3월 1일 비석이 원래 있던 곳에 복원하기 위해 북한으로 전달되었고, 현재 남한에는 독립기념관, 경복궁, 의정부 정문부 장군 묘역의 세 곳에 복제비가 세워져 있다.

민초들의 힘으로 한 지역을 되찾은 쾌거가 대대손손 전해져서 바로 이 땅이 이렇게 지켜져 왔다는 것을 알고 나라 사랑하는 마음의 발로가 되기를 기원한다.

경복궁에 있는 북관대첩비 복제비

권율과 세마대(洗馬臺)

　권율은 정승을 지낸 권철의 아들이면서 이항복의 장인으로 마흔여섯이라는 늦은 나이에 과거를 보아 벼슬길에 올랐고, 임진년에는 56세나 되는 노구였다. 임진왜란이 일어나자 유성룡의 천거로 광주목사로 부임한 권율은 3도 근왕병을 따라 서울을 향해 올라오게 되는데, 3도 근왕병의 대장은 전라 감사 이광이었다. 이때 왜적은 용인 문소산이라는 산에 진을 치고 있었는데, 이광은 용인에 있는 적을 공격하기로 하자 권율은 용인에 있는 작은 적을 치지 말고 임진강에 있는 적을 공격한 뒤에 서북으로 치올라가는 왜적과 대결하자고 하였다. 그러나 이광은 권율의 말을 듣지 않고 빨리 적을 쳐서 공을 세우려고 생각하고 있었다. 이렇게 해서 용인으로 왜적을 치기 위해 들어간 근왕병은 적의 모습을 전혀 볼 수가 없었고, 문소산에 몸을 꼭꼭 숨기고 있던 와키자카 사베에(脇坂左兵衛)는 서울에 있는 와키자카 야스하루(脇坂安治)에게 구원을 요청한 뒤에 전혀 싸움에 응하지를 않았다. 밤이 되자 와키자카 야스하루는 용인에 도착하여 3도 근왕병에게 은밀히 접근했는데, 이때 용인에 먼저 도착한 근왕병은 마음을 턱 놓고 경계병 하나 세우지 않고 휴식을 취하고 있었다. '마른하늘에 날벼락'이라는 말은 이러한 때를 두고 하는 말이리라. 갑자기 근왕병은 자다가 손이 끊어지고 다리가 잘려나가고 머리가 떨어져 나간다. 캄캄한 어둠 속에서 근왕병의 진중은 돼지 멱따는 듯한 비명과 함께 걷잡을 수 없는 혼란이 일어나고, 계속해서 적은 치고 찌르고, 아군은 달아나고 쫓기기에 바빠 왜군과 대항해 싸울 생각은 아예 하지도 못하고, 순식간에 진중은 왜군에 의한 인간 살육장이 되어버렸다. 동이 터서 선봉부대가 정신없이 달아나는 것을 본 후속 부대도 영문도 모른 채 달아나 버린다. 몇만 명의 근왕병이라고 하나 훈련이 전혀 되어있지 않은, 갑자기 모은 일반백성일 뿐인 데다가 군사전략에 무지한 대장 이광의 신중하지 못한 지휘로 싸움 한 번 하지 못한 채 다 흩어져버리고 말았다. 이것이 바로 1,600명의 협판안치가 이끄는 왜군에게 6만여 명의 근왕병이 하루아침에 흩어져 버린 1592년 6월 6일에 벌어진 용인전투인 것이다.

이때 광주목사 권율(權慄)군과 동복 현감 황진(黃進)의 군사는 규율이 엄하고 훈련이 되어 있었으며, 용인으로 향한 후속 부대였기에 큰 피해를 당하지 않고 고향으로 돌아왔다. 광주로 돌아온 권율은 천여 명의 근왕병을 다시 일으켜 동복 현감 황진을 선봉장으로 전라도 진산군의 배고개에서 고경명, 조헌, 영규대사의 군을 이기고 의기양양하게 전주로 향하고 있는 만여 명이나 되는 왜의 고바야카와 다카카게(小早川隆景)군을 그의 지략과 용맹으로 물리치는데, 이것이 바로 1592년 7월 8일에 벌어진 이치 전투이다. 이 전투로 왜군은 전라도로의 침략이 좌절되고, 이 소식을 들은 선조가 권율을 전라 감사로 임명하자 권율은 배고개는 수하에 있는 아장으로 지키게 하고, 전라도에서 다시 2만여 명의 군사를 모아 서울로 진격하기 위해 1592년 9월 수원 독산(禿山)에 진을 친다. 권율은 용인전투에서 패배를 직접 당한 지휘관으로 벌판에 진을 치지 않고 산성 높은 곳에 진을 친 것이다. 높은 고지를 점령해서 지리적으로 험준한 것을 이용하는 것이 적과 싸울 때 몇 배 유리하다는 것을 용인전투 패배에서 뼈저리게 느낀 것이다. 그리고 이곳은 평지에 솟아 있는 고지로 주위 감시가 쉬운 지역이라 예부터 군사적 요충지로 남한산성 및 용인의 석성산성과 함께 도성 방어를 위한 삼각체계를 형성해 왔던 곳으로, 백제가 처음 성을 쌓은 것으로 알려졌는데 임진왜란 때까지 계속 사용된 것으로 추정되는 곳이다.

권율 장군이 독산성에 진을 치자 서울에 있던 왜적 우키다 히데이에는 급히 오산으로 내려와 진을 친 뒤에 독산성을 포위하고 조총 사격을 하며 독산성으로 기어오르기 시작했다. 이에 권율은 미리 준비한 돌과 화살을 퍼붓듯이 굴리고, 던지고, 날린다. 불화살까지 사정없이 날렸다. 돌에 깔리고 화살에 맞아 쓰러지고 옷에 불이 붙은 적은 비명을 지르며 깎아지른 듯한 성벽 아래로 굴러떨어져 저승사자의 품에 안긴다. 결국, 적은 한 명도 산성으로 오르지 못한 채 천여 명의 군사만 죽어 나자빠졌다. 그리고 야간에는 가지가 다섯 개씩 뻗은 횃불을 군사 한 명당 하나씩 들게 하여 마치 산성 안에는 셀 수 없을 만큼의 무수한 조선군이 있는 것으로 보이게 하고 야습을 하여 적을 죽이고 베어 공포에 몰아넣었다. 적장은 군사를 다독여 산성을 공격해도 조선군은 산성 아래로 내려오지 않으니 계속해서 왜군의 손실만 발생하는 것이다.

이때 권율은 장기 계획을 세우고 독산성에 진을 친 것이다. 수원에 있으면 서울의 적에게 위협이 되고 명군이 평양을 공격할 때 서울로 공격해서 적을 섬멸하겠다는 계획이었다. 그러나 물이 문제였다. 독산성은 대부분 바위로 되어 있어서 안에 있는 조선군이 마실 수 있는 물이 충분치 않았다.

왜군도 계속 독산성을 공격해도 여의치 않자 물이 충분치 않다는 것을 잘 알고 조선군 스스로 물을 찾아 나올 때까지 기다리기로 하였다. 갈증을 이기지 못한 조선군이 성 밖으로 나오면 일망타진하겠다는 것이다. 그리고 왜장 우키다 히데이에는 서울이 비어있기 때문에 초조하기도 했다. 이렇게 독산성을 포위한 지 한 달째가 되어가고 있었다.

이때 권율도 왜군의 이러한 속셈을 알고 기발한 계략을 발휘한다.

그는 말을 왜적들이 잘 볼 수 있는 산성 위 높은 곳으로 끌고 가서 쌀을 말에게 계속 퍼붓도록 했다. 그리고 한 손으로는 말 등을 쓸어주고 궁둥이를 어루만져 주도록 했다. 시원함을 느낀 말은 울음소리를 크게 질렀다.

왜적들은 멀리 독산성을 바라보니 말의 울음소리가 웅장하게 들리는 가운데 조선군사들이 말을 세워놓고 한참 동안 목욕을 시키고 있는 것이다. 희뿌연 물이 말 위로 쫙쫙 끼얹어지고 있는 것이다. 그 물은 햇빛을 받아 반사되어서 왜군들의 눈에 선명하게 비쳐지고 있었다. 말들은 계속 고개를 들고 시원하다는 듯이 입을 벌려 소리를 지르는 것이다. 왜장 우키다 히데이에는 독산성에 있는 조선군은 사람이 먹을 식수가 없어서 곤경에 빠진 줄 알았는데, 말까지 목욕을 시키고 있으니 환장할 노릇이었다. 물 부족으로 스스로 성문을 열고 나올 줄 알았지만, 그것은 자신이 착각해도 크게 착각한 것이라는 것을 알게 된다. 그의 바램은 허사가 되어버리고 만다. 이에 초조한 우키다 히데이에는 서울을 오래 비워 둘 수도 없고, 장기간 공격하고 기다려봤자 아무런 소득이 없을 뿐만 아니라, 앞으로도 기대할 수가 없었기 때문에 군사를 회군시키고 만다. 말에게 퍼부은 쌀이 멀리서 바라보는 그에게는 물로 보였던 것이다.

오산에 진을 치고 있던 왜적이 서울로 달아나자 경기도는 다시 우리 수중으로 들어온다. 이에 권율은 일부의 병력을 데리고 행주산성으로 들어가 진을 치고 있다가 1593년 2월 12일 행주산성으로 공격해오는 약 3만 명의 왜군을 맞아 2,300명의 조선군으로 끝까지 행주산성을 지켜낸다. 이른바 권율은 이치 전투, 독산성 전투, 행주대첩을 승리로 이끈 조선의 명장으로 우뚝 서게 된다.

독산성 전투에 대해 의문을 가지는 사람도 있다. 독산성은 소규모의 산성으로 2만 명이 주둔하기에는 불가능하다는 주장으로 후세에 의해 부풀려졌다는 것이다. 『선조실록』 1593년 2월 14일의 기록에 "전라도 순찰사 권율은 그의 군사 4,000명을 반으로 갈라 전라도 병마절도사 선거이(宣居怡)로 하여금 양천강 언덕에 진을 치게 하고, 자신은 정병 2,300여 명을 거느리고 수원의 독성에서 고양군 행주의 성산으로 옮겨 진을 쳤다."라는 기록을 근거로 일부는 독산성의 병력을 4,000명으로 추측하는데 행주산성 전투 시 병력이 2,300명이라는 것을 고려할 때 4,000명이라는 추측이 현실에 접근한 주장이라는 느낌이 든다. 독산성 병력이 2만 명이었다면 행주산성으로 진을 옮길 때 굳이 2,300명만 거느리고 갈 이유가 없다. 권율도 왜군이 행주산성을 노리고 있다는 것을 알고 있었기 때문에 더 많은 병력을 거느리고 가고 싶었지만, 독산성의 병력이 4,000명밖에 안 되기 때문에 여유가 없어서 2,300명만 이동시킨 것으로 추측된다.

어떻든 문인 출신인 권율의 지략이 돋보이는 독산성 전투였다. 이에 말을 목욕시켰다고 하여 목욕시킨 장소를 세마대(洗馬臺)라 일컫는다. 현재 사적 140호로 지정되어 역사의 현장으로 보호를 받고 있고 주위의 수려한 경관과 성곽길이 산책코스로 인기가 좋아 많은 사람이 찾는 지역명소로 자리매김하고

독산성의 외형을 본뜬 세마역

있다. 또한, 오산에는 독산성의 외형을 본떠서 역사(驛舍)를 지은 세마역이 있어 오가는 사람들로 하여금 선조들의 외침에 대한 저항정신을 되새기게 하고 있고, 지역의 명문인 세마고등학교가 2010년에 개교하여 권율 장군의 호국정신을 계승하고 있다.

호국의 위대한 의인들

대비가 되어 있지 않은 환란을 맞아 초기에는 지방관리들이 도망가버리고, 장졸들을 이끌고 왜군과 맞서 싸워야 할 지방장수 중에서도 일부는 무기를 버리고 무조건 북쪽으로 말을 달리는 광경까지 벌어졌다. 방비가 없는 나라의 백성은 우마(牛馬)가 지나갈 때의 잡초처럼 짓밟히고 쓰러지면서 최대의 피해자가 될 수밖에 없었다. 그러나 바다에서 이순신 장군의 활약으로 백성들 사이에서 우리도 왜군을 이길 수 있다는 자신감이 일어나면서 차차 도망갔던 관리들이 돌아오고 관군도 전열을 차츰 갖추어 나갔다. 그리고 왜군도 그들의 점령지가 넓어지면서 점령지 통치와 병참선 경계를 위해서 군을 분할하여 운용할 수밖에 없고, 그러다 보니 지방에는 대규모 왜적이 물밀 듯이 밀어닥치던 초기와 달리 비교적 소규모 단위로 부대를 움직이게 되었다. 그들의 전투력은 조선 전국으로 퍼져 나가면서 집중이 아니라 분할되었고, 그만큼 조선군이 각개격파를 시도한다면 취약해질 수밖에 없게 되었다. 이에 맞춰 백성들이 초기의 충격에서 다 벗어난 것은 아니지만, 폭풍이 지나간 후에는 초목의 싹들이 서서히 솟아나듯이 백성의 웅크렸던 기상이 조금씩 고개를 들기 시작했다. 그리고 백성들은 소규모로 움직이는 적을 보고서 우리가 뭉치면 저 정도의 적은 물리칠 수 있을 거라는 희망을 품게 된다. 바로 우리 민족의 저력이 샘에서 물이 솟아나듯이 용솟음치기 시작한 것이다.

용솟음치기 시작한 민족의 저력 중에서 가장 대표적인 것이 의병이다. 옳은 일에 병장기(兵仗器)를 들고 앞장 섰다 하여 이른바 의병(義兵)인 것이다. 의병은 누구의 지시를 받고 일어난 것이 아니다. 뜻있는 지방유생이나 사대부가 가족을 중심으로 소규모로 시작하여 처음에는 유격전을 펼치다가, 규모가 커지면서 왜적과 대규모 전투를 하여 잃었던 성이나 지역을 되찾든지, 아니면 관군을 대신하여 성을 지켜내기도 했다. 조선 팔도에서 일어난 의병은 수없이 많은데 두드러진 의병으로, 경상도에서 곽재우, 정인홍, 김면 등이 있고, 전라도에서는 김천일과 고경명, 황박이 있었으며, 충청도에서는 조헌, 황해도에서는 이정암, 함경도에서는 이붕수가 있다. 이러한 의병의 궐기가 도화선이 되어 그동안 움츠렸던 관군도 서서히 전과를 올리기 시작했다. 그래서 관군의 활약도 두드러졌지만, 이 단락에서는 다른 단락에서 기술했던 의병장이나 관군에 대해서는 다루지 않기로 한다.

먼저 곽재우는 우리가 잘 아는 의병장이다. 그의 부친은 황해 감사를 지낸 월(越)로서 현풍의 선비 집안 태생이었으나, 의령현(宜寧縣) 세간리(世干里)의 외가에서 출생하여 계속 외가에서 자라고 생활한다. 그의 외조부 강응두(姜應斗)는 넓은 농토를 가진 부호였다. 씩씩하고 잘생긴 외모와 광채 나는 눈빛으로 외가의 사랑을 독차지하며 자랐고, 일찍이 퇴계 이황과 당대의 스승으로 추앙받던 남명 선생에게 글을 배웠으며, 남명선생의 외손녀와 결혼하였고, 결혼 후

홍의장군 곽재우

에도 계속 외가에서 살았다. 장인 김행이 문관이었으나 무관의 벼슬을 하는 바람에 그 영향을 받아 병서를 읽고 말을 달리고 활을 쏘는 데 흥미를 느끼기 시작했다. 그러던 중 그의 나이 41세가 되던 1592년 4월 13일 왜적이 침략하였고, 그는 침략 9일 만인 4월 22일에 의병(최초로 의병을 일으킨 것으로 알려졌으나, 전라도의 유팽로가 먼저 '4월 20일' 일으켰다는 주장이

있음)을 일으켰다. 처음에는 그가 거느린 하인과 소작인 위주로 50여 명을 편성하여 훈련을 시켰다. 말이 의병이지 그들은 훈련이 전혀 되어 있지 않은 농민군이었다.

어느 정도 의병이 모습을 갖추어 가자, 제일 먼저 부산을 거쳐 왜군의 군수물자 집결소인 왜관동(倭館洞, 지금의 경북 칠곡 왜관읍, 현재도 미군 군수지원 부대가 주둔하고 있음)으로 가는 길목에서 물자를 싣고 지나는 왜군 선단을 공격하기로 하였다. 당시 왜군은 군수물자를 배에 실어 부산을 통해 왜관동에 집결시켰다가 다시 강을 따라 북으로 또는 육로를 거쳐 성주와 김천 방면으로 보내졌다. 이에 곽재우는 낙동강과 남강이 합치는 길목인 기강(歧江, 거름강으로 창녕군 남지읍과 함안군 칠서면, 의령군 지정면이 위치하는 곳)의 강 속에 말뚝을 설치한 후에 숲 속에서 매복하고 기다리고 있었다. 한 번도 조선군의 공격을 받아 본 적이 없는 왜군 수송 선단 60여 척이 드디어 나타났다. 그중 한 척이 말뚝에 걸리자 빠져나오기 위해 왜군은 안간힘을 쓰고 있었다. 그때 매복하고 있던 의병들은 일제히 나와 화살 공격을 퍼부었다. 갑자기 공격을 받은 적은 선열(船列)이 무너지고 말뚝에 걸려 엉기적거렸다. 숲 속에서는 계속해서 의병들의 공격이 이어졌다. 이렇게 해서 정오 때 시작된 전투는 해질 무렵에야 끝이 났다. 적선(敵船) 60척 중 30여 척이 부서졌다. 1592년 5월 4일에 예상 밖의 전과를 올렸다.

그 이후 곽재우 장군의 의병은 여기저기 다니면서 소규모의 적들을 공격하여 후방을 괴롭혔다. 한편, 5월 말이 되자 왜장 안코쿠지 에케이(安國寺 惠瓊)는 부산에 상륙하여 창원을 거쳐 전라도 점령을 서두르고 있었다. 그들은 전라도로 침략하면서 선발대로 하여금 구간별로 말뚝을 박아 표지가 되도록 하여 본대가 길을 쉽게 찾도록 했다. 왜적은 이런 행동을 반복하면서 계속 전라도를 향해 침략하고 있었다. 이를 지켜본 곽재우는 의령의 인근 지역에서 5월 24일 그들을 물리치기로 하고, 선발대가 물러간 다음 말뚝을 진창으로 옮겨 놓았다. 말뚝을 보고 아무 의심 없이 따라가던 왜군은 갈팡질팡하게 되었고, 이때를 놓치지 않고 공격하여 곽재우 장군이 지휘하는 의병은 그들을 정암진(鼎巖津, 경남 의령)에서 크게 무찔러 전라도 침략을 진출을 좌절시켰다. 그 후 곽재우 장군의 의병들은 계속 경상도 지역에서 활동하여 창녕과 현풍 및 영산지방을 수복함으로써 낙동강 중 남쪽 일부를 제외하고는 조선 수중으로 들어왔기에 그들의 수륙병진책은 많은 타격을 받게 되었다. 곽재우 장군은 그의 부친이 명나라에 사신으로 가서 받아온 붉은 옷을 전투 시마다 입었기에 홍의장군이라 불리게 되었고, 10여 명의 장수에게 똑같은 복장을 하게 하여 동시에 나타났기에 왜군을 어리둥절하게 했다. 계속해서 의병의 활동이 두드러지자 6월 초에는 모여든 의병이 2천 명이 되었고, 한때 군세가 4~5천 명에 이르렀다. 그리고 1차 진주성 전투에서는 전투기간 내내 왜군의 후방을 교란시켜 전투력이 진주성으로 집중되지 않도록 함으로써 통쾌한 승리를 이끌었다. 곽재우 장군은 사재를 털어 의병활동을 계속하였으나, 1596년 이몽학의 난이 진압되면서 경상 감사 김수의 모함에 빠져 조정에 압송되었다가 무고로 풀려나지만, 그 길로 의병을 해산하고 초야에 묻혀 살다가 1617년 65세에 생을 마감했다. 조정에서 29차례나 관직을 제수했지만 당시 조정에 대해서 환멸을 느끼고 끝내 사양했다. 임진왜란이 끝난 직후에는 부호였던 집안이 의병활동으로 재산이 다 거덜 나고 아들과 패랭이를 팔면서 근근이 살았다고 한다. 나라를 위해 목숨을 걸고 활동한 한 의인(義人)의 말로가 너무나 초라하다. 곽재우 장군이 의병을 일으킨 1592년 4월 22일은 양력으로는 6월 1일이며, 국가기념일인 의병의 날로 지정되어 각지에서는 많은 행사를 통해 호국정신을 계승하고 있다.

그리고 경상도 의병으로 정인홍(鄭仁弘)과 김면(金沔)이 있었다. 정인홍은 남명 선생을 제자로 임진왜란이 일어날 때 58세로 고향에서 제자들을 가르치고 있었고, 만석꾼인 김면은 임진왜란 발발 시 52세로 퇴계와 남명 선생을 스승으로 모시고 공부에 열중하고 있었다. 전란이 일어나자 두 사람은 의기투합하여 의병을 모집하기로 한다. 두 사람은 합동작전을 펴기로 하고 1천6백 명의 의병을 모아 낙동강 주변에서 적의 보급선을 차단하면서 후방의 적을 괴롭혔다. 그러던 중 1592년 6월 하순 무계(고령군 성산면)에서 큰 전투가 벌어졌다. 왜적은 여기에 많은 물자를 비축하고 낙동강 서쪽으로 침공할 준비를 서두르고 있었다. 그들은 먼발치에서 적이 모르게 포위하고 있다가 동틀 무렵에 일제히 기습공격을 감행하여 적을 격멸하고 많은 우마와 군량미, 그리고 왜적이 조선인으로부터 탈취하여 쌓아두었던 비단과 패물 같은 진귀한 물건을 노획하였다. 그리고 계속해서 고령과 초계에서 분탕질하고 있는 왜적을 일망타진했다.

그들은 전라도로 침공하는 왜 6군 고바야카와 다카카게(小早川隆景)가 부족한 식량을 보충하기 위해 황강을 따라 내려가는 적을 치기로 하였다. 그래서 황강 중 물결이 센 곳인 초계의 강물에 잠길 듯 말 듯하게 여러 밧줄을 설치했다. 그것을 모르고 황강을 따라 남하하던 왜적은 보기 좋게 밧줄에 걸려 배가 엎어지고 뒤집어져서 12척의 배가 다 물속으로 처박혔고, 뱃속에서 탈출한 적은 의병이 난사하는 화살에 맞아 끝내 1천여 명이 용왕님의 잔칫상 밥이 되었다. 그런데 이 전투에서 달아나는 적을 끝까지 쫓다가 정인홍의 중위장(현재의 참모장)인 손인갑이 아들 약해(若海)와 함께 안타깝게 전사했다.

초계전투 후에 정인홍과 김면은 의병 숫자가 2천8백 명으로 늘어나 있었다. 정인홍은 전사한 손인갑의 후임으로 경상 감사 군관으로 있는 유능한 장수 김준민(金俊民)을 감사의 동의를 얻어 중위장으로 결정했다. 그리고 무계에서 보급품을 실어나르는 적 우마 140필과 400여 명의 적을 완전히 격멸하였다. 이후 정인홍은 임진왜란 동안 계속 의병활동을 하였으며, 특히 정유재란 시에도 수천의 의병을 일으켰다. 전란 후에는 영의정까지 벼슬이 올랐다가 인조반정 뒤에 참형되고 재산은 몰수되었다. 정인홍은 이순신, 을지문덕과 함께 단재 신채호가 뽑은 조선을 구한 3대 영웅 중한 사람이기도 하다. 반면에, 김면은 의병활동을 하면서 크고 작은 전투를 40여 차례 치르는 동안 만석꾼이던 가산은 거덜 나고 처자식은 문전걸식을 하는데도 돌아보지 않고 전쟁터만 누볐다. 1593년 성주전투가 끝난 뒤 3월 금릉군(지금은 김천시와 통합)의 한 막사에서 "지금까지 나라가 있는 줄은 알았지만(只知有國), 이 한 몸이 있는 줄은 몰랐었네(不知有身一)!"라는 시구를 남기고 전염병으로 목숨을 다했다. 참으로 애석한 일이다.

곽재우, 정인홍과 더불어 의병활동을 한 사람 중에 권응수가 있다. 그는 영천이 고향으로 전란이 끝날 때까지 줄기차게 왜적을 물리쳐 많은 공을 세웠는데, 처음에는 호응자가 없어서 주로 집안 식구(동생 응전·응평·응생, 아들 우와 적 및 자원한 이웃 청년 이온수와 노복 5명) 12명을 데리고 의병활동을 하였다. 1584년 39세에 무과에 합격하였고, 임진왜란 발발 시에는 47세로 박홍 휘하에 있었다. 전란을 맞아 권응수는 도망가는 박홍을 따라가지 않고 고향으로 돌아와 의병을 일으켰다. 그리고 50여 명의 적을 무찌르자 많은 의병들이 소문을 듣고 스스로 찾아왔다. 다음으로 영천지역에서 조선사람인데도 왜군 편에서 조선사람을 죽이고 행패를 부리는 자부터 처리하였다. 그러자 또 의병은 더 늘어나 3천5백 명이나 되었다. 그 다음으로는 왜군 500명이 머물고 있는 영천성을 탈환하기로 하고, 1592년 7월 26일 새벽에 적은 식량이 떨어져 굶주리고 있다는 것을 알고 포위하고 있었다. 예상대로 날이 밝자 적은 식량을 구하기 위해 성문 밖으로 나왔고 그 순간을 놓치지 않고 공격하여 성문 안으로 쫓아 들어갔다. 그리고 왜적 5백 명을 전멸시키고 적에게 갇혀 있던 민초 1천9백 명도 구출했다. 또다시 권응수 휘하 의병은 5천 명으로 늘어났고, 다음 목표를 자인의 적을 치기로 하였으나, 적들이 경주로 도망가는 바람에 경주를 탈환하기로 결심했다. 8월 21일 공격을 개시한 5천 명의 의병은 포위당하는 위기를 맞기도 했으나, 의병 정세아(당시 58세)의 활약으로 포위망을 뚫고 전열을 정비하여 다시 경주성을 공격하자 적은 서생포로 도주하였다. 이로써 경상좌도의 백성들은 적에 대한 두려움을 떨쳐버릴 수 있었고, 산으로 숨었던 고을 수령들이 관아로 돌아와 제구실을 하기 시작했다. 그리고 왜적은 서서히 의병의 존재를 인식하면서 두려움을 가지기 시작했다.

이때 전라도에서는 고경명 휘하에서 의병활동을 한 양대박(梁大撲)이 있다. 그는 남원출생으로 1592년 의병을 일으킬 것을 결심하고 인근의 고을을 다니면서 많은 의병을 모으고 고경명을 맹주로 추대하였다. 의병을 모아 노적봉을 만들어 백회 수백 포대를 섬진강에 풀어 곡성지역에 대군이 주둔하고 있는 것처럼 위장전술을 폈으며, 6월에 의병 2,000명을 모아 아들 형우와 함께 임실에서 적을 격퇴하였는데, 이 전투가 호남에서 의병 전투로는 첫 번째였다. 그러나 그는 자신을 돌보지 않고 의병활동에 전념하다 과로로 쓰러져 진중에서 1592년 49세의 나이로 전사하고 말았다.

한편, 1592년 7월에는 전라도로 침략하기 위해서 왜장 고바야카와 다카카케는 금산(金山, 지금의 김천)을 떠나 영동을 거쳐 금산(錦山)으로 들어가고 별동대 칠천 명은 금산에서 무주를 거쳐 진안으로 들어갔는데, 그곳에서 의병장 곽재우에게 참패를 당하고 도망쳐 오는 에케이군과 합류하였다. 그래서 금산의 다카카케와 진안의 에케이 군은 전주를 향해 가다가 다카카케군은 이치(梨峙, 금산군 진산면 묵산리)에서 광주 목사 권율과 동복 현감(同福縣監) 황진(黃進)이 지휘하는 1,500명의 조선군과 마주치고 에케이군은 웅치(熊峙, 완주군 소양면 신촌리)에서 김제 군수 정담과 나주 판관 이복남(李福男) 및 의병장 황박(黃璞)이 지휘하는 혼선부대인 1천 명의 조선군과 마주쳤다. 그러므로 이치 전투와 웅치 전투는 남북에서 동시에 벌어졌다. 여기서 타고난 장수 권율과 경험이 풍부한 용장 황진이 지휘하는 이치에서는 대승을 거두었지만, 비극은 웅치에서 일어났다.

웅치에서 그들은 산 중턱에 목책을 치고 말뚝을 박고 함정을 팠으며 나뭇가지를 제거하는 등 왜군을 물리칠 준비를 단단히 하고 있었다. 7월 8일, 드디어 왜군은 먼동이 트자 2천여 명의 선발대가 웅치로 몰려오기 시작했다. 왜군은 함정에 빠지고 산 위에서 수없이 쏘아대는 조선군의 화살에 무수한 사상자를 내고는 물러갔다. 그러나 그것은 그들의 탐색전이었다. 해가 서서히 솟아오를 때를 기다렸다는 듯이 왜적은 일시에 총공격을 했다. 조선군은 무수한 적을 보면서도 기가 꺾이지 않고 활을 당기고 또 당겼다. 수많은 왜적이 꼬꾸라지고 쓰러졌다. 그러나 계속 밀려오는 왜적의 거센 폭풍우는 그칠 줄을 몰랐다. 조선군은 힘이 다하고 끊임없이 다가오는 왜적에게 기가 질리고 전열이 무너지기 시작했다. 왜적은 먼저 의병장 황박이 지휘하는 의병 진영을 무너뜨리고 이복남의 진영을 휩쓸었다. 그리고 정담이 지휘하는 진영을 에워쌌다. 잠시 후퇴하자고 종사관 이봉(李葑)이 말하였으나, 그는 "죽어서 혼백으로 저들을 물어뜯어야겠다."라고 하면서 화살이 다하자 칼로 항거하고, 칼이 부러지자 맨손으로 적을 치다가 조선군 300명 전원이 적의 칼 세례를 받고 쓰러졌다. 웅치에서 조선군을 힘겹게 물리친 에케이군은 전주성으로 가다가 금산으로 빨리 오라는 다카카케의 연락을 받고 금산으로 향했다. 그때 의병장 고경명이 금산을 탈환하기 위해 접근하고 있었기 때문이다. 웅치의 산골짜기에서 왜군과 싸우다가 300명의 부하와 함께 전멸한 정담의 공은 아무도 모르다가 2년 후에야 조정에서 알고 늦게나마 포상하였다고 한다. 그야말로 죽음으로 적에게 항거한 그들의 원혼을 무엇으로 달래줄 수 있단 말인가?

그리고 이때 서울 부근에서는 조방장 원호가 있었다. 그는 1587년 전라좌도에 침입한 왜적을 물리치지 못해 귀양을 갔다가 풀려나기도 했다. 전란이 발생하자 여주목사 겸 강원도 조방장으로 의병을 모아 신륵사, 구미, 마탄 등지에서 왜적을 물리쳐 한강 상류 부근에 왜군이 출몰하지 못하게 하였고, 적의 보급로를 차단하였다.

이처럼 왜적의 침략을 받아 관군의 활약이 미미할 때 의병은 강인한 정신력을 무기로 하여 전국각지에서 일어났다. 그들은 침략군의 갖가지 만행을 저지하기 위해 불타는 적개심을 가지고 온몸으로 군사행동을 하여 민족의 저력을 분출시켰다. 이러한 의병은 세계전사에서 그 유래를 찾아보기 힘든 사례이다. 그들은 중앙에서의 지휘조직이 없는 상태에서 지역별로 조직하여 초기에는 독자적으로 전투를 하였다. 이러한 의병은 소규모로 시작해서 차츰 대규모로 조직되어 침략군의 정규군과 맞붙어 승리하여 여러 성을 탈환하기도 하였다. 그들은 스스로 무기와 식량과 기타 전투물자를 조달했다. 행정기관의 지원은 거의 없었다. 그러나 그들의 전투력은 관군을 능가했다. 특히, 정신력은 세계의 어떤 군보다 강했다. 그래서 1차 금산성 전투 시에 관군과 의병이 전투를 하였는데, 왜군은 관군이 취약하다고 생각하고 관군을 공격하여 전열을 무너뜨렸다.

임진왜란 시 일어났던 의병은 고려 시대 때 몽고가 침략했을 때도 일어났고, 병자호란 때 및 구한말과 6·25 때(학병)도 일어났다. 그리고 IMF 때도 서민들이 어느 나라에도 사례가 없었던 금 모으기를 통해서 위기를 극복하는 데 국민의 힘을 집결시켰다. 민초들의 뭉친 힘은 최신 무기로 무장한 정예의 왜적을 이길 정도로 상상 이상의 큰 힘을 발휘했다. 그러한 민초들은 우리나라가 위기에 처할 때마다 의병이라는 이름으로 일어나 나라를 구하는 데 큰 역할을 하였던 것이다. 그래서 우리나라는 의병의 나라라고 할 수 있다.

6·25전쟁으로 우리나라 전체가 어수선한 시기에 일본이 독도에 '일본국 시마네 현 다케시마'라는 팻말을 꽂았을 때 독도 의용 수비대를 조직하여 무단으로 상륙한 일본인들을 축출하고 팻말을 철거한 후에 일본 순시선과 여러 차례 총격전을 벌이면서 독도를 지킨 사람들도 경찰이나 군이 아닌 순수 민간인이었다. 그들에게 독도를 지킬 의무가 있었던 것도 아니었다. 그렇지만 그들은 우리의 영토가 일본에 점령당하는 것을 앉아서 보고 있을 수만 없었기에 스스로 어렵게 무기를 마련해서 목숨을 걸고 분연히 일어선 것이다. 만약 그들이 없었다면 지금의 독도가 우리의 영토로 온전히 남아 있지 않을 가능성도 배제할 수가 없다. 그들은 이른바 가장 최근에 일어난 의병이라고 할 수 있다.

그러한 의병과 더불어 민족의 저력을 과시한 조직이 또 있다. 바로 승병이다. 불도를 수행하면서 나라가 위기에 처하자 그들도 하나같이 일어섰다. 누가 강요한 것도 아니다. 그 이전부터 있었던 호국불교로서의 전통을 임진왜란 때도 그대로 계승했다. 서산대사(세속명은 崔汝信, 호는 淸虛)는 임진왜란이 일어나자 팔도십육종도총섭(八道十六宗都摠攝)이 되어 전국에 격문을 돌려 승려들이 구국의 대열에 동참토록 하였고, 사명대사와 함께 1,500여 명의 승군을 이끌고 조·명 연합군의 일원으로 평양성 탈환 전투에 참가하였다. 또 영규대사는 2차 금산전투에서 조헌의 700의사 뒤를 이어 승병 300명과 더불어 장렬한 최후를 맞이했다. 그리고 이순신 장군 휘하에서도 삼혜와 의능과 같은 승병장을 비롯하여 많은 승병이 기병하여 여러 해전에 참전함으로써 병력부족에 시달렸던 이순신 장군에게 전력을 보강하는 데 많은 힘이 되었다. 이처럼 승병들도 땅과 바다를 가리지 않고 필요한 곳에는 어디든지 달려가 또 다른 이 땅의 의병이 되어 구국의 대열에서 목숨을 바쳤다.

의병! 그들이 선택한 길은 의로운 죽음을 각오한 자만이 스스로 갈 수 있는 용기와 희생의 가시밭길이었다. 그들 앞에는 오로지 나라와 백성을 지키는 것 말고는 아무것도 없었다. 가문의 영광도 없고 자신의 입신양명도 없었다. 그토록 소중한 가족도 돌보지 않았다. 그들은 헐벗고 굶주리면서 끝없는 항전으로 왜적의 간담을 서늘케 하였으며, 공치사도 바라지 않았고, 승리 후에 열렬한 환대를 바란 것도 아니었다. 의병장들은 스승이나 옛 문헌을 통해서 배운 진실과 몸에 익힌 도리를 위해 목숨을 바쳤고, 의병들은 의병장들의 의도를 행동으로 구현하기 위해 목숨을 바쳤으며, 천대받던 노비들까지 배운 것은 없지만 국가가 무엇인지는 알고 있었기에 구국의 대열에 합류하여 목숨을 바쳤다. 그러한 많은 의병의 희생이 있었기에 조선이라는 꽃은 다시 피어날 수 있었다. 조선 의병의 역사는 바로 조선을 다시 꽃피운 민초들의 역사이며, 그 민초들이 만든 영웅들의 역사인 것이다. 가을 하늘의 뭉게구름보다 더 하얀 백의(白衣)를 입고 조선의 의기 하나만으로 힘겨운 사투를 벌이면서 그 민초와 침략자의 피로 백의를 물들게 한 피비린내의 역사이다. 그것은 눈물겨운 것이면서 가장 비극적인 역사이고, 우리가 세계에 내보이며 가장 크게 자랑할 수 있는 자부심의 역사이다. 외침에는 끝까지 항전하는 민족의 저력을 떨친 그러한 의병이 있었기에 우리는 수많은 국난에도 5천 년의 유구한 역사를 계속 이어갈 수 있는 것이다. 우리의 핏줄 속에 흐르고 있는 그 의병정신이 살아 있는 한 우리는 어떤 국난도 극복할 것이고, 우리 민족은 영원할 것이다.

임진왜란 시 위에서 기술된 의병장이나 관군뿐만 아니라 이들 이상으로 활약한 의병장이나 관군이 많이 있다. 조헌, 고경명, 김천일, 최경희 등은 의병으로 김시민, 곽준과 권종 등은 관군으로 일신을 돌보지 않고 도탄에 빠진 백성을 구하기 위해서, 그리고 침략자를 응징하기 위해서 목숨을 초개와 같이 바쳤다. 그중에는 아들 또는 형제뿐만 아니라 가정을 나라에 바치고 전사한 의병장과 관군도 많이 있다. 그렇지만 다른 단락에서 언급된 의병장에 관한 내용은 이 단락에서는 기술하지 않았다는 것을 한 번 더 밝힌다.

억울한 희생자들

임진왜란을 맞아 거의 전 국토가 유린당하는 치욕을 겪으면서 많은 사람이 왜적을 물리치기 위해 싸우다가 목숨을 잃어야 했다. 이른바 호국의 영령들이다. 미리 대비하지 않았기에 대비하지 않은 만큼 많은 백성들이 죽어나갔다. 대비하지 않은 군사력의 공백은 고스란히 백성들의 목숨으로 채워야 했기 때문이다. 그래서 역사에 이름 한 줄 남기지 않은 채 호국의 원혼(冤魂)이 된 목숨이 얼마나 되는지는 아직도 통계가 없다. 다만, 정황을 고려하여 200만 또는 300만 명으로 추측할 뿐이다. 희생 없는 전쟁은 없지만, 너무나 많은 희생을 치렀다. 우리는 불의의 침략을 당했고, 그것을 극복하기 위해 정의의 전쟁을 수행하면서 억울한 희생을 너무 많이 당한 전쟁으로 제대로 된 보복을 하거나 책임을 따지지 못한 채로 뼛속 깊숙이 왜군에 대한 사무친 한을 간직한 채 전쟁을 마무리해야 했다. 그런데 희생된 장졸들은 대부분이 왜적과 싸우다 그렇게 되었지만, 어이없게도 아군에 의해 희생된 비운의 장수가 있다. 봉건왕조(封建王朝) 시대에는 국가가 곧 임금이었기에 국가를 위해 싸우는 것은 바로 임금을 위해 싸우는 것이다. 그래서 목숨을 걸고 임금을 위해 싸운 장수에 대해서는 임금부터 깍듯한 예우를 하는 것이 기본적인 상식이다. 깍듯한 예우는 하지 않더라도 본인과 가족에 대해 최소한의 보호조치는 해야 한다. 그렇기에 임금 자신을 위해 싸운 장수를 임금이 죽이는 것은 있어서는 안 되는 일이다. 그런데 이런 어처구니 없는 부끄러운 일이 우리의 역사 한 면을 채우고 있다.

1592년 5월 2일 왜군의 고니시 유키나가 부대와 가토 기요마사 부대는 서울 도성 가까이 와 있었다. 고니시 유키나가 부대는 용진(龍津, 남양주시 조안면 송촌리)을 건넌 다음 팔당을 지나 망우리 고개를 넘었다. 가토 기요마사는 과천에서 남태령을 넘어서 한강 가 동작진에 이르러 도강 준비를 서둘렀다. 이때 한강을 지키고 있던 조선 장수는 제천정(濟川亭, 서울 한남동)에 본영을 설치한 도원수 김명원이었다. 그가 거느리고 있는 병사는 긁어모은 오합지졸 천여 명이었다. 그는 수많은 적세를 보고는 싸울 생각은 아예 하지도 않고 도망갈 궁리를 했다. 끝까지 싸우자는 부원수 신각의 의견은 듣지도 않았다. 그러고는 명령을 내렸다. "병장기를 강 속에 던지고 각자 갈 데로 가거라." 라는 명령을 내리고 임진강 방향으로 내달렸다. 장수로서의 양심을 버렸고 자질을 스스로 포기하고서 해서는 안 될 최악의 조치를 하고는 북으로 줄행랑을 친 것이다. 목숨을 걸고 적을 막든지, 도저히 승산이 없고 희생자만 생길 것으로 판단했으면 전투력을 보존한 채로 차후 방어선으로 후퇴를 하여 군사를 더 모으고 방비책을 서둘러야 했다. 그러나 그는 명색이 도원수라면서 자신의 한 몸만을 생각했던 것이다. 장수가 도망가는데 적과 싸울 군사는 아무도 없다. 순식간에 군사는 다 해산되고 한강방어선은 무너지고 말았다.

그런데 김명원의 그릇을 알아챈 부원수 신각 장군은 김명원을 따라가지 않았다. 그는 부하 10여 명을 데리고 양주에 있는 유도대장(留都大將, 임금이 거동 때 도성 안을 지키는 대장) 이양원에게 갔다. 한강방어선이 무너지자 그도 양주에 와 있었다. 이양원과 같이 해유령(蟹踰嶺, 일명 게너미 고개로 양주시 남방동에 위치)으로 가다가 수백 명의 군사를 이끌고 서울을 지키러 오던 함경도 남병사 이혼(李渾)과 만났다. 그리고 그들은 같이 왜군을 물리치기로 하고 게너미 고개를 근거지로 유격전을 펼치기로 했다.

이때 서울에 올라온 왜적은 여러 가지 이유로 북으로 침략을 멈추고 서울에 머물면서 인근 지역을 나다니면서 갖가지 약탈과 살인, 그리고 방화를 자행했다. 이에 신각은 5월 중순 10명 혹은 20명으로 소부대를 편성해서 안하무인으로 온갖 행패를 부리고 있는 소규모의 적들을 기습하기로 했다. 조선을 침략한 이후로 서울까지 올라오면서 조선군의 공격을 받아

본 적이 없는 왜군은 마음 놓고 주변지역을 휩쓸고 다녔다. 그들은 자신들을 공격하는 조선군이 있을 거라고 전혀 생각하지 않고 빈집을 털다가 옆구리를 찔리고, 술을 마시고 퍼져 있다가 몰살을 당하고, 아녀자를 덮치거나 조선사람을 묶고 끌고 가다가 여지없이 신각이 이끄는 조선군에게 참살당했다. 조선군은 번개처럼 나타나 공격하고 바람같이 사라졌다. 조선사람이 보이지 않자 근처 산속으로 피신한 조선 백성을 찾아 나선 왜군은 신각을 만나 몰살되는 일이 계속 반복되었다. 훗날 영의정까지 오르는 이정구(李廷龜)도 왜군들에게 죽을 뻔하다가 신각에게 구출되었다. 이렇게 피해가 늘어가자 왜군은 대부대를 동원하여 게너미 고개 일대를 뒤졌으나 조선군은 흔적도 없었다. 조선군은 왜군의 대부대가 오면 일찌감치 피해 숨어버리고 작은 적이 오면 기습으로 일거에 무찔러버리고 사라졌기 때문이다. 큰 피해를 당한 왜적의 공세가 주춤하자 그동안 무찌른 70여 개의 왜군 수급과 전과 보고서를 말과 당나귀의 등에 얹어 임금에게 올려보냈다. 전란이 시작된 후 이런 전과는 처음이었기에 임금도 기뻐할 거라는 생각을 하면서 뿌듯한 기운이 솟아났다.

그러나 그것은 신각의 생각일 뿐이었다. 한곳에서 사신(死神)의 마수(魔手)가 움직이고 있었다. 한강 방어선에서 북으로 도망친 김명원은 다시 도원수로 임진강 방어를 맡게 되었는데, 부원수로서 자기를 따르지 않고 마음대로 양주로 간 신각에 대해 괘씸하게 생각해서 조정에 "신각은 부원수이면서도 도원수인 신의 명령을 따르지 않고 멋대로 양주로 도망쳤으니 이래가지고는 군율을 세우기 어렵겠습니다."라는 거짓 보고서를 올렸다. 보고서를 접수한 도체찰사 유홍(兪泓)은 선조에게 보고하는 자리에서 "이런 자는 용서할 수 없습니다. 결단코 군율로 다스려야 합니다."라고 충동질을 하자 선조는 사실 여부는 묻지도 않고 선전관(宣傳官)을 보내 신각의 목을 치도록 하였다. 참형을 받든 선전관이 떠나고 한나절이 되지 않아서 신각이 보고한 전과 보고와 70개의 왜군 머리가 도착했다. 선조는 다시 선전관을 보내 신각 장군을 죽이지 못하도록 했다. 한편, 참형을 받든 선전관이 잠시도 지체하지 말라는 어명에 따라 형을 시행한다고 하자 신각은 다소곳이 꿇어앉았다. 누명을 쓰고도 억울하게 생각지 않고 순순히 죽음을 받아들이는 신각의 충성심은 실로 대단한 것이라고 할 수 있다. 그리고 북이 울리자 집행관은 사정없이 신각의 목을 내리쳤다. 60고개의 노 장군은 피를 쏟으면서 머리가 땅에 떨어지고 말았다. 신각 장군이 참살되고 난 직후 멀리서 신각 장군을 죽이지 말라고 소리치면서 또 다른 선전관이 달려왔으나 이미 때는 늦었다. 너무나 어처구니없는 일이 벌어지고 말았던 것이다. 도망만 다닌 비겁한 간신이 이를 데 없는 충신을 죽인 것이다. 참형을 당해야 할 사람은 신각이 아니라 김명원이었다. 그런데 어찌 된 일인지 선조는 임진왜란 내내 충신의 말은 듣지 않고 간신들 말은 철석같이 믿고서 사실 여부는 확인하려고 하지도 않았다. 보고를 받았으면 사실 여부를 확인하고 포상을 해도 모자랄 판에 죽이기까지 했으니, 또 한 번 군왕인 선조의 자질을 의심케 하였다. 그러나 나라를 위해 헌신하려는 사람을 임금이 죽인 것은 이것이 시작에 불과하다.

또다시 여러 간신과 무능한 군주에 의해 젊은 장수가 참형을 당하는 일이 벌어졌다. 바로 김덕령이다. 그는 전라도 광주 태생으로 대대로 내려오는 선비 집안이었다. 소년 시절에 서울로 올라와서 우계성혼(牛溪成渾, 당대의 명망 높은 성리학자)의 제자가 되었고, 임진왜란 발발 시에는 스물여섯의 청년이었다. 그는 글을 배우면서도 힘이 세고 담력이 커서 용맹이 하늘을 찌를 듯했다. 몸이 날렵하고 말타기를 좋아하였으며, 칼솜씨는 천하일 품에다가 철퇴(鐵槌) 휘두르는 것도 타의 추종을 불허했다. 그는 호랑이를 때려잡은 경험이 있을 정도로 무인으로서의 기질이 풍만했기에 몸집은 비교적 작은 편이었으나, 전라도에서는 천하장사로서 소문이 자자했다. 그는 상중(喪中)이라 의병활동을 하지 않다가 왜군과 명군에 의해 백성들이 몹시 핍박당하는 것을 보고 이 땅에서 하루속히 왜군을 몰아낼 결심을 하고 탈상(脫喪) 전인 1594년부터 의병을 모아 왜군을 물리치기 시작했다. 왜군을 먼저 쫓아내는 것이 곧 이 땅에서 명군을 몰아낼 수 있다는 생각을 했던 것이다. 그의 형(德弘)은 이미 1592년 의병으로 금산 전투에서 의병장 고경명과 순절했다. 그가 처음 의병을 일으켰을 때 많은 재산은 아니었지만 모든 것을 팔아 병장기를 만들었는데, 소문을 듣고 찾아온 의병이 무려 5천 명이나 되었다. 그래서 조정에서는 그에게 호랑이가 날개를 달았다는 뜻인 익호장군(翼虎將軍)이라는 칭호를 내렸다. 그리고는 도원수 권율의 통제하에 의병활동을 하게 되었는데 전국에 그의 소문이 자자하였고, 선조는 그에게 충용장군(忠勇將軍)이라는 칭호를 주었다. 그가 거느린 의병의 기세(氣勢)는 하늘을 찌를 듯했는데 처음 그에게 상복을 벗고 의병을 일으킬 것을 간청했던 남원의 최담령도 천여 명의 군사를 데리고 와서 휘하에서 활동하게 되니 군세가 육천여 명이나 되었다. 그의 기세가 하늘을 찌를 듯하자 왜군은 김덕령이라는 말만 들어도 전의(戰意)를 상실했다. 그러나 그때는 전쟁이 소강상태로서 큰 전투가 없을 때였다. 1594년 9월 29일과 10월 4일 이순신 장군과 의병장 곽재우와 더불어 영등포 전투 시 수륙(水陸)합동작전을 감행하였으나 큰 성과는 없었다. 그리고는 전라도 지역에서 토비(土匪, 도적)들을 평정하는 활동을 주로 하였는데 그의 이름만

들고도 달아나거나 항복해 왔다. 그의 이런 활동으로 남원과 운봉 및 전주에서는 토비들이 자취를 감추어서 잠시 동안 태평세월로 돌아가게 되었다. 젊은 김덕령의 명성은 더욱 높아지고 군기를 서릿발 같이 세워 엄한 의병장으로서 부하들이 털끝만 한 잘못을 저질러도 용서하지 않았다.

그가 한창 토비들을 평정할 때 휘하에 삼도 도체찰사 윤근수(尹根壽)의 집에서 일하는 종의 자식이 있었다. 그 종의 자식인 장쇠가 무단으로 이탈하여 돌아오지 않자 풀어주라는 윤근수의 당부를 무시하고 그의 아버지를 잡아다 문초하여 죽이는 일이 있었다. 이 일로 인해 김덕령은 윤근수에게 원한을 사게 되고, 그 이전에 술을 먹고 파발을 하루 늦게 전한 역졸을 죽인 일이 있었는데, 그 일까지 들먹이며 사람 죽이기를 밥 먹듯이 한다는 윤근수의 보고에 따라 잠시 조정으로 끌려가 국문(鞠問)을 당하기 직전에 선조의 분부로 풀려났다. 죄인으로 서울까지 끌려갔다가 임금의 지시로 풀려나와 의병장으로 다시 돌아오자 명성은 또 한 번 전국을 요동치게 한다.

그러나 운명은 그를 가만두지 않았다. 1596년 7월에 충청도 홍산(鴻山, 지금의 부여)에서 이몽학의 난이 일어나는데 주모자인 이몽학은 배신자에 의해 참살되고, 그의 심복 한현(韓玄)을 심문한 끝에 병조판서 이덕형과 충용장군 김덕령 및 의병장 곽재우와 의병장이었다가 영천 군수로 있는 홍계남이 같이 모의했다는 거짓 진술을 한다. 이몽학이 반란을 일으켰을 때 김덕령은 광주에서 도원수 권율의 전령을 받고 반란군을 평정하기 위해서 충청도로 향하고 있었다. 권율이 그의 군사만으로는 반란군을 당해낼 수가 없다고 판단한 것이다. 그러나 그가 충청도에 도착하기 전에 반란이 평정되고 한현의 말은 서울의 선조에게 보고되어 김덕령은 온몸이 꽁꽁 묶인 채로 서울로 압송되었다. 구국을 위한 김덕령의 굳은 결의와 노력은 선조의 안중에서 이미 사라졌다. 오직 여러 민중에게 신망을 받고 있는 그를 제거하려는 간신들의 말만이 선조의 귀에서 맴돌았고, 전시인데도 왕권유지와 강화를 최우선으로 생각하고 있던 선조에게는 시기심이 그의 마음을 지배하고 있을 뿐이었다.

서울로 압송된 김덕령은 자신은 끝까지 반란을 도모하지 않았다고 항변하였으나, 그럴수록 고문은 더욱 심해지고 고문은 그의 생명을 재촉했다. 선조는 곽재우와 홍계남까지 잡아다가 문초를 한 후 풀어주었으나 유독 김덕령은 풀어주지를 않았다. 선조는 사실 여부는 확인하려고 하지도 않았다. 희미한 증거조차 없는 상태에서 김덕령에게 개인적인 원한을 가지고 있는 윤근수의 주장만 믿고 역적모의가 사실이라는 것을 자백하게 하려고 온갖 고문을 가했다. 어쩌면 그것은 많은 사람에게서 신망을 받고 있는 김덕령에게 선조는 정치적인 위기를 느꼈고, 그 위기를 타개하고자 이미 그를 죽이려고 작정했기에 가능한 것인지도 모르는 것이었다. 김덕령은 분하기 짝이 없었지만, 그의 편에서 적극적으로 억울함을 호소해 줄 대신은 아무도 없었다. 유성룡이 그의 죄상에 대한 국문을 번복할 것을 주장하였으나 대세를 좌우하지 못했다. 반란군이 마음대로 이름을 올리는 바람에 체포되어 서울로 압송되어서 모진 고문을 받은 지 20일 만인 1596년 8월 23일 김덕령은 목숨이 끊어지고 만다. 그는 피 끓는 청년 시기인 서른 살에 옥사하고 말았다. 김덕령이 억울하게 죽었다는 소문이 퍼져 나가자 서울은 말할 것도 없고 전라도 일판에서 눈물을 머금고 탄식하는 사람이 부지기수였다고 한다. 또 한 번 반란군과 윤근수 같은 간신 무리가 충신을 죽인 것이다. 김덕령이 죽자 소리만 듣고도 기가 죽어 있던 왜군들은 손뼉을 쳤다고 한다.

전시에 한 명의 군사와 장수가 아쉬운 때에 참으로 어처구니없는 일이 벌어지고 말았다. 나라가 그야말로 풍전등화와 같은 위기에 처한 시기에 나라를 구할 생각은 하지 않고 오직 권력의 유지와 개인적인 원한 풀이에 매달렸던 조정이 한심하다. 국가 차원의 리더십이 가장 필요한 시기에 조정은 간신들이 득실거렸고 선조 또한 그 간신들에게 놀아났던 것이다. 참으로 한심한 일이다.

이뿐만이 아니다. 의병장 곽재우는 그 일이 있는 후에 의병활동을 그만두고 모든 사람과의 인연을 끊어버렸고, 김덕령의 아우 덕린(德麟)도 사람과의 교류를 끊은 채 살았다. 김덕린은 이순신 장군이 백의종군 시 남해로 향하다가 잠시 쉬어가기 위해서 마침 김덕린의 집에 있을 것을 청했으나 세상 사람이 싫어서 처음에는 거절하다가 이순신 장군임을 알고 일행을 받아준 적이 있다. 그리고 그때부터 백성들은 의병활동을 하다가 억울하게 죽을 수도 있다는 생각을 하게 되면서 의병활동이 급격히 위축되었다.

그리고 임진왜란 간 억울하게 희생된 장수가 한 명 더 있다. 바로 이순신이다. 그는 임진왜란 최대의 피해자이면서 선조의 시기심과 당파싸움의 가장 큰 억울한 희생자 중의 한 명이라고 할 수 있다. 그는 아들이 왜군과 싸우다가 전사하였고, 이순신 장군 자신도 왜군과 싸우다가 전사한다. 이순신 장군은 신각이나 김덕령처럼 조정에 의해 죽지는 않았기 때문에 억울한 희생자가 아니라고 할 수도 있다. 그러나 이순신 장군을 죽인 사람은 전사이든 자살이든 왜군이 아니라 임금이기 때문에 억울한 희생자인 것이다.

지금도 이순신 장군의 죽음에 대해 전사냐 자살이냐, 아니면 은둔이냐를 두고 의견이 분분하다. 그러나 필자가 생각하기에는 그것도 중요하지만, 더 중요한 것은 노량해전이 끝나면서 이순신 장군은 인간세상과의 모든 인연이 끝났다는 것이다. 그 끝난 것이 전사일 수도 있고, 아니면 자살이나 은둔일 수도 있는데, 논란의 시작은 자살이나 은둔은 임금 책임이지만, 전사는 임금 책임이 아니라는 데서 출발한다. 그러나 전사도 임금 책임이다. 현재도 국군의 최후 통수권자는 대통령이며 조선 시대에도 마찬가지였다. 그런 논리에서도 임금에게 책임이 있다고 봐야 하지만 무엇보다 더 큰 책임은 이순신 장군을 체포하였고, 그 사이에 조선 수군은 궤멸하는 패배로 인해 칠천량 해전 직전의 전투력보다 훨씬 약화된 전투력으로 노량해전에 임했기 때문에 전사했을 가능성이 크다고 보아야 한다. 만약 이순신 장군이 계속 삼도수군통제사 자리를 유지하고 있었다면 왜(倭) 수군은 해전 자체를 회피했을 것이다. 설사 해전을 했다 하더라도 칠천량에서 그렇게 처참하게 패하지 않았을 것이다. 그러면 전투력이 유지되어 그 당시 200여 척의 전선과 명량해전 이후 건조한 70여 척의 전선이 추가되어 280여(명량해전에 참가한 13척 포함) 척의 막강한 전력으로 노량해전을 할 수 있었을 것이고, 그렇게 하였다면 전투 양상은 판이해졌을 것이다. 그러나 이미 조선 수군은 궤멸한 상태에서 또다시 이순신 장군이 심혈을 기울여 재건한 조선 수군은 85척으로 칠천량해전보다 현저히 약화된 전투력으로 왜 수군과 전투를 하였기에 이순신 장군은 전사하였다고 충분히 유추가 가능하다. 결국, 전사도 이순신 장군의 체포와 직접적인 연관이 있다고 할 수 있다. 그렇기에 이순신 장군도 신각이나 김덕령처럼 직접 고문 때문에 죽은 것은 아니라 할지라도 임금이 죽인 것이다. 그리고 애초에 임금이 이순신 장군을 체포할 때는 죽이려는 의도가 명명백백했고, 모진 고문으로 죽음 직전까지 갔던 것이다. 다행히 충성스러운 몇몇 신하들의 간곡한 상소에 의해 풀려나지만, 이미 이순신 장군은 만신창이가 되었기에 죽음보다 더 억울한 희생을 치른 것이다.

그렇기에 전사가 아니면 자살이나 은둔 중 그 어떤 것을 이순신 장군이 선택했더라도 종전 후에는 이순신 장군을 왕권의 위협세력으로 생각했던 임금에 의해 자신은 물론이고 부하들까지 토사구팽(兎死狗烹)당할 가능성이 있기 때문에 그중 한 가지를 선택했다고 할 수 있다.

따라서 이순신 장군이 전사나 다른 방법으로 인간세상과 인연에 종지부를 찍었더라도 그에 따른 많은 책임은 임금에게 있기 때문에 전사냐, 아니면 자살 또는 은둔이냐의 논란은 의미가 없는 것이다. 그래서 소모적인 논란에 종지부를 찍어야 한다고 필자는 생각한다. 그리고 어떻든 이순신 장군은 임진왜란의 최대 피해자 중의 한 사람이면서 억울하게 희생된 한 사람인 것은 분명하다. 그나마 다행이라면 다행인 것은 역사에 이름 한 줄 남기지 못하고 희생되고 죽어간 조선 백성이 부지기수인 데 비해 이순신 장군은 역사에 술한 이름 석 자를 남겼다는 것이다.

임진왜란 기간에 왜군이 가장 싫어하는 조선장수를 꼽으라면 이순신 장군이었을 것이고, 더불어 의병장 곽재우와 충용장군 김덕령, 신각 장군도 왜군이 싫어하는 장수 중 한 사람이었을 것이다. 그들은 가장 큰 전공을 세웠고 조선 백성들의 희망이면서 우상(偶像)이었고, 이순신 장군은 신화(神話) 같은 존재였다. 그러나 전공을 세웠고 존경받는 것이 빌미가 되어서 적과 전투하다가 죽은 것이 아니라, 조선의 임금에 의해 죽거나 세상과 인연을 끊어버린다. 왜적이 원하는 것을 조선왕이 알아서 다해 주었으니 얼마나 좋아했을지 짐작이 간다. 어느 나라도 전시에 전공을 세운 장수를 간신들의 말만 믿고 죽인 역사는 없다. 그 당시 조선의 역사는 도저히 이해할 수 없는 방향으로 소용돌이치면서 오염된 바위에 부딪치고 당쟁과 아첨의 개천을 통과하면서 모퉁이에 겨우 붙어 있던 정의의 나뭇가지까지 휩쓸고 지나가 버렸다.

어느 시대이건 국가가 해야 할 일 중의 하나가 누명을 쓰고 억울하게 희생되는 사람이 발생하는 것을 예방하고 발생하였다면 신속히 명예를 회복시켜주고 보상을 해주는 것이다. 누구도 어떤 이유에서건 억울한 희생이 되어서는 안 되는 것이다. 하물며 국가적인 위기를 맞아 가산까지 팔아 병장기 제작에 보태고 자신의 목숨은 물론, 가정까지 파탄 나는 것도 기꺼이 감수하면서 국가에 헌신한 사람이 포상은커녕 오히려 누명을 쓰고 전쟁 기간에 개죽음보다 못한 희생을 당하는 일은 더욱 있어서는 안 될 일이다. 앞으로 다시는 나라를 위해 헌신한 사람이 억울하게 희생되는 경우가 없기를 바라고, 수많은 애국선열과 그 가족들이 마음으로 존경받는 사회적인 분위기가 빨리 형성되기를 기원한다.

현재 신각 장군의 넋은 경기도 양주군 백석읍에 있는 해유령전첩지 내에 충현사(忠顯祠)라는 사당에 모셔져 있고, 해유령전첩비가 세워져 있어서 후세들에게 호국의 현장학습장으로 활용되고 있고, 김덕령 장군은 광주시 금곡동에 그의 시호(諡號)를 딴 충장사(忠壯祠)에 모셔져 있고, 유물관과 그의 후손들이 신도비를 세워 숭고한 애국충절의 정신을 기리고 있으며, 곽재우 장군은 경남 의령군 의령읍 중동리에 역시 그의 시호를 딴 충익사(忠翼祠)에 17장령 및 무명의병들의 위패와 함께 모셔져서 공적들을 후세에게 알리고 있고, 대구 동촌에는 망우공원이 있다.

우리나라에서 가장 존경받는 인물 중 한 사람인 이순신 장군은 아산의 현충사(顯忠祠), 통영의 충열사(忠烈祠)와 착량묘(鑿梁廟), 여수의 충민사(忠愍祠), 그리고 한산도 제승당의 충무사(忠武祠) 등에 모셔져서 장군의 넋을 위로하고 있을 뿐만 아니라 후세들에게 호국정신을 고취시키고 있다.

삼가 애국충절의 상징인 이분들께 명복을 빌어 올린다.

망국의 혼령과 배신자들의 말로

임진왜란 시 조선사람 모두가 왜군에 대항해 같이 싸운 것은 아니었다. 대부분의 조선사람이 조선을 삼키겠다고 단단히 마음먹고 쳐들어온 왜군에 맞서 목숨을 바치면서 싸웠지만, 일부는 왜군 못지않게 조선인들을 핍박하고 행패를 부린 사람이 있는가 하면, 간접적으로나마 왜군에게 도움을 준 사람이 있다. 그런데 일반백성의 배신은 그 한 사람의 배신으로 끝날 수 있지만, 고관대작이나 장군의 배신은 곧 나라의 운명과 연관되거나 백성에게로 그 엄청난 대가가 돌아갈 수 있다. 그래서 사회에서의 지위가 높을수록 더 많은 사명감이 요구되는지도 모른다. 그들은 평상시 국록(國祿)을 받아온 사람으로 누구보다 국난을 극복해야 할 책임이 있는 것이다. 그러나 임진왜란 시 그 책임을 팽개치고 자신의 안위만을 추구한 사람이 있다.

먼저 경상좌수사 박홍이다. 그는 왜군이 바다를 통해 쳐들어올 때 가장 먼저 전선(戰船)을 거느리고 바다로 나가 왜군과 싸웠어야 했다. 부산이 바로 경상좌수군 관할이다. 그러나 그는 전혀 싸우지 않았다. 아예 싸울 생각조차 하지 않았다. 왜군이 대거 쳐들어오자 그는 모든 전함을 바다에 가라앉히고 군량 창고에 불을 지른 뒤 수영을 버리고 도망을 가버렸다. 참으로 어이없는 일이다. 장수로서 이보다 더 비겁할 수는 없을 것이다. 경상좌수영의 규모가 얼마나 되었는지는 전하는 기록이 없다. 그러나 경상우수사 원균이 100여 척이나 되는 전선을 자침시켰다는 것을 볼 때 경상좌수군도 그 정도는 되었을 것으로 추측할 수 있다. 그런데 그 많은 전선을 가지고 있던 박홍은 전투 한 번 하지 않고 수장시켜 버렸다. 징비록에는 "경상좌수사 박홍(朴泓)은 왜적의 형세가 대단한 것을 보고는 감히 군사를 내어 싸우지도 못하고 성을 버리고 도망하였다."라고 기록되어 있다. 물론, 그도 갑자기 마주하게 된 왜적이라 당황은 할 수 있다. 그러나 왜적을 맞아 그가 한 일은 조정에 부산첨사 정발이 용렬한 장수로 맥없이 항복하였다는 거짓 장계를 띄운 것과 주변에 왜적이 쳐들어온 것을 전파한 것이 다였다. 중과부적의 전력으로 용감하게 왜군과 싸우다 전사한 부산첨사 정발을 항복한 장수로 폄하한 것이다. 일부에서는 그가 시간이 없었다고 주장하지만, 그러면 전선을 바다에 버리고 군량 창고에 불 지를 시간은 있었단 말인가? 그럴 시간이 있었으면 그는 다급한 대로 약간의 전선이라도 챙겨서 경상우수군이나 전라좌수군으로 가서 같이 싸웠어야 했다. 그러나 그는 장수로서 자신이 거느리고 있는 수군의 전투력 보존을 위해서 해야 할 최소한의 조치도 하지 않았다. 평상시 왜적의 침입에 대비해 많은 준비를 하고 준비된 수군으로 왜적을 물리치는 데 앞장섰어야 할 그는 장수로서 자질과 사명감이 전혀 없는 졸장부라고 할 수 있다. 오늘날 같으면 현장에서 사형을 당해야 할 그를 조정에서는 전혀 책임추궁을 하지 않았고, 오히려 선조가 평양으로 갈 때 성천에서 우위대장(右衛大將)으로 임명한 처사가 도저히 이해가 되질 않는다. 그리고 1593년 59세로 사망한다.

그리고 박홍 다음으로 왜적을 맞아 바다에서 싸웠어야 할 사람은 그 당시 경상우수사로 있던 원균이다. 그러나 그도 임진왜란을 맞아 초기 대응한 것을 보면 박홍과 많은 부분이 닮았다. 이순신 장군에게 왜적의 침입사실을 여러 번 알린 것은 잘한 조치라고 할 수 있다. 그렇지만 그도 나가 싸울 생각은 전혀 하지 않았다. 우선 징비록에 있는 기록을 보면 "일본군 선단이 바다를 뒤덮으며 항진해오자 경상우수사 원균(元均)이 그 형세가 매우 큰데 놀라서 감히 출전하지 못하고 전선 100여 척과 화포, 군기 등을 바다에 버렸다. 그리고 수하 비장(裨將) 이영남(李英男), 이운룡(李雲龍) 등과 함께 4척의 배에 타고 곤양(昆陽) 바다 어귀에 상륙해 적을 피하려 했다. 그리하여 그가 거느린 수군 1만여 명이 모두 무너지고 말았다."라는 기록이 있다. 그 역시 장수로서의 본분을 망각한 채 박홍과 같이 자신이 거느린 대부분 전력을 바다에 수장시키고 말았다. 제일 먼저 바다에 나가 싸워야 할 두 장수가 약속이나 한 듯이 스스로 왜적과 싸우는 것을 포기한 채 전력을 수장시켜 버리고 말았으니, 경상도 바다는 너무나 손쉽게 왜군 천지가 되어버렸다. 왜군 입장에서는 자기들 앞바다를 항해하듯이 해전 한번 치르지 않고 육지에 상륙했으니 아주 기고만장했을 것으로 추측된다. 이때 원균은 박홍보다 비교적 시간이 많았다고 볼 수 있다. 그러므로 빠른 시간에 전선을 소집하고 수습을 해서 부산 앞바다로 나가 싸웠어야 했다. 더 이상적인 것은 경상좌수군과 연합함대를 편성해서 싸우는 것이었다. 그러나 연합함대는커녕 어느 한 장수도 나가 싸우려 하지 않았다. 그래서 징비록에는 "경상도의 수군과 육군의 여러 장수가 불행하게도 모두 겁쟁이였기 때문에 참담한 패전의 결과를 초래했던 것이다…." 우수사 원균은 뱃길이 다소 멀다고는 하나 많은 배를 거느리고 있었다. 적군은 단 하루 동안에 밀어닥친 것이 아니므로 우리가 군대를 총동원해 진출해서 우리 군의 위세를 떨쳤더라면 적군은 후방이 염려스러워 내륙 깊숙이

처들어오지는 못했을 것이다."라고 당시의 안타까운 상황을 기록하고 있다. 위의 기록에서처럼 경상우수군만이라도 왜군을 바다에서 저지했더라면 왜군에게 큰 타격을 주었을 것이고, 후속 부대가 조선으로 그렇게 신속히 건너오지는 못했을 것이다. 당시 왜 수군은 전선(戰船)이라기보다 수송선에 가까운 배였기에 조선 수군의 막강한 화력을 최대한 활용하여 바다에서 해전으로 왜군을 저지하였다면 임진왜란의 판도는 많이 달라졌을 것이다. 그러나 박홍과 원균은 왜군을 저지하기 위해서 아무것도 한 것이 없다. 결국, 원균은 뒤늦게 이순신 장군이 첫 출전 시 판옥선 네 척과 소선두 척을 가지고 합류하여 전투에 참가하지만, 임진왜란 기간 내내 이순신 장군에게 오히려 짐이 되었다. 삼도수군통제사가 된 뒤에는 전력을 증강해서 왜군을 물리칠 생각은 하지 않고 술과 기생놀음으로 세월을 보내던 중에, 조정의 강요에 못 이겨 아무런 계획도 없이 무작정 대낮에 출동했다가 칠천량해전에서 조선 수군이 궤멸당하고, 그도 왜군의 칼에 목이 달아나고(?) 만다. 근래 원균 옹호론자들이 그를 이순신 장군 이상으로 치켜세우는 것을 보면 앞으로 외침을 당했을 때 원균처럼 부지런히 도망가라는 것인지 도저히 이해가 가지 않는다.

바다에서 아무런 장애 없이 육지에 상륙한 왜군은 부산성과 동래성을 연이어 점령했다. 정발 부산첨사와 송상현 동래부사는 끝까지 성을 지키다가 성민과 함께 영원한 겨레의 혼이 되었다. 그런데 경상좌수사와 부산첨사 및 동래부사에 대한 지휘권과 방어 책임이 있는 경상좌도 병마절도사 이각 역시 한심한 벼슬아치였다. 그는 경상좌도의 수군과 육군을 지휘하여 왜군을 막아야 할 막중한 책임이 있는 사람이다. 그래서인지 그는 울산 북교에 있는 경상좌병영의 본영에서 동래성이 위험하다는 것을 알고 400

명의 군사를 이끌고 동래성으로 들어갔다. 그렇지만 거기까지였다. 동래성이 무너질 것을 예상한 그는 왜적이 동래성을 공격할 때 밖에서 치겠다며 소산역으로 도망친다. 그리고 적들이 동래성을 공격할 때 그림자도 보이지 않았다. 동래성이 함락되면서 울산 군수 이언함은 왜군에게 항복하였고, 이각은 본영으로 들어가서는 자기 첩부터 피신을 시킨다. 그리고 왜적이 태화강을 넘어오자 말에 올라 북쪽으로 도망친다. 장수가 도망치자 울산에 모여있던 3,000여 명의 병사도 자빠지고 엎어지며 뿔뿔이 흩어지고 만다. 그는 임진강까지 도주했다가 도원수 김명원에게 붙잡혀 처형되고 만다. 어이없게도 도망자가 도망자를 처형한 것이다. 그 당시에는 대비하지 않은 경상도 남쪽 지역의 지상 전력으로 왜적을 막기에는 버거웠을 것이다. 그러면 이각은 도망칠 게 아니라 군사를 모아 전략적인 후퇴를 하여 방어하기에 더 좋은 지형에서 군사를 더 모은 다음 결정적인 전투를 하는 것이 장수가 할 수 있는 방책이었다. 그러나 그는 군사를 더 모으기는커녕 모인 군사도 다 흩어지게 하였다. 조선이라는 나라는 아무짝에도 쓸 곳 없는 인간에게 경상좌병사의 벼슬을 주고 국록을 먹였던 것이다.

경상도 지역이 왜적의 손에 들어가면서 왜군은 무인지경으로 북쪽을 향해서 치달린다. 충주까지 전투 한 번 하지 않고 발이 부르터도록 달려와서 탄금대에서 신립 장군이 거느린 조선군도 가볍게 물리치고 서울을 향해 또다시 훈련하듯이 내달린다. 그리고 한강에서 조선군과 드디어 운명을 건 한판 전투가 벌어질 것으로 예상했다.

그때 한강을 지키고 있던 장수는 도원수 김명원이었다. 그는 문인으로 4월 29일 한강 방어 책임자로 임명되었고, 그를 보좌하도록 부원수로 무인 출신인 신각을 임명했다. 59세가 되도록 칼 한번 잡아본 적 없는 김명원이 한강을 방어하기에는 굉장한 부담을 가질 수밖에 없었을 것이다. 그렇더라도 부원수의 조언을 들어서 그 나름대로 방안을 찾았어야 했다. 1천 명으로 몇만 명의 왜군을 상대하기에는 역부족일 수밖에 없었을 것이다. 그렇다고 무기를 다 버리고 도망간 것은 아무리 문인이라고 하나, 도원로서의 책임을 전혀 생각하지 않은 행위라고 할 수 있다. 징비록에 "도원수 김명원은 제천정(濟川亭)에 있다가 적이 오는 것을 바라보고 감히 싸우지도 못하고 군기(軍器), 화포(火砲), 기계(機械)를 강물 속에 다 집어넣고는 사복으로 옷을 갈아입고 도망하였다."라고 기록되어 있다. 도망갈 것이 아니라 군사를 이끌고 임진강으로 가서 군사를 더 모아 다시 방어선을 구축했어야 했다. 그러나 그는 도망하기에 바빴다.

그리고 5월 17일 임진강 방어책임자로 다시 도원수 김명원을 임명했다. 임진강에는 비록 농군이지만 1만 5천여 명의 조선군이 모여 있었다. 대단한 병력이다. 장수의 지략에 따라 임진강 방어가 가능한 병력이었다. 그러나 임진강에서도 조선군은 왜군의 간계에 속아 대패해버리고 만다. 그리고 김명원은 새까맣게 몰려오는 왜적을 바라보고는 싸울 생각도 하지 않고 또다시 북쪽으로 무작정 말을 몰았고, 1만 5천 명의 군사도 다 흩어졌다. 그리고 6월 14일 김명원은 또다시 평양 대동문을 지키는 책임자로 임명되었다. 김명원은 저녁에 고언백으로 하여금 400명을 데리고 대동강을 건너 왜군에게 기습공격을 하도록 하였는데, 사전준비 부족과 지휘역량 부족으로 크나큰 실패로 끝이 나고, 그때까지 도하지점을 모르고 있던 왜적에게 왕성탄이라는 도하지점을 가르쳐준 결과를 초래하고 말았다. 400명 중 일부가 왕성탄을 통해 본진으로 돌아온 것이다. 그래서 그 기습은 잠자고 있던 적을 어느 정도 살상하기는 했으나, 결과적으로 왜적에게 길을 안내하는, 참담하게 실패한 기습이 되어버리고 말았다. 3만 명의 왜적이 왕성탄으로 물밀 듯이 몰려오자 수비하고 있던 장졸들은 싸우는 것은 엄두도 못 내고 도망치고 말았다. 김명원 역시 마찬가지였다.

그리고 김명원은 1593년 6월에 벌어진 2차 진주성 전투 초기에는 도원수로 있었다. 전투가 벌어질 기미가 보이자 진주성의 전력보강을 위해서 의병장과 서산대사를 찾아가 지원해 달라고 요청했으나 전혀 성과가 없었다. 그래서 그는 결사 항전하겠다는 성민을 뒤로하고 남원 운봉에서 싸우자며 역시 도망치고 만다. 큰 전투 시마다 그는 결사 항전할 방책을 먼저 생각하는 것이 아니라 도망갈 궁리부터 했다. 임금 선조와 많이 닮아 있었다. 그래서 그는 문인이었지만, 도원수로서의 막중한 중책을 맡았음에도 전투 한 번 하지 않고 이리저리 도망만 다녔다. 그런 그가 종전 후에는 우의정과 좌의정까지 오르고 충익(忠翼)이라는 시호(諡號)를 받았다. 현장에서 사형을 네 번이나 받아야 했을 사람인데도 도저히 이해할 수 없는 인사가 그 당시에 이루어졌다.

지금까지 서술한 정발, 원균과 이각, 그리고 김명원은 고위직에 있었던 사람으로서 왜적을 맞아 자신의 본분을 망각한 채 너무도 치졸하게 움직인 사람이다. 물론, 준비가 되어 있지 않았기에 그들이 아무리 훌륭한 지략으로 왜군과 맞섰다 하더라도 왜적을 막아내기는 힘들었을 것이다. 그래서 왜적을 막지 못한 것을 탓하는 것이 아니라 나름의 방책은 생각지도 않고 줄행랑만 일삼았기 때문에 그것을 책망하는 것이다. 그들이 비록 왜군에게 직접 협조하거나 왜군 편에서 그들을 도와준 것은 아니지만, 국록을 받고 있던 장수로서 자신의 직분을 내팽개쳤을 뿐만 아니라, 나라에서 왜적을 물리치는 데 활용하라고 어렵게 마련해준 엄청난 전력(戰力)을 저버린 것은 다른 사람이 왜군을 직접 도와준 것 이상으로 백성과 나라에 무한한 폐를 끼쳤다고 할 수 있다. 그들은 이른바 망국의 영령들이다.

그런데 황당하면서 천인공노할 수밖에 없는 사례도 있었다. 바로 조선군이 조선군을 공격하여 몰살시키고 공을 세웠다고 보고하여 승진한 사례이다. 임진왜란 발발 직후인 1592년 4월 15일(징비록 기록으로 보아 이 날짜일 것으로 추정) 용궁현감(龍宮縣監) 우복룡(禹伏龍)은 그 고을에 있는 군사를 거느리고 병영으로 가는 도중 영천 길가에서 밥을 먹는데 하양 군사 수백 명이 그 앞을 지나갔다. 우복룡은 군사들이 말에서 내리지 않고 지나가는 것을 괘씸히 여겨 그들을 에워싸고 모두 쳐죽여 시체가 들에 가득하게 되었다. 그 후 우복룡이 다른 관리들은 다 도망가는데 자신만은 홀로 싸워 공을 세웠다고 거짓 보고를 했다. 그래서 안동 부사까지 승진하였는데 그가 올린 증거는 왜군의 수급이 아닌 하양 군사들의 수급이었다. 이에 하양 군사들의 유족들이 조정에 수차례나 항의하였으나, 우복룡이 조정에 줄을 대고 있었기 때문에 무사하였다가 광해군 때에 그가 저지른 비행이 밝혀져서 파직을 당했다. 한 명의 군사가 아쉬운 시기에 너무도 어처구니가 없는 일이 벌어진 것이다. 지휘자는 아군을 양성하고 보호해야 할 책임이 있는데도, 그전에 양성된 병사들이 장수가 없는 상황에서 지정된 위치로 이동하고 있었는데 죽여버리고 승진한 것이다. 백번 사형을 당해도 할 말이 없을 장수가 조선 시대에 있었다는 것은 너무나 수치스러운 우리 역사의 한 단면이다.

그리고 임진왜란 시 군 장수는 아니지만, 자신이 살고 있는 지역에서 왜군에게 협조한 조선인들이 있었다. 가장 대표적인 반역자로 왕자들을 가토 기요마사(加藤淸正)에게 넘기고 벼슬을 받은 국세필과 국경인이 있다. 의병들에 의해 목숨이 달아난 이들에 대해서는 다른 단락에서 언급을 했기 때문에 여기서는 생략한다.

또 조선인 때문에 조선군이 무너진 사례도 있다. 1597년 8월 18일에는 전라도 남원 인근 지역의 황석산성에서 전투가 벌어졌다. 성을 지키고 있던 안음 현감 곽준(郭逡)은 성곽과 진지를 보수하여 방비태세를 강화하고 있었다. 왜군이 공격하자 곽준은 장졸들을 독려하면서 물러나지 않았다. 그런데 동북문을 지키고 있던 김해 부사 백사림(白士霖)이 그 가족과 함께 도망가 버렸고, 김필동(金必同)이라는 자가 김해사람 20여 명을 이끌고 성의 북문을 빠져나가 왜군에게 투항하였다. 이들이 열어준 북문을 통해 왜군이 성안으로 몰려들어 왔고 최후까지 싸우던 곽준은 두 아들 이상(履常), 이후(履厚)와 함께 전사했으며, 성을 지키던 수많은 백성이 목숨을 잃었다. 행주산성 전투와 고경명이 지휘하는 금산성 전투 시에도 왜군에 협조한 조선인 때문에 더 많은 희생을 치렀던 것으로 전해지고 있다.

또한, 왜군이 북으로 올라올 때 공휘겸(孔撝謙)이라는 자는 자진해서 왜군의 길잡이 노릇을 하여 한양까지 안내했다고 한다. 그래서 왜군으로부터 경주부윤(慶州府尹)이라는 벼슬을 받기도 했는데, 고향인 영산(靈山, 지금의 창녕)에 갔다가 의병장 곽재우 장군에게 붙잡혀 죽었다.

그런가 하면 서울이 왜군 점령하에 있던 1592년 12월에는 관가의 서리였던 최업(崔業)과 노비인 효인(孝仁)이라는 자가 왜군에게 왕릉 속에 금은보화가 가득 있으니까 이를 파헤쳐 갖자고 꼬드겼다. 이 말을 들은 왜군은 50명을 동원해 강릉(康陵, 13대 명종의 능)과 태릉(泰陵, 명종의 어머니인 문정왕후의 능), 덕흥대원군(德興大院君, 선조의 아버지)의 묘를 파헤쳤지만, 석회벽이 단단해 뚫을 수가 없었다. 그 뒤에 왜군은 선릉(宣陵, 9대 왕 성종의 묘)과 정릉(靖陵, 11대 왕 중종의 묘)을 파헤쳤는데, 나중에 서울을 다시 찾아서 선릉과 정릉의 관속을 확인했을 때는 왕이 아닌 엉뚱한 자의 유골이 들어 있었고, 성종과 중종의 유골은 어떻게 되었는지 아무도 모른다.

그것만이 아니다. 공조참의(工曹參議)를 지낸 성세령(成世寧)이라는 자는 왜군이 서울에 입성하자 술과 안주를 성대히 차려놓고 그들을 맞이하였고, 총사령관 우키다 히데이에(宇喜多秀家)에게 손녀를 바쳤다. 그 대가로 경기도를 다스리는 방백(方伯)의 직첩(職帖)을 받고 부귀영화를 누렸다고 한다. 서울을 탈환한 후에는 어디론가 사라져 버렸는데, 왜군을 따라 남해안 쪽으로 내려갔거나 일본 본토로 도망갔을 것으로 추측하고 있다.

난중일기에도 왜군에게 빌붙은 자들의 이름이 거론되는데, 1597년 10월 13일 자에는 해남의 향리 송언봉(宋彦逢)과 신용(愼容)이 왜군에 투항하여 왜군을 이끌고 와서 백성을 무수히 죽여서 순천부사 우치적(禹致績)을 보내 송언봉 무리를 죽였고, 10월 22일에는 왜군과 내통했던 윤해(尹海)와 김언경(金彦京)이 해남현감 유형(柳珩)에게 죽었으며, 10월 30일에는 역시 왜군에 빌붙은 정은부(鄭銀夫)와 김신웅(金信雄) 두 명이 처형당해 목이 내걸렸다고 기록되어 있다.

그뿐 아니라 오성 이항복이 지은 문집인 『백사집』에는 항조선군 박춘의 이야기가 실려있다. "박춘은 전라도 사람으로 천민이었는데 조선군으로 싸우다가 왜군의 포로가 되었다. 그러나 어떻게 공을 세웠는지 왜군의 중간 지휘자가 되어 1천 명의 병사를 이끌게 되었다. 그가 이끈 왜군 1천 명의 거의 3분의 2는 왜군에게 항복한 조선사람들이었다."고 기록되어 있다. 임진왜란 시 조선에 항복한 왜군을 뜻하는 항왜도 많았지만, 박춘과 같이 왜군에게 항복한 조선인도 있었다.

그러면 왜적에게 협조한 사람들은 무슨 생각으로 그런 행동을 했을까? 그들 중 천민이나 직위가 낮은 사람은 지배계층에게 핍박과 학대를 받아오다가 전쟁이 터지자 그동안 받았던 설움과 분노를 해소하기 위해 왜군에게 협력한 것으로 볼 수 있다. 즉, 소외당한 것에 대한 복수심과 지배계층에 대한 질투심이 복합적으로 작용하여 그런 행동을 한 것으로 생각 할수 있다. 그리고 어느 정도 사회적 지위가 있었는데도 불구하고 왜군에게 협력한 사람은 조선왕조가 망하고 왜가 나라를 다스리는 시대가 올 거라고 생각하고 미리 협력했든지, 아니면 사회가 혼란한 틈을 타서 개인적인 욕심을 채우기 위해서 그런 행동을 하였을 것이다. 그러나 이유야 어떻든 국난을 극복하는 데 힘을 보태지 않고 침략자에게 협력한 것은 어떤 것으로도 정당화될 수 없다. 바로 그러한 배신자들 때문에 백성들은 더 많은 희생을 감내해야 했다. 그들은 백성의 이름으로 준엄한 심판을 받아야 한다.

　그런데 그런 배신자들의 말로는 좋지 않았다. 전술한 것과 같이 국세필이나 공휘겸처럼 대부분 살해됐거나 왜로 도망쳤다. 그리고 서울이 점령당해서 왜군의 치하에 놓였을 때 서울에 남아서 왜군에게 협조한 사람들도 많은 사람이 평양성이 탈환되자 왜군에 의해 살해되었다. 조·명 연합군이 남하하여 서울을 되찾기 위해 공격할 때 연합군과 내통하여 왜군을 해칠 수 있다는 우려 때문이었다. 대부분의 배신자들은 그렇게 비참하게 죽어갔다. 또 다른 시각으로 본다면 그들은 시대의 희생자라고 할 수도 있다. 그러나 대부분의 백성이 국난을 극복하기 위해 힘을 모을 때 그들은 다른 마음을 가지고 사사로운 이득을 추구했기에 자업자득이라고 할 수 있다.

　누군가 전쟁은 "용기와 충성, 배신과 비겁, 인간이 타고난 온갖 미(美)와 추(醜)가 동시에 분출하는 소용돌이였다."라고 했다. 어느 나라든 피지배

국가가 되면 배신자는 다 있었다. 그 배신자의 힘이 의로운 자의 힘보다 클 때는 영원히 피지배 상태를 벗어 날 수가 없다. 다행히 우리는 수백 번의 침략을 받으면서 배신자도 있었지만, 바로 겨레의 미래를 생각하고 의롭게 희생하는 사람이 더 많았기에 5,000년의 유구한 역사를 이어올 수 있었고, 앞으로도 이어갈 것으로 확신한다. 지난 역사를 거울삼아 평상시 외침에 대비하는 정신자세를 먼저 가져야 하고 외침을 받았을 때는 민족의 저력으로 모두가 하나가 되어 물리쳐야 한다. 그런 국난극복 대열에 동참하지 않고 배신하는 자들에게는 차후에라도 냉철히 국민의 이름으로 심판을 해야 한다. 그래서 또 다른 외침을 받았을 때 배신자들이 발붙이지 못하도록 해야 할 것이다.

제6장

잔인한 전쟁

비참한 백성들의 일상

얼레빗, 참빗

산 사람의 코를 베어 간 잔혹한 왜군

명군 참전으로 조선의 전력은 약화되었다

서울에서 왜군은 어쩔 수 없이 퇴각했다

비참한 백성들의 일상

임진왜란 시 왜군은 점령지를 온통 죽음의 천지로 만들었다. 왜군의 소행은 인간이 할 수 없는, 짐승만이 할 수 있는 극악무도한 것이었다. 그랬기에 대부분의 사람들에게 엄청난 고통을 주었다. 더군다나 조정과 백성이 전혀 대비하지 않았기에 더한 고통을 백성들에게 가져다주었다. 임진왜란 때 종군한 일본 중 케이넨은 "지옥은 다른 곳에 있는 것이 아니다. 지금 눈에 비치고 있는 일들을 후세 사람들은 꿈에서조차 모르고 지나게 되리라."라고 조선일일기(朝鮮日日記)에 기록해 놓았다. 왜군의 잔인성으로 백성들은 잠시도 생명의 위협에서 자유로울 수 없었기에 많은 행동의 제약을 받을 수밖에 없었다.

또 왜군은 조선인 포로들을 원숭이처럼 목에 줄을 매어 무거운 짐을 싣고 끌게 하고, 본진영에 도착하면 "전혀 쓸모없는 소는 필요 없다."라며 곧바로 죽이고 가죽을 벗겨서 먹어치워 버리기까지 했다. 이렇듯 전란으로 인한 비참함은 일일이 나열할 수 없을 정도였다. 그래서 당시 백성 사이에는 "파리가 다리를 비비는 까닭은 왜적의 원수를 갚아달라고 비는 것이다."라는 말이 유행했을 정도였다.

1592년 4월 14일 부산진성 함락 당시의 상황을 기록한 일본 측 자료인 요시노 일기에 "군신(軍神)의 혈제(血祭)라 하여 여자를 비롯하여 아이들과 개, 고양이, 할 것 없이 피를 흘릴 수 있는 것은 모두 살해했다."[8] 라고 기록되어 있다. 일본의 자료에 이렇게 기록되어 있는 것을 보면 왜군이 얼마나 진인무도 했는가를 짐작할 수 있다.

---

8 김현우, 『임진왜란의 흔적 1(파주 : 한국학술정보, 2012)』, p. 4

잠시도 떠나지 않는 생명의 위협 속에서 살아가고 있던 백성을 가장 비참하게 만든 것이 바로 식량 부족이었다. 조선 백성들을 상대로 무자비하게 살인과 약탈을 일삼는 왜군 때문에 농사를 지을 수가 없었기에 조선 백성들은 항상 식량부족에 시달려야 했다. 전쟁이 아니라도 충분하지 못한 식량으로 그럭저럭 생활하던 일반백성들에게 왜군의 침략은 식량사정을 더 나쁘게 했다. 그리고 명군이 들어오면서 식량 사정은 더욱 나빠졌다. 조정에서 식량을 공급할 대상을 백성이 아닌 명군으로 지정하면서 백성들은 기아에 허덕였다. 왜군 점령지에서는 농사를 지을 수가 없었고 짓더라도 왜군에게 약탈당하는 것이 빈번했으며, 왜군 점령지가 아닌 곳에서는 조선군과 의병들의 군량을 공급해야 했고, 명군이 들어오면서는 명군에게 우선으로 식량을 공급하면서 백성들은 입에 풀칠하기도 힘들어졌다. 절대 다수의 백성이 영양섭취를 하지 못해 허약해져 갔고 허약해진 백성들은 전염병에 쉽게 죽어나갔다. 조정에서는 굶주린 백성을 구휼하기 위해 여러 가지 방책을 썼지만, 워낙 많은 백성이 굶주리다 보니까 혜택을 보는 사람은 일부에 지나지 않았다.

　그 당시 백성들의 굶주림이 얼마나 심각했는지 유성룡은 『징비록』에 다음과 같이 기록해 놓았다.

　"명나라 군사들이 음식을 먹고는 그 중 한 명이 속이 안 좋아서 구토를 했더니 주위에서 지켜보고 있던 백성들이 앞다투어 몰려들어 그것을 주워서 먹으려 했다. 그 모습을 보고 나는 슬픈 마음이 들어 눈물을 그칠 수 없었다." 그 당시 백성들은 명나라 군사들이 토해낸 구토물을 먹을 정도로 굶주림이 극에 달했던 것이다. 그나마 토사물조차 먹을 수 있는 사람은 운이 좋은 편에 속했다. 굶주림에 지친 일부 백성은 흙을 먹기까지 했다. 하얀 흙을 체에 걸러 가장 부드럽고 고운 부분을 받아내어 씻은 후 말린 다음 떡을 하는 방식으로 먹었다고 한다. 그것도 하얀 흙이 나는 몇몇 특정한 지역에서만 먹을 수 있었다.

이도 저도 안 되어 굶을 수밖에 없던 백성은 극단적인 방법을 선택한다. 바로 식인이다. 배고픔이 극에 달한 백성들이 사람을 죽이거나 죽은 사람의 살점을 뜯어먹는 끔찍한 참상이 여기저기서 벌어졌다. 1593년 선조가 좌의정 윤두수에게 "경상도에서는 사람들이 서로 잡아먹는다고 하는데 사실이냐?"라고 묻자 윤두수는 "그렇습니다. 신이 팔거에 갔을 때에 사람을 잡아서 먹은 자가 있다는 말을 듣고는 즉시 군관을 보내어 베었습니다. 충청도와 전라도에 갔을 적에는 이러한 일이 있다는 말을 못 들었습니다."라고 했다. 당시 경상도는 왜군 점령하에 있어서 모든 식량은 왜군이 차지하고 있었기에 백성들은 굶주릴 수밖에 없었다. 반면에, 충청도와 전라도는 왜군에게 점령당하지 않았기 때문에 그나마 식량 사정이 나아 식인이라는 끔찍한 일은 벌어지지 않았던 것이다.

왜군과 명군 사이에 강화회담이 오가던 1594년이 되자 계속 농사를 못 짓게 되어 굶주림은 극에 달했다. 그전부터 있어온 조선 천지를 뒤덮고 있던 굶주림은 이제 더 이상 어떻게 할 수 있는 정도를 지나버렸다. 농토는 황폐해져 잡초가 우거지고 도처에 굶어 죽은 시체들이 서로 뒤엉켜 사람 사는 세상이라기보다 귀신이나 도깨비가 출몰하는 황무지를 연상케 했다. 궁궐이 있는 서울에서조차 굶어 죽은 시체를 일일이 치울 수 없어 성 밖에 아무렇게나 쌓아두니 날짐승과 들짐승들이 마구 뜯어 먹는 형편이었다. 굶어 죽는 백성으로부터 세공을 거둘 수 없으니 국고는 빌 수밖에 없고, 따라서 국가의 기능이 제대로 돌아갈 리 없었다. 나라의 질서가 무너진 상태에서 먹을 것이 없게 되자 일부 벼슬아치들은 벼슬을 팔았다. 전란 초기에 1백 섬이면 3품, 30섬이면 5품을 살 수 있었다. 그러나 이제는 20섬, 나중에는 10섬에 가선대부(종2품, 차관급)를 준다고 해도 응하는 사람이 없었다. 그나마 벼슬아치들은 팔 수 있는 벼슬이라도 있었지만, 일반 백성은 하늘만 쳐다보다가 목숨을 잃어버리는 일이 일상사가 되어버린 것이다. 이때 명나라 장수 사대수(査大受)는 길가에서 죽은 어미의 젖을 빨고 있는 어린아이를 보고 "하늘도 근심하고 땅도 슬퍼할 것이다."라고 탄식했다고 한다.

1594년 1월 17일 사헌부에서는 이러한 장계를 올렸다.

"기근이 극도에 달해 도성 안에서 사람들이 죽은 사람의 살점을 먹으면서도 전혀 이상하게 생각하지 않습니다. 길가에 쓰러져 굶어 죽은 시체에 완전히 붙어 있는 살점이 없을 뿐만이 아니라 어떤 사람들은 산 사람을 죽여서 내장과 골수까지 먹고 있다고 합니다. 옛날에 이른바 사람이 사람을 잡아먹는다고 한 것도 이처럼 심하지는 않았을 것이니, 보고 듣기에 너무도 참혹합니다."라는 장계를 올렸다. 백성들이 굶주림을 못 이겨 식인을 한다는 끔찍한 사실에 선조는 충격을 받았지만, 굶주린 백성을 구휼하지는 못했다.

그해 4월 6일에는 사헌부에서 비슷한 상소를 올린다.

"굶어 죽은 시체가 즐비하고 심지어 부모·자식과 부부간에도 서로 잡아먹는 일까지 있으니 지금보다 더 환란이 극에 달한 때는 없었습니다. 백성들이 이렇게 고통스러운데 어떻게 궁궐을 보수하는 공사에 그들을 동원할 수 있겠습니까?" 이 상소를 보고 선조는 궁궐 보수를 그만두도록 했다.

굶주림에 지친 백성들은 목숨을 연명하기 위해 살길을 찾아 도적 떼가 되어 거리로 나섰다. 그들은 극심한 굶주림에 나라도 없었고 임금도 없었다. 여기저기서 떼도둑이 날뛰고 토적들이 곳곳에서 일어나고 말았다. 어느 때보다 문물이 구비되고 훌륭한 인재가 많았다고 하는 시대였으며, 양반의 세계에서 도덕과 의리가 제일의 가치이념이었지만, 막상 나라가 혼란해지고 굶주림이 지배하는 나라에서는 도덕도, 의리도 필요 없었다. 오직 살아남기 위한 몸부림만이 최고의 가치였다. 이렇게 굶주림에 내팽개쳐진 백성들은 어떻게든 살아보려고 아우성을 쳤으나, 부지기수가 굶어 죽는 신세를 면치 못했다. 이렇게 백성이 기아와 전염병으로 말할 수 없는 고통을 겪으면서 이로 인해 인구가 급감하게 되고, 전란 초기에 불같이 일어났던 의병이 하나둘 해산되어 관군에 편입되거나 죽지 않기 위해 굶주림에 시달리면서 노역에 동원되었다.

이처럼 대부분의 백성들은 왜군에 의한 목숨의 위협과 명군에 의한 착취에 시달리고, 굶주림이라는 이중 삼중의 힘겨운 고통과 싸우면서 버티지 못해 죽어나가고, 죽지 않은 사람은 내일의 희망은 생각도 못한 채로 하루하루를 겨우 목숨만 연명하면서 미리 대비하지 않은 전란의 고통을 고스란히 온몸으로 당해야 했다. 임금과 조정, 그리고 백성들이 준비하지 않아 불러들인 전쟁의 아픔은 그대로 힘없는 백성에게 떠넘겨지고, 그러한 백성들의 생활은 비참 그 자체일 수밖에 없었다.

그러면 왕실이나 조정 대신들은 어떠했을까?

그들은 전란 초기 다급하게 피신하느라 제대로 끼니를 챙기지 못했다. 먹을 것이 없어 왕도 굶을 수밖에 없었다. 동파역에 도착했을 때는 파주목사 허진과 장단 목사 구효연이 음식을 해왔는데, 호위하던 군사들이 달려들어 몽땅 먹어치우는 바람에 선조 일행이 먹을 음식이 모자랐다. 워낙

굶주렸던 호위군사들이라 허진과 구효연이 말렸지만 아무 소용없었다. 왕
이 먹어야 할 음식에 손을 댄 군사들은 처벌이 두려워 모두 달아나고, 허
진과 구효연도 추궁이 두려워 역시 도망가는 어이없는 일이 벌어지기도 했
다. 왕과 대신들은 서울을 버리고 개성을 지나 평양으로, 평양에서 의주로
가는 도중에 제대로 식사를 하지 못하고 굶주리기 일쑤였다. 의주에 도착
하고 나서 왕과 일행들은 남쪽에서 수군들이 보내주는 식량이 속속 공급
되어 배고픔을 면할 수 있었다. 그리고 해가 바뀌어 평양성을 탈환하고 왜
군이 한양에서 철수하자 왕실과 대신들은 기아에서 완전히 자유로워졌다.
1592년 5월 8일 자 선조실록에 따르면 선조는 자신과 세자가 먹을 식사는
생물(生物)로 하고 수량도 풍족하게 하라는 지시를 내렸다고 한다. 같은
기간에 백성과 군사들은 여전히 굶주림에 허덕였지만, 그것은 왕실이나 대
신들과는 상관없는 얘기였다.[9]

　　우리는 여기서 다시 한번 당시 지배세력에 대해 생각할 때 서글픔을 지
울 수 없다. 백성들이 먹을 것이 없어서 부지기수로 죽어나가는 판에 그들
은 호의호식했다는 것이다. 일찍이 세종대왕은 "나라는 백성을 하늘로 삼
는다."라고 했는데 임진왜란 시 지배세력은 그렇게 하지를 않은 것 같아 뒷
맛이 씁쓸하다. 옛 기록 어디엔가 임진왜란 시 임금과 대신들은 백성들이
굶주림에 허덕이자 하루에 한 끼는 굶으면서 정사를 보았다는 기록이 발
굴되기를 기대해본다.

9　도현신, 『이순신의 조일전쟁(경기: 행복한 미래, 2012)』, p. 146-147

얼레빗, 참빗

얼레빗과 참빗, 조금은 생소한 말일 수 있다.

다 같이 머리를 빗을 때 쓰는 것인데 얼레빗은 빗살이 듬성듬성해서 빗으면 머리가 정리되면서 우리의 외모를 깔끔하게 해준다. 이에 비해 참빗은 빗살이 촘촘하여 머리카락이 빗는 방향으로 숙여지고 바닥까지 싹 긁어버리기 때문에 남아나는 것이 없다. 우리나라가 발전되기 전인 70년대 이전에는 어른 아이 할 것 없이 머리에 이가 많았는데, 그 머리의 이를 잡기 위해서 썼던 빗이 참빗이다.

임진왜란 시 왜군은 아무런 대비가 되어있지 않은 조선을 비웃기라도 하듯이 개전 20일 만에 서울을 점령하고, 급기야는 함경도까지 점령하면서 수많은 백성이 목숨을 잃고, 말로 다 표현 할수 없는 고통을 겪으면서 조선의 운명이 백척간두의 위기에 처하게 되자, 조선 조정은 명나라에 원군을 청한다. 이해관계를 따져본 명(明)은 본토가 침략당하지 않게 하기 위해 군을 보내면서도 우리의 요청에 따라 우리를 돕기 위해 군을 파병하는 것처럼 한껏 거드름을 피우면서 1592년 6월 조승훈으로 하여금 삼천오백여 명을 이끌고 압록강을 건너게 한다. 이에 조선에서는 한시름 놓게 되고 왜군을 우리 땅에서 싹 쓸어버릴 거라고 기대하고 있었다. 명군이 지나는

참빗

길옆으로는 많은 백성이 나와서 손을 흔들며 환영해 주었고, 그날 저녁에는 그들을 위한 잔치가 벌어졌다. 그러나 술이 거나하여지면서 명군은 그들의 본색을 드러내기 시작했다. 조선이 한시름 놓은 것은 여기까지였다. 그들은 여기저기 흩어져서 약탈과 강간을 일

삼았고 반항하는 사람은 그 자리서 죽여버렸다. 몇몇이 조승훈을 찾아가 행패를 멈추게 해달라고 간청하였으나, '도우러 온 우리에게 그 정도는 해야 하지 않느냐'며 거들먹거릴 뿐 아무런 조치를 취하지 않았다. 조선 백성은 아닌 밤중에 홍두깨격으로 믿었던 명군에게 발등을 크게 찍힌 것이다.

그러나 그것은 시작일 뿐이었다. 후에 이여송의 오만 대군이 들어오면서 그들의 행패는 감당하기 어려운 것이었다. 군량미를 비롯한 그들의 의·식·주와 관련된 모든 물자를 조선에서 거의 다 공급해야 했고, 말먹이까지 해결해야 했던 조선 조정과 백성의 고충은 이루 말할 수 없었다. 그 와중에 그들은 인근 민가로 가서 내키는 대로 분탕질을 했다. 조선 백성도 먹을 게 없어서 굶어 죽는 사람이 속출하는 와중에 그들의 군량미로 많은 양식이 소모되면서 조선 백성은 기아와 그들의 행패에 이중삼중의 고통을 감내해야 했다. 도우러 온 군대인지, 아니면 착취하러 온 군대인지 도무지 분간되지 않을 정도였다. 그러면서 벽제관 전투 패배 이후에는 전투에 적극적으로 나서지도 않고, 때에 따라서는 조선군을 방해하고 식량만 소모하면서 시간만 보내고 있는 명군은 그야말로 조선 조정과 백성 입장에서는 눈에 가시 같은 존재였지만, 당장 왜군을 몰아낼 힘이 없었던 조정에서는 이러지도 못하고 저러지도 못하고 있었다.

왜군 점령지에서는 왜군들에 의한 도륙(屠戮)과 약탈로 짐승 같은 만행이 하늘을 찌를 듯했는데 점령되지 않은 지역에서는 왜군 못지않은 명군의 행패 또한 조선 백성을 못살게 했다. 왜군은 약탈하고, 뺏고, 죽이고, 본래 그렇게 하려고 침략한 잔인무도한 군대이기에 물리치기 위해서 그들과 싸워야 했는데, 도우러 왔다면서 스스로 천군이라고 일컫는 명군 때문에 겪어야 하는 정신적·물리적 부담이 왜군과 싸우는 것 이상의 고통이었다. 관리들도 예외가 아니어서 능욕을 당하는 일이 수시로 발생했다. 하급 관리가 찰방(종6품, 현재의 5급) 이상규의 목을 밧줄로 메고서 개 끌고 다니듯이 다녔고, 황해도 병마절도사 박진이 하급군관 류승선에게 구타를 당해 가슴뼈가 부러져 후유증으로 사망하기도 했으며, 재상 반열에 있던 김응남과 호조판서 민여경이 하급관원인 호주 부사(정6품) 애자신에게 곤장을 맞는 굴욕적인 일도 있었다.

이처럼 명군의 행패가 왜군보다 더하면 더했지, 덜한 것이 아니었다. 그래서 조선 백성들 간에 "왜적은 얼레빗질을 해서 대충 긁어가는데, 명군은 참빗질을 해서 싹싹 긁어 가는구나."라고 탄식하는 목소리가 터져 나왔고, 백성들 간에 여기저기서 오르내리면서 '얼레빗과 참빗'이 백성들 사이에 유행하는 용어가 되었다. 왜군이 얼레빗이라고 해서 명군보다 우리에게 조금이라도 더 자비로웠다는 뜻은 추호도 아니다. 조선 백성은 왜군이나 명군에게는 다 같이 착취와 행패의 대상이었고, 그들은 표현상 종류가 다를 뿐 싹싹 긁어가는 같은 빗일 뿐이었다. 침략군이나 구원군이나 조선 백성에게는 다른 것이 하나도 없었다. 그러면서 의지할 데 없는 불쌍한 조선 백성은 사는 것이 아니라 하루하루를 연명해가고 있었던 것이다. 죽을 수 없어 사는 형편이었다.

임진왜란은 스스로를 방위할 능력을 갖추지 못했기 때문에 왜군의 침략을 받아 엄청난 피해를 입었고, 구하러 왔다는 명군에게는 생각지도 못했던 저주스런 멸시를 받게 된 것이다. 우리는 어떤 나라의 외부적 침략도 허용해서는 안 된다. 만일 우리를 침략하는 나라가 있다면 군사력으로 반드시 응징할 수 있는 군사적인 힘을 갖고 있어야 한다. 즉, 믿을 수 있는 것은 우리 스스로의 힘뿐인 것이다.

산 사람의 코를 베어 간 잔혹한 왜군

1597년 7월, 왜는 터무니없는 강화조건을 내세워 시간을 벌기 위해 계속해온 그동안의 강화회담이 무위로 돌아가자, 다시 조선 전역을 점령하기 위해 전라도를 공략한다. 전라도를 빠짐없이 점령하라는 도요토미 히데요시의 작전명령을 이행하기 위해서였다. 그래서 왜군은 8월 16일, 가장 먼저 남원을 함락시키고 뒤이어 전주성을 점령한다. 그리고 9월 초에는 일부 해안지방을 제외한 전라도 전 지역을 점령하여 재침작전의 일차적인 목표를 달성한다.

그리고 9월 16일 명량해전이 벌어지고 왜 수군은 압도적인 전력을 가지고도 이순신 장군이 지휘한 조선 수군에 처절하게 패한다. 그들은 예상외로 전투에서 패하자 그들의 잔악성은 극에 달했다. 패전에 대한 설욕을 다른 곳에서 다른 방법으로 하기 위함인지 이 시기 전라도를 점령하는 과정에서 보인 왜의 잔악성은 이루 말할 수 없을 정도였다. 조선인이라면 군사는 물론 일반백성들까지 닥치는 대로 코를 베어서 도요토미 히데요시에게 바쳤다. 전라도에서 미친개처럼 날뛰면서 분풀이와 뒤풀이를 힘없는 조선 백성에게 다 쏟아부었다. 그전에는 주로 사자의 귀를 베어다가 일본으로 보냈지만, 정유재란 시에는 산 자와 죽은 자를 가리지 않고 코를 많이 베었고, 총각과 처녀들을 잡아다가 노예로 끌고 가서 일부는 다른 나라에 팔았다. 그것은 도요토미 히데요시의 명에 의한 것으로, 바친 코의 많고 적음에 따라 전공의 높고 낮음이 결정되었으므로 부녀자로부터 어린애에 이르기까지 무차별 베어서 바쳤다. 조선인이 그들의 눈에는 이미 전공을 높여주는 노획물에 지나지 않았던 것이다. 조경남이 기록하기를 정유년 재침 시에 도요토미 히데요시가 휘하 장수들에게 "해마다 군사를 보내어 그 나라 사람들을 다 죽여 빈 땅을 만든 연후에 일본에서 사람을 이주시킬 것이니, 10년만 이렇게 한다면 그 일을 이룰 수 있을 것이다. 단, 사람이 귀는 둘이고, 코는 하나뿐이니 코를 베어 한 사람 죽인 몫으로 표시하여 바치고, 각기 코를 한 되씩 채운 뒤에야 생포하는 것을 허락하라." 하였다고 기록되어 있다.

당시에 왜군은 조선인을 잡아다가 포르투갈 상인에게 팔았는데 서로 노예사냥을 다투었기 때문에 한 되의 코를 베어야 조선인을 끌고 가기 위해 잡는 것을 허용한다는 것이다. 끌고 가기 위한 조선인을 잡기 전에 먼저 조선군과 싸우게 하기 위해서 잔혹한 명령을 내린 것이다.

그 당시 호남지방에서 자행된 것으로 나베시마 가츠시게가 10월 1일 금구(김제) 일대에서 취한 비수(鼻數)가 3,369개이며, 요시가와 히로이에(吉川廣家)는 9월 21일 진원(장성)에서 취한 것이 870개, 9월 26일 영광·진원 일대에서 취한 것이 1만 40개에 달했다. 해남에서는 시마즈 타다츠네(島津忠恒)가 9월 25일 참살한 것이 많았으며, 10월 10일에는 비수 53개를 취하였고, 시마즈 요시히로(島津義弘)도 해남에서 10월 2일과 3일에 토포(討捕)한 비수가 다수였고, 9일에는 의병 수십 인을 토취(討取)하였다고 한다. 또한, 나주지역에 주둔한 바 있었던 죠쇼카베 모토치카는 어느 지역에서 6천 6인의 코를 베었는데, 이것을 소금에 절여 통에 담아 본국에 수송하였으며, 한 통에 1천 개씩을 담아 모두 6통을 보냈다는 것이다.[10]

또한, 남원성 전투 후에는 잔학성이 극에 달해 남원성의 성과 온 산천을 불태우고 죽은 자의 코뿐만 아니라, 초이레도 되지 않은 갓난아기와 산모

---

10 조원래, 『임진왜란사 연구의 새로운 관점(성남:아세아문화사, 2011)』, pp. 348~349

의 코를 베어 갔다고 한다. 실로 인류역사상 유례가 없는 잔인한 전쟁이었고, 살인이었다.

　이러한 만행이 극도에 이른 상황에서도 의병의 활동은 멈추지 않았다. 그 당시 전라도 의병들은 소규모 의병집단이 대부분이었지만, 곳곳에서 전개되어 왜적에 대한 끈질긴 저항은 멈출 줄을 몰랐다.

　5,000년의 역사를 자랑하는 민족정신이 왜적의 잔인함 앞에서도 꿋꿋이 계승되어 면면(綿綿)히 이어졌던 것이다.

　왜군은 잔인하다는 말로 다 표현이 안 될 정도로 잔혹하게 벤 코를 소금에 절이고 통에 넣어 수집관에게 보내면 수집관이 숫자를 확인한 뒤 청취장(영수증)을 부대장에게 써주고 일본으로 보냈다. 일본에서는 도요토미 히데요시가 이를 확인하고 "받았다. 수고했다."는 내용의 감사장을 조선의 부대장에게 보냈다. 그 영수증 중 전라도 금구 일대에서 벤 코 3,369개를 받았다는 1597년 10월 1일 자 영수증 원본이 대판성 천수각(大阪城 天守閣)에 남아 전해지고 있다.

　당시의 참상을 유성룡(柳成龍)은 징비록(懲毖錄)에 "적은 3도를 유린했으며, 천 리에 걸쳐 창을 휘두르고 불을 질러 적이 지나간 자리는 거의 초토화되었다. 우리나라 사람들을 잡으면 그 코를 모두 베어 위세를 과시했다."라고 기록해 놓았다. 또 강항(姜沆)은 간양록(看羊錄)에 "도요토미 히데요시는 모두 살펴본 뒤 모아서 북쪽 근교 10리쯤 떨어져 있는 대불사(大佛寺) 곁에 묻었다. 높이가 한 개의 구렁을 이뤘다. 동포들의 참상이 이로 미루어 짐작하고도 남는다."라고 기록하였다. 그리고 이수광은 지봉유설(芝峰類說)에 "이리하여 이때부터 우리나라 사람들 가운데 코는 없어도 목숨은 건져 코 없이 사는 사람들이 많았다."라고 했다.

왜군은 코를 벨 때 어른들은 대부분 죽여서 코를 베었지만, 일부 어른과 어린이들은 코만 베었기 때문에 이들은 그 뒤 코 없이 살았던 것이다. 그래서 임진왜란 후에는 코 없이 사는 사람들이 많았다고 한다. 산사람의 코를 돼지 목 따듯이 베어버린 도저히 상상하기도 힘든 그들의 잔혹함에 치가 떨린다.

이렇게 조선에서 건너온 코나 귀는 위의 기록처럼 도요토미 히데요시가 나고야 북쪽 10리쯤 떨어져 있는 대불사 곁에 묻었는데, 지금의 정확한 위치는 교토시 히가시 야마구 야먀토오지 차야초의 조그만 공원으로 그곳에는 코 무덤(鼻塚)인데 귀 무덤(耳塚)이라고 쓰여 있다. 분명히 코 무덤인데 귀 무덤이라고 되어있다. 코 무덤을 그대로 코 무덤이라고 하면 자신들의 잔인함을 후세에 명명백백히 드러내는 것이기 때문에 귀 무덤이라고 한 것이다. 그리고 조선인의 코와 귀 무덤은 교토뿐만 아니라 후쿠오카, 오카야마, 쯔야마시에도 있고, 가고시마에도 과거에는 있었던 것으로 전해지고 있다.

임진왜란 시 잔인한 왜군의 전리품으로 일본에 있는 귀 무덤

일본인들은 이 무덤을 임진왜란의 전승기념물로 여기고 있으며, 학자에 따라 10만 명에서 20만 명의 조선인 사망자의 코와 귀가 묻힌 것으로 추정하고 있다. 남원성을 함락시킨 왜의 야스하루는 하루에 2,000개의 코를 베었다고 했으니 얼마나 많은 조선인이 살해되었는지 짐작할 수 있다. 그리고 남원성 전투는 명군도 참가하여 많은 전사자가 발생하였기 때문에 명군의 귀나 코도 묻혔을 것으로 추

정되지만, 대부분 조선사람만 묻힌 것으로 알고 있고, 소수이지만 명군의 희생을 간과하고 있는 것도 사실이다. 또 왜군은 전사한 조선 의병장이나 장수들은 코를 베지 않고 머리를 베어서 가져가 도요토미 히데요시가 보게 한 후에는 묻었는데, 바로 이 무덤에는 수많은 조선인과 소수인 명군의 귀와 코뿐만 아니라 우리 민족의 영웅들의 머리가 합장되어 있는 것이다.

바로 이 무덤과 도요토미 히데요시가 있는 신사는 근대에 들어와서 일인들의 관광과 수학여행의 중요한 답사코스가 되고 있다. 그리고 일본은 그것을 철저히 정치적으로 활용하고 있다. 임진왜란 후 조선과 통신사 외교가 시작되자 일본은 은근히 귀 무덤을 조선통신사에게 보여주어서 그들의 무위가 막강하였다는 것을 대외적으로 과시하고, 대내적으로는 그들의 자신감을 찾을 수 있는 전쟁의 전리품으로 사용했다. 그리고 근대에 들어서는 일본 국민들에게 외국침략사상을 고취시키는 유물로 이용하였던 것이다. 그들은 1898년 도요토미가 죽은 지 300년이 되는 해에 '풍공(豊公) 300년제(年祭)'라 하여 대대적인 행사를 벌이면서 히데요시가 귀 무덤을 만든 것은 적의 시신을 경관하지 않은 덕이 있는 행위라고 칭송했으나, 그것은 인도주의를 가장한 무력침략의 전리품이었으며, 그들 내부에서 국민적 통합을 이루는 계기를 만드는 데 사용되었을 뿐이었다. 그야말로 귀 무덤은 우리에게는 전쟁으로 입은 치유하기 힘든 마음의 상처이면서 뼈아픈 교훈을 전하는 유적인데도 그들은 다양하게 이용할 가치가 있는 높은 역사적 유물로 사용하고 있는 것이다.

우리는 여기서 조선의 백성들이 잔혹하게 희생된 가슴 아픈 역사적인 사실을 간과한 채 그것을 전리품으로 활용하고 있는 일본의 처사와 임진왜란 시 왜군의 비인간적인 만행을 다시 한번 상기해야 한다. 사람을 개나 돼지처럼 잡아다가 코를 베었다. 죽은 사람의 코를 베었고, 일부는 산사람의 코를 베어서 그들의 전공으로 삼았다. 그리고 신체 건장한 남자는 잡아다가 머나먼 이국의 노예로 팔았다. 죽은 사람은 비참하게 죽임을 당한 뒤 죽는 것도 모자라 또 한 번 잔혹하게 코를 잘려야 했고, 노예로 끌려간 사람은 어디인지도 모르는 곳에 끌려와 평생 가족과 부모·형제를 그리면서 굴종적이고도 비참한 삶을 살다가 한 많은 생을 마감했을 것이다. 잔혹하게 죽은 뒤에 코를 베이거나 노예로 끌려가 짐승처럼 살다가 고국을 그리면서 죽어간 조상들의 원혼을 우리는 기억해야 한다. 그것을 잊는 것은 바로 역사를 저버리는 것이다. 우리가 타산지석으로 삼아야 할 수치스런 역사는 있을 수 있지만 버려야 할 역사는 없다.

그리고 잔인한 만행에 희생양이 되어 코 없이 살아야 했던 그들은 삶 자체가 비극이었을 것이다. 살았다기보다 죽지 못해 목숨을 연명했을 것이다. 하늘이 준 생명을 가지고 고귀한 인간으로 태어나서 아무런 죄도 없이 타고난 육체 일부분을 도적 같은 놈한테 훼손당한 채 그 서러움을 평생 지고 살아야 했던 그 사람들의 불행을 우리는 잊어서는 안 된다. 그냥 혼자 피해자로서의 온갖 냉대를 감수하면서 살아갔을 그들의 한을 우리는 잊지 말아야 한다. 그것을 잊는 것은 곧 우리의 역사를 잊어버리는 것이다.

꽃 같은 나이에 왜국으로 끌려가 인간의 존엄성은 아예 무시당한 채 성노리개가 되어 살아있는 하루하루를 한으로 간직한 채로 처절하게 죽어갔을 조선 여성들을 기억해야 한다. 그것을 잊어버리는 것은 곧 우리의 미래를 포기하는 것이다.

일본에 대해 우리가 잊지 말아야 할 것은 20세기에 있었던 일제 식민시대의 만행만은 아니다. 그 훨씬 이전에 더 가슴 아픈 역사가 있었던 것이다. 바로 임진왜란이라는 전대미문의 참혹한 역사이다.

그 당시 인구의 절반 가까이가 사망했다는 것은 바로 우리 민족을 지구상에서 말살시키겠다는 작정을 한 것으로 짐작해야 한다.

일본강점기든 임진왜란이든 더 이상 잔인할 수 없을 정도의 무자비한 만행을 저지른 그들을 우리가 잊는다면 그것은 이 땅을 지켜온 선대에게 너무나 큰 죄를 짓는 것이다.

잊지만 말 것이 아니라 절대 용서해서도 안 된다. 그들이 진정 우리의 이웃이라면 귀 무덤을 자랑스러운 전승기념물로 여겨서는 안 된다. 전승기념물로 자랑할 게 아니라 임진왜란 시 희생된 영령들에 대해 진심으로 애도해야 한다. 귀 무덤은 우리에게 가슴을 아프게 하는 역사적 유물이다. 인접국가의 가슴 아픈 역사를 그들이 자랑스러운 역사라고 자랑한다면 그것은 몰염치한 것이다. 과거의 가슴 아픈 역사를 치유할 수 있도록 하기 위해서라도 빨리 귀 무덤을 일본 스스로 없애야 한다. 그것이야말로 미래지향적인 한일관계를 조성하는 첫걸음이 될 것이다. 그리고 일본강점기에 저지른 만행에 대해서도 진정성 있는 사과를 해야 할 것이다. 그리고 그들의 후손에게 다시는 그러한 잔인한 만행을 저지르지 않도록 교육해야 할 것이다. 그런데 사과는커녕 그들은 엄연히 살아있는 사실조차도 부인하고 있다.

독일의 빌리 브란트 수상은 1970년 12월 7일 폴란드 바르샤바 게토에 있는 유대인 저항 기념비 앞에서 히틀러에 의해 희생된 조형물 앞에 꿇어앉아 눈물을 흘리면서 정중히 사과했다.

독일 수상의 진정한 사과에 유대인은 "용서하자. 그러나 잊지는 말자!"라고 했다. 그리고 그 사과는 그때 한순간만이 아니라, 현재도 기회가 있을 때마다 이웃 나라에 사과(최근 2013. 9. 4.)하고 있다.

사과뿐만 아니라 2차대전 당시 무자비한 학살이 자행됐던 독일의 부켄발트 수용소를 당시 상황을 그대로 복원해서 자국민들에게 공개하여 이곳을 견학하는 독일인들에게 자신들이 저지른 일을 끊임없이 기억하고 반성하게 하고 있다. 그러한 독일이기에 현재 경제 강국으로 이웃 나라와는 미래지향적인 관계를 유지하면서 상호 간에 끊임없이 발전적인 방향을 모색하고 있는 것이다.

그러나 일본은 그들이 저지른 과거에 대해서는 독일과 정반대의 행동을 취하고 있다. 그러므로 우리는 절대 일본을 용서해서도 안 되고 잊어서도 안 된다. 임진왜란 시 죽어서 코를 베이고, 노예로 끌려가고, 코가 없는 상태로 죽지 못해 근근이 살아야 했던 그 시대 조상의 아픔을 우리는 잊어서는 안 된다. 일본강점기의 징용과 징병, 그리고 전선에서 성 노리개로 전락한 여성의 고통과 우리에게 준, 나열하기조차 어려울 정도의 각종 잔혹한 만행에 대해서 그들이 진정성 있는 사과를 할지라도 잊지 않고 자손만대에 전해야 한다.

그래서 사전 외침에 대비하지 않은 결과가 무엇인지와 국력을 튼튼히 하지 않은 나라의 설움이 무엇인지를 똑바로 인식하게 해서 후세들이 다시는 가슴 아픈 역사를 되풀이하지 않도록 해야 할 것이다. 즉, 국제관계는 국력이 곧 정의라는 공식을 알게 해야 한다.

명군 참전으로 조선의 전력은 약화되었다

임진왜란 시 명군이 처음 조선으로 온 것은 1592년 6월 19일이었다. 부총병 조승훈이 3,500여 명을 이끌고 조선으로 건너왔고, 그 뒤로 후속 병력이 속속 들어와서 7월 17일에는 약 5,000명의 병력으로 평양성을 공격한다. 조승훈은 왜군을 얕보고 무모하게 덤벼들었다가 왜군에 대패하고 물러난다. 그의 부장인 유격장군 사유와 천총 마세륭, 장국충이 전사하고 참담한 패배로 끝난다.

그리고 예상외로 왜군의 전력이 강하다는 것을 안 명나라는 이여송과 경략 송응창이 지휘하는 45,000명의 병력으로 1593년 1월 18일 두 번째로 평양성을 공격한다. 명군은 나름대로 준비를 했기 때문에 조선군과 함께 평양성을 탈환했지만, 왜군의 조총 사격으로 적잖은 피해를 입었고, 왜군의 수뇌부는 고니시를 비롯해서 모두 살아서 무사히 평양성을 탈출했다. 그러나 조선은 그때까지 명군이 왜군을 이 땅에서 깨끗이 쓸어버릴 거라고 기대하고 있었다. 그런데 평양성 탈환 후 그 기대는 산산이 조각나고 만다. 명군은 패주하는 왜군을 추격하지 않고 다음날인 9일에는 전사한 병사의 위령제를 지내다가 여러 장수들을 보내 추격했지만, 황주에서 모두 돌아와 버렸다. 조선으로서는 이해할 수 없는 처사였다. 유성룡은 그의 저서 징비록(懲毖錄)에서 왜군을 추격하지 않은 것에 대해 울분을 토하고 있다.

"적장 평행장과 평의지, 현소와 평조신 등은 남은 군사를 이끌고 밤을 틈타 달아나기에 바빴다. 그들은 기운이 빠지고 발이 부르터 걸음을 제대로 걸을 수조차 없게 되었으며, 무릎으로 기어 밭고랑에 엎드려 숨기도 하고, 인가에 들어가 밥을 훔쳐 굶주림을 면하는 형편에까지 이르렀다. 그러나 이때 우리나라에서는 한 사람도 이를 치는 군사가 없었고, 중국 군사 또한 그들의 뒤를 추격하지 않았다. 오직 이시언만이 그 뒤를 쫓았지만 역시 치지는 못하고, 다만 굶주리고 병들어 뒤떨어진 왜병 60명만을 베었을 뿐이다. 이때 왜장 중에서 서울에 남아있던 자는 우키다 히데이에(平秀嘉)였다. 그는 나이 어린 탓에 군무를 지휘하지는 못하고, 다만 고니시 유키나가의 제재만 받는 형편에 지나지 않았다.

한편, 가토 기요마사(淸正)는 함경도에서 돌아오지 않고 있을 때였다. 만일 행장, 의지, 현소 등만 사로잡는다면 서울에 있는 적은 저절로 무너질 판국이었다. 서울이 무너진다면 가토 기요마사가 돌아갈 길도 자연히 막히는 것이다. 그렇게 되는 날에는 적의 군심(軍心)이 흉흉해지고 반드시 바다를 끼고 달아나지 않는 한 어찌할 수 없을 것이다. 한강 남쪽에 있는 적 또한 따라서 와해되었을 것이 뻔한 사실이다. 이때를 타서 구원병이 북을 울리고 추격한다면 부산까지 아무 거리낌 없이 내려쫓았을 것이 아닌가? 이대로만 했더라면 잠깐 사이에 온 나라가 맑고 깨끗했을 것이니 수년 동안 분분했던 전쟁이 왜 있었을까 보냐? 한 사람의 잘못으로 천하 대사를 그르쳤으니 실로 통석할 일이로다."라고 하였다.

그리고 평양성 탈환 시 더 문제가 되었던 것은 명군이 죽인 왜군 중에서 상당수가 조선 백성들이었다는 것이다. 이날의 전투를 직접 목격한 명의 산동도어사(山東都御使) 주유한(周維翰)이 올린 보고서에서 평양전투 시 명군이 벤 수급 중에서 반 이상이 조선 백성이며, 불에 타 죽거나 물에 빠져 죽은 1만여 명도 모두 조선 백성이라고 하였다. 이 보고서가 문제가 되어 명나라 조정에서는 포정 한취선(韓就善) 등으로 평양에 직접 가서 진위를 조사하게 했지만, 별다른 조치는 없었던 것으로 전해지고 있다.

그러나 그것은 어쩌면 시작에 불과한 것인지도 모른다.

또다시 가슴을 치고 통분하면서도 어이없는 일이 조선의 앞을 가로막고 있었다. 평양성 전투에서 승리한 이여송은 왜군을 우습게 보고 준비를 소홀히 한 채 왜군을 추격하다가 벽제관에서 매복해있던 왜군에게 치명타를 입고 물러난다. 이여송이 간신히 목숨을 건져 도망쳤을 정도이다. 벽제관에서 혼쭐이 난 명군은 더 이상 왜군과의 전투를 회피했다.

전투를 회피한 것만 아니라 어쩔 수 없이 왜군이 한양에서 남쪽으로 철수할 때도 추격하지 않았을 뿐만 아니라 추격하려는 시도조차 하지 않았다. 오히려 추격 금지령을 내려 조선군이 일본군을 공격하는 것을 강력히 막았고, 그도 모자라 멀리서 왜군을 호위하며 엄호해주는 어처구니 없는 일이 벌어졌다. 일부 조선 병사들이 왜군을 치려고 하면 명군 지휘관들이 화를 내며 이를 저지하는 일들이 빈번히 일어났다. 왜군과 명군 사이에 왜군은 서울을 내줄 테니 명군은 왜군의 안전한 철수를 보장한다는 상호 간의 약속이 있었던 것이다. 그것도 모르고 조선은 지금 바로 왜군을 추격해야 한다고 졸랐으나 조선의 요구를 들어줄 리가 없었다. 이때 명군을 접대했던 예조판서 윤근수(尹根壽)는 행재소(行在所)에 이런 보고서를 올렸다.

"우리 군사들이 적을 쫓아가면 명나라 장수들이 쇠사슬로 묶어서 협박하고 방해해서 우리 군사들이 통곡하고 돌아가고 맙니다."라는 보고서를 올리기도 했다.

참으로 원통한 일이다. 만약 이때 명군이 조선군과 같이 왜군을 추격하여 끝까지 섬멸했더라면 임진왜란은 조기에 종결이 되었을 것이다. 서울에서 철수하는 왜군은 말이 철수이지 그것은 처절한 퇴각이었다. 그 당시 왜군은 추위와 굶주림에 지쳐 있었고 잦은 조선군과 의병의 기습 및 보급 두절로 최초 침략 당시의 병력이 약 반으로 줄어들어 전투력이 저하될 대로 저하되어 왜군은 어쩔 수 없이 퇴각하고 만 것이다. 명군은 그렇더라도 조선군과 의병만이라도 추격을 했어도 왜군은 추가로 상당한 병력을 손실했을 것이다. 그러나 작전권을 쥐고 있는 명군이 허용하지 않는 한 가슴을 치고 있을 뿐이었다. 애초에 그들은 평양에서 승리하고 서울에서 왜군을 쫓아낸 것으로 그들의 목표를 달성했다고 생각한 것이다. 그들은 명국의 본토로 왜군이 침략하는 것을 조선에서 막아내기 위한 것이 그들의 참전 목표였던 것이다.

그래서 그 후에도 그들은 적극적으로 전투에 참가하는 것을 꺼렸다. 그리고 조선군도 왜군과 이전처럼 제대로 싸울 수가 없었다. 조선군이 왜군과 싸우는 것을 엄격히 금지시켜 버렸다. 그래서인지 명군 참전 후 조선군이 왜군과 싸워서 승리한 전투는 없다. 1차 진주성 전투와 행주대첩, 그리고 이순신 장군의 해전이나 여타 이긴 전투는 노량해전을 제외하고는 명군의 도움을 받지 않고 조선군이 독자적으로 치른 전투였다. 명군이 파병되면서 왜군에게 심리적인 압박은 되었지만, 조선군에게는 그들의 소극적인 참가와 방해로 오히려 걸림돌이 되었던 것이다. 그러다 보니 조선군과 의병들은 싸울 의욕을 잃어갔다. 그래서 명군의 참전은 의병을 포함한 조선군에게는 오히려 전투력 저하를 초래하는 결과를 가져오고 말았다.

그런데 그들의 방해 말고도 의병과 조선군의 전투력을 저하시킨 더 큰 요인이 있었다. 왜군과의 전투에는 소극적인 명군은 조선인을 상대로 한 횡포를 부릴 때는 누구보다 용감했다. 작전권을 쥐고 있는 명군이 평양전투에서처럼 조선 백성을 상대로 한 약탈이나 살인, 겁탈 등의 범죄를 저질러도 조선 조정은 이를 처벌할 수가 없었다. 명군병사들의 처벌권한을 쥐고 있는 명군 수뇌부는 병사들의 사기진작을 위해서 이런 야만적인 행동을 눈감아 주었으며, 그러한 횡포는 갈수록 심해졌다. 그리고 조선을 괴롭힌 것은 그들의 횡포만이 아니었다.

평양성 전투 후에는 명군이 남하하여 영호남 지역에 주둔하면서 조선에서 모든 군량과 마초를 공급해야 했다. 운송이 발달하지 않은 데다가 명군에게 마소를 약탈당하다 보니 충분치 못한 군량을 운반하는 것도 쉬운 일이 아니었다. 몇만 명의 명군에게 공급할 군량이 준비되어 있는 것도 아니었기 때문에 조선에서는 백성이나 관군, 그리고 의병이 가지고 있던 군량을 긁어서 명군에게 공급해야 했다. 명군은 군량이 모자라면 철수하겠다고 위협했기 때문에 조선 조정에서는 그들의 군량공급이 모든 것에 우선한 일이 되고 있었다. 어렵게 마련한 군량을 운반하기 위해 눈에 보이는 백성들을 잡아다가 어쩔 수 없이 남부여대(男負女戴)로 운반했지만, 동원된 사람은 보상을 받는 것도 아니었기 때문에 도망치기 바빴다. 그러다 보니 조정에서는 의병까지 동원해 명군에게 먹일 군량을 운반하게 했다. 명군에게 먹일 군량을 공급하기 위해 의병들이 명군 군량 운반하는 데까지 동원되고, 조선군과 의병이 먹을 양식까지 빼앗기다 보니까 제대로 먹을 것이 없어 허약해질 수밖에 없었고, 그로 인해 전란 초기에 왕성했던 의병 조직은 급속도로 와해되었으며, 그것은 조선군과 의병의 전력에 심각한 타격을 가져왔기에 조선의 전체적인 전력은 약화하여 갈 수밖에 없는 결과를 가져왔다.

또한, 명군의 횡포와 그들의 군량 및 마초를 공급해야 했던 이때 백성들의 고초도 이만저만이 아니었는데, 이러한 어렵고 혼란한 시기를 틈타 충청도 홍산에서는 이몽학의 난이 일어났다. 왜군을 몰아내는 데 총력을 기울여도 모자랄 판에 내부에서 난까지 일어난 것이다. 난을 주동한 이몽학은 내부 배신자의 소행으로 목이 달아나 다행히 난은 평정되었지만, 조선 조정은 굶주린 백성 구휼과 왜군과의 전투에 총력을 기울여야 함에도 내부의 난을 진압하는 데 많은 전투력이 소모되어 또 다른 전력약화 요인이 되었다.

이래저래 명군은 왜군을 이 땅에서 몰아내려는 조선군에 대해 직접적인 방해와 그들의 군량 및 마초 조달과 관련하여 조선 백성과 조선군 및 의병들에게는 엄청난 짐을 지웠을 뿐만 아니라, 조선군과 의병의 식량까지 빼앗아 갔기 때문에 전력을 급속도로 약화시켰다.

천군임을 자처하고 구원군으로 왔다는 명군은 조선에 크나큰 애물단지가 되어버렸다. 그러한 행동은 정유재란을 거쳐 전란이 종식될 때까지 계속되었다. 그것은 외침에 대비하지 않은 처절한 수모를 생각하지도 않았던 또 다른 적으로부터 당한 것이라고 볼 수 있다. 우리나라는 지정학적으로 대륙과 해양세력의 요충지인 만큼 국력이 약할 때는 항상 양대세력의 전쟁터가 되었다. 임진왜란뿐만 아니라 한말 열강들의 세력다툼이 그러했고, 6·25가 그러한 전쟁이었다. 국력을 더 신장시켜 한쪽의 외침으로 당하고, 또 한쪽의 오만함에 수모를 겪는 역사가 다시는 되풀이 되지 않기를 기원한다.

서울에서 왜군은 어쩔 수 없이 퇴각했다

조선에 상륙한 지 60여 일 만에 전 국토를 유린한 왜군은 그들이 점령한 북쪽 지방에서 쫓겨나고, 급기야는 1593년 4월 18일 서울을 빠져나가 남쪽으로 퇴각한다. 그러나 그것은 퇴각이 아니었다. 처절한 패배의 그림자가 드리워져 있는 뼈아픈 집단 도주였다. 그 도주로 인해 임진왜란은 종식될 것 같았다. 그러나 그것이 아니었다.

1593년 1월 8일 승승장구 하던 왜군은 조·명 연합군의 공격으로 그들이 점령하고 있던 평양성을 빼앗기고 서울로 철수한다. 서울로 철수한 왜군은 전세를 만회하고 군량미를 획득할 뿐만아니라, 그들의 건재를 과시하기 위해 행주산성을 공격한다. 평양성에서 패배한 왜의 고니시군은 애초에 상륙한 18,700명 중 서울로 살아서 돌아온 병력은 6,629명에 불과했다. 그 7천여 명과 경기도에 있던 병력을 합쳐 약 3만 명의 병력으로 행주산성을 공격했다. 이에 맞선 권율의 군사는 2,300명이었다. 수적으로는 비교가 안되는 싸움이었다. 그러나 왜군의 공격을 예견하고 사전에 각종무기와 화약은 물론, 목책을 설치하는 등의 준비를 나름대로 해놓았기에 왜군의 저돌적인 공격에 효과적으로 대항할 수 있었다. 1593년 2월 12일 새벽에 시작된 전투는 저녁까지 계속되었다. 조선군의 열 배나 많은 왜군의 끊임없는 공격에 화살이 바닥나는 위기에 몰렸으나, 때마침 충청수사 정걸(이때 그의 나이가 79세였다)이 두 척의 배에 화살을 가득 싣고 한강을 거슬러 올라왔다. 실로 백만원군에 버금가는 결정적인 지원이었다. 다시 힘을 얻은 조선군은 치열한 접전 끝에 총사령관인 우키다 히데이에가 지휘하는 왜군을 물리쳤다. 왜군 입장에서는 차후 협상에서 유리한 고지를 차지하고 연이은 패배로 떨어진 사기를 올릴 수 있는 기회로, 반드시 이겨야 하는 전투였기에 총사령관이 직접 지휘할 만큼 중요한 한판이었다. 그러나 왜군은 평양성에 이어 또다시 패배하고 서울로 되돌아갔다.

그리고 함경도로 올라갔던 가토 기요마사군도 서울로 철수했는데, 함경도를 무혈로 점령한 가토군은 1592년 7월에는 이붕수가 주축이 된 정문부 장군의 의병에게 쫓기고, 혹독한 추위와 굶주림으로 천신만고 끝에 서울에 도착할 수 있었다. 가토 군은 최초 상륙한 2만 2천 명 중 서울로 돌아온 것은 1만 3,136명으로 40%의 병력을 잃어 역시 고니시군과 마찬가지로 전투력이 현저히 떨어져 있었다.

이때 왜군은 조선 수군과 의병의 활동으로 손실군졸에 대한 보충 및 보급이 안 되어 전투력이 땅에 떨어지는 바람에 의병과 명군에 쫓겨 속속 서울로 집결하였는데 이미 고니시군은 64.5%, 가토군은 40%의 병력이 죽었고, 황해도에 진출했던 구로다군은 1만 1천 명 가운데 7,321명이 살고 4,379명이 죽어서 33.4%, 서울에 주둔하던 총사령관 우키다 히데이군은 1만 명 중 5,352명이 살고 4,648명이 죽어서 46.5%, 전라도 점령에 실패한 고바야카와군은 1만 5,700명 가운데 9,552명이 살고 6,148명이 죽어서 39.1%의 병력을 잃었다. 이렇게 해서 조선에 상륙한 왜군은 최초 15,8,700명에서 43,000명이 추가로 투입되어 20만 1,700명이 되었고, 이 중 37%인 75,613명을 잃어 잔존병력은 125,857명으로 서울에 집결한 병력은 5만 3천 명이었다.[11] 잔존 병력 중에도 많은 수의 병력이 부상으로 허덕이고 있었다.

그리고 서울에 집결한 왜군은 살아있어도 살아있는 사람이 아니었다. 1592년 봄에 상륙한 그들은 봄옷을 입고 있었다. 이순신 장군과 의병의 활약으로 혹독한 추위에도 겨울옷을 보급받을 수 없었다. 약 10개월간 그들은 옷 한번 갈아입지 못하고 봄옷 차림인 상태에서 전혀 예상하지 못했던 지독한 조선의 추위와 싸워야 했다. 거기에다가 보급이 안 되는 상태에서 식량마저 조선 백성이 농사를 짓지 못해 현지에서 조달할 수가 없어서 굶주려야 했다. 그렇기 때문에 그들은 그야말로 거지 중에서도 약한 바람에도 쓰러질 것 같은, 피골이 상접한 상거지 꼴을 하고 있었다. 그 상거지

---

11 김연수, 『임진왜란 비겁한 승리(서울: 도서출판 앨피, 2013)』, pp. 198~200

병력 중에서도 부지기수가 동상으로 손과 발이 얼어 있었다. 추위에다가 허기에 지친 상태에서 그들은 서울로 집결하였으나 서울의 사정도 크게 다르지 않았다.

서울이라고 해서 추위를 이길 수 있는 따뜻한 옷이 있는 것도 아니었고, 무한정 식량이 비축되어 있는 것도 아니었다. 조선군과 명군이 서울을 포위하고 식량이 바닥나기를 기다리면 그들은 굶어 죽을 수밖에 없었다. 이런 상황에서 왜군의 용산 병창에 충청수사 정걸 휘하의 결사대가 침입하여 2개월분의 군량미를 불태워버리고 말았다. 그것은 그들의 운명을 재촉하는 일이었다. 그리고 수군 활동과 각처에서 일어난 의병에 의해 병참선은 이미 완전히 차단되었고, 추위와 굶주림에 시달리고 있는 그들에게 의병은 언제 어디서 나타나 그들의 생명을 앗아갈지 모르는 상황인데다, 북방의 여진족이 압록강을 건넌다는 소문이 또 왜군의 마음을 심하게 압박해 왔다. 두만강을 건너 여진 지역으로 들어갔다가 호된 반격을 당해 그들에게 쫓겨 역으로 두만강을 건넌 가토는 왜군의 조총을 전혀 두려워하지 않는 여진족의 규모를 가늠할 수 없어서 이번 전쟁에 투입된다면 굉장히 위협적인 존재로 생각하고 있었다. 이제 왜군이 싸워야 할 적은 조선 관군과 명군, 조선 의병과 살을 파가는 듯한 추위 및 굶주림, 그리고 장차 그들 앞에 나타날 수 있는 여진족 등 한둘이 아니었다. 조선 백성을 비롯해 조선에 있는 모든 것이 왜군에게는 위협적인 존재였다. 그들은 의기충천했던 초기와는 달리 아무것도 장담할 수 없는 완전히 고립된, 처량하고도 불쌍한 신세가 되었다. 서울에 있는 왜군은 얼마 못 가 굶어 죽을 처지에 놓이게 된 것이다. 그들이 선택할 수 있는 것은 남쪽으로 철수하는 것밖에는 없었다. 그렇지 않으면 굶어 죽는 것 말고는 다른 방도가 없게 되어버린 것이다. 금방이라도 조선을 점령할 것 같던 초기와 달리 지금은 전투한다는 것 자체가 무리였다. 이때 조·명 연합군이 전투력을 집중해서 일거에 공격하면 왜군을 섬멸한다는 것은 시간문제였다.

이러한 모든 상황을 파악한 조선주둔군 총사령관 우키다 히데이에는 1593년 3월 3일 조선에 주둔한 왜군 최고위 장수들을 서울로 불러모아 회의 끝에 부산으로 철수할 것을 결정하고 도요토미 히데요시의 결정을 기다리기로 한다. 그리고 이때가 되어서 도요토미 히데요시는 이 전쟁이 잘못된 것이라는 것을 깨달았다. 100년에 걸친 내란을 평정한 군사전문가인 도요토미 히데요시도 상황판단을 정확히 한 다음 경상도 남부지역으로의 철수를 허락하였다. 철수 외에는 다른 방안이 없었다. 왜의 주력군을 서울에서 굶겨 죽일 수는 없었다. 이미 상황파악을 하고 있었던지 도요토미 히데요시는 서울에서의 회의 결과를 보고받기 전인 2월 27일 명령서를 작성하였고, 3월 10일 서울에 도착한다. 이제 남쪽 지방으로의 왜군 철수는 기정사실로 되었다.

그러나 지금부터가 문제였다. 철수한다고 저절로 문제가 해결되는 것은 하나도 없었다. 서울에서 경상도 남쪽 지방까지는 천 리 길이다.

추위와 굶주림에 지쳐 있는가 하면 계속된 패배로 사기는 땅 밑으로 떨어져 있고 많은 수가 부상인 상태에서 천 리 길을 걷는다는 것은 만만한 게 아니었다. 그리고 조선 관군과 명군이 물밀 듯이 추격해오면 속수무책이다. 자칫 철수 간에 전멸할 수도 있는 것이다. 또 곳곳에서 의병들의 공격을 받을 것은 불을 보듯 뻔한 것이다. 이것저것 모두가 왜군의 발목을 잡고 있는 것밖에 없었다. 철수 간에는 정규군의 추격과 의병의 공격에 그대로 노출될 수밖에 없었다. 그리고 선조는 이순신 장군에게 명령을 내려 철수하는 왜군의 퇴로를 차단하여 모조리 격멸하라고 하였다. 이에 이순신 장군은 도주하는 왜군을 차단할 준비를 서둘렀다. 이렇게 해서 조·명 연합군은 왜군을 조선땅에서 일거에 사냥하듯 몰아낼 수 있는 절호의 기회를 잡고 있었다.

그런데 이러한 것들이 왜군에게는 살아남기 위한 절박한 상황이 될 수밖에 없었다. 그래서 그들이 선택한 것이 명과의 협상이었다. 전투를 할 수 없기에 철수를 서두르게 되었고, 전투력을 보존한 채로 철수하기 위해서는 협상을 할 수밖에 없었다. 왜군은 안전한 철수가 가장 다급한 과제였다. 왜군은 안전한 철수를 위해서 모든 역량을 협상에 집중했다. 그것은 협상이 아니라 철수를 구걸하기 위한 왜군의 술수였다. 왜군의 협상대표 고니시는 안전한 철수를 보장받기 위해서는 명나라 협상대표 심유경에게 무엇이든지 양보할 의사가 있었다.

이 협상에서 명은 뼈저린 실수를 하고 만다. 애초에 명군이 조선에 들어온 것은 나중에 명나라를 침략할 왜군을 조선에서 저지하는 것이었지, 조선이라는 나라를 구하고 참혹하게 조선 백성의 목숨을 앗아간 것에 대한 앙갚음을 하려는 것이 아니었다. 그들은 명나라에 대한 위협만 제거하면 된다고 생각했다. 그런데 왜군이 명나라의 코앞에까지 왔다가 전쟁의 패배를 인정하는 굴욕적인 조건에도 스스로 물러간다고 나오니 명나라의 입장에서는 더 이상의 희생 없이 왜군을 물리치는 것이 되었다. 그것으로 그들은 엄청난 승리를 하는 것으로 판단했다. 그래서 조선이 배제된 협상은 4월 8일 간단하게 끝나고 말았다. 왜군 입장에서도 철수를 구걸해서 그들의 의도대로 협상을 마무리한 것이다.

이때 협상에서 합의된 내용은 첫 번째로 일본군은 부산 방면으로 철수한다. 명군은 이를 추격하지 않을 뿐 아니라 조선의 관군과 의병들이 철수 행렬을 도중에서 습격하는 일이 없도록 예방조치를 한다. 일본군도 철수 도중 약탈, 강간, 살인 등 난동을 부리지 않을 것을 맹세한다. 두 번째로 두 왕자 임해군과 순화군은 일본군의 서울 철수와 동시에 조선 측에 인도 한다. 세 번째로 명나라는 일본에 강화사(講和使)를 파견하여 히데요시의 진의를 확인하고 일본에 봉공(封貢)을 허락한다. 네 번째로 강화가 성립되 고 봉공이 시행되면 일본군은 즉시 부산 방면에서 철수하여 본국으로 돌아 간다. 다섯 번째로 심유경은 이 협정에 대한 명나라의 인준을 얻어가지고 4 월 9일까지 다시 서울로 돌아온다는 다섯 가지 내용이었다. 한마디로, 명군 은 왜군이 서울에서 안전하게 철수하게 해줄 테니 걱정하지 말고 빨리 서 울을 떠나라는 것이었다. 우리로서는 말도 안 되는 합의내용이었다. 그러나 작전권과 협상권 모두 명나라가 가지고 있던 상황이라 조선은 협상을 먼발 치에서 바라보고 있다가 어이없는 결과를 받아들일 수밖에 없었다.

이 협상에 따라 왜군은 1593년 4월 18일 마침내 서울에서 철수하기 시 작했다. 조선군의 추격을 명군이 엄호해주는 희한한 상태에서 5만 8천여 명의 서울과 경기지역에 있던 왜군은 죽음의 공포와 굶주림에서 무사히 벗 어날 수 있었다. 아마도 적군의 철수를 엄호해준 군대는 명군이 세계 최초 이자 마지막일 거라 생각된다. 왜군 입장에서는 기적과 같은 것이었다. 전 멸할 수 있는 위태한 상황에서 피 한 방울 흘리지 않고 협상으로 완벽한 철수를 한 것이다. 그러나 그들은 방패용으로 사용할 조선 백성 1천여 명 을 인질로 잡아 앞세우고 태연한 척하면서 남으로 내려갔다. 그리고 철수 하는 도중에는 조선 악공들을 시켜서 악기연주를 하는 등 패전하여 철수 하는 것이 아니라는 모습을 연출했지만, 그것은 철수가 아니라 귀신 몰골을 하고 남으로 내려가는 퇴각이었다. 퇴각이 아니라 어쩔 수 없이 남으로 내려가는 처절한 집단도주라고 해야 바른 표현일 것이다.

서울에서 철수하면서 왜군은 죽음의 공포를 안고 하루하루를 살고 있던 조선 백성을 모조리 학살했다. 처음 서울을 점령했을 때 왜군은 피난하지 않고 남아있는 조선 백성들을 모조리 도륙했기에 사람이 없었다. 그렇게 되자 피난해 있는 백성이 성으로 돌아오면 통행증을 주어서 안전하게 살 수 있다고 회유하여 꾀나 많은 백성들이 성으로 돌아와 왜군들과 같이 살고 있었다. 그러나 왜군은 철수하면서 조선군에 협조할 거라고 생각하여 보이는 대로 죽여버린 것이다. 그래서 왜군이 서울을 철수한 직후 도성의 참상은 지옥 그 자체였다. 죽은 사람이 길에 가득하고, 썩어가는 사람의 살이 하천을 막았다. 수구문 밖에는 썩은 시체가 산더미 같았는데, 성보다 두어 길이나 높았고 살아있는 자라 해도 모두 얼굴빛이 도깨비나 다름없었다. 천신만고 끝에 살아남은 백성들은 굶주림에 시달리고 거의 모든 궁궐과 민가가 불태워져 당장 기거할 집도 없었다. 집을 잃고 굶주림에 시달리면서 죽어나가는 사람이 계속 줄을 이었고 견디다 못한 백성은 시체를 먹는 바람에 살점이 붙어있는 시체가 없었고, 강한 자는 약한 자를 잡아먹었다고 한다. 왜군이 지나간 서울은 그야말로 생지옥을 방불케 하고 있었던 것이다. 서울의 인구는 자료마다 차이는 있지만, 왜군에 의한 몇 번의 계획된 학살 끝에 전쟁 전에 12만이던 것이 서울 탈환 후 모인 백성은 3만 5천이었다.[12]

이런 참혹한 만행을 저지르고 왜군이 물러나자 유성룡은 이여송을 만나 도주하는 왜군을 추격하자고 하였으나, 두 왕자의 신변안전을 핑계로 공격

---

12 백지원, 『조일전쟁(서울: (주)진명출판사, 2009)』, p. 223

하지 않았다. 그리고 권율 장군이 유성룡의 비밀 지령을 받고 파주에서 출발하여 왜군을 추격했으나, 명군 유격장 척금에게 저지당했다. 조선 백성과 장수들은 철천지원수들이 눈앞에서 거리낌 없이 여유 있게 서울을 빠져나가 남으로 내려가는 더러운 꼴을 가만히 지켜보아야만 했다.

이렇게 하여 왜군은 5월 13일 밀양에 도착함으로써 침공 1년 1개월 만에 개전초와 같은 위치로 돌아갔고 200년 도읍의 서울은 12개월 만에 수복되었다. 무혈로 점령당하고 무혈로 수복하였다.

그러나 왜군은 남쪽 지방으로 철수하자마자 숨돌릴 틈도 없이 곧바로 진주성 공격을 준비한다. 어쩔 수 없이 협상에 의해 전투력을 보존한 채로 철수를 완료하자 그들은 그 전투력을 진주성 공격에 쏟아 부었다. 명은 철저하게 왜의 협상전술에 속은 것이다. 봉공이 시행되면 본국으로 철수하기로 하였으나, 철수는커녕 안전지대로 철수가 완료되고 전투력이 회복되자, 합의사항을 어기고 오히려 또 다른 전쟁을 시작하려는 것이다. 뒤늦게 그것을 깨달은 명은 진주성을 침략하지 않도록 노력하였으나 허사였다. 잘못된 협상은 애꿎은 진주성민 6만 명이 희생되는 결과를 초래했다.

서울에서 도주하기 전에 조·명 연합군은 철저하게 왜군을 섬멸했어야 했다. 다시는 재기할 수 없도록 짓뭉개버렸어야 했다. 애초에 협상은 왜군이 도주를 애걸하기 위한 것으로 명은 그들의 술수에 말려든 것이었다. 협상 전 명은 왜군의 상황을 더 철저히 파악했어야 했다. 협상 시 도저히 전투를 할 수 없을 정도인 왜군의 거지 같은 꼴을 정확히 파악했다면 그렇게 쉽게 퇴로를 내주지 않았을 것이다. 명군의 군사력으로 협박하든지, 아니면 실제로 무력시위를 해서 항복을 받아냈어야 했다. 아니면 도주 중이라도 끝까지 추격을 해서 전투 의지를 말살했어야 했다. 그러나 아쉽게도 구걸하는 왜의 조건을 너무 쉽게 수용하고 말았다. 서울에서 온전히 도주한 왜군은 그 전투력을 진주성에 집중하여 점령하고 6만 명의 성민을 도륙하였을 뿐만 아니라, 그 전투력을 활용해 정유재란을 일으켜 조선을 재침할 수 있었다. 결국, 명은 협상에서의 실패로 정유재란 시 엄청난 그들의 전투력 손실을 감수해야 했다.

그리고 그때 협상이 아니라 강경하게 밀어붙였다면 임진왜란은 조기에 종식될 가능성이 있었다. 그러나 잘못된 협상에 의해 이후 6년간이나 더 전쟁을 지속하게 되었다. 이때 왜군의 서울 도주 시부터 재침까지는 4년의 기간이 있었는데, 조선 조정은 어려운 시기였지만 그 기간에 정신을 차리고 군비를 갖추었어야 했다. 그러나 나라의 방비를 명에 의존한 채 대비를 게을리하였다. 개전초나 별반 다를 게 없었다. 그 결과 정유재란이라는 또 다른 몸서리 나는 전쟁을 치르면서 수많은 무고한 백성들이 죽어가고 살아있는 백성이 겪어야 했던 고초는 더 이상 말이 필요 없을 지경이었다.

힘이 없어 실패하는 협상을 먼발치에서 지켜봐야 했던 조선 조정은 가슴을 쳤을 것이고, 그 실패가 진주성 전투의 패배와 정유재란으로 또다시 참혹한 전쟁의 참화를 반복할 때는 분통을 터뜨렸을 것으로 생각된다. 외침에 미리 대비하지 않은 대가가 무엇인지 조선 조정은 골백번도 더 몸으로 겪어야 했다. 앞으로 주인인 우리가 우리 역사의 방관자가 되지 않기 위해 우리 스스로의 힘을 기르는 것을 게을리하지 말아야 할 것이다.

제7장

왜군은 조총, 조선군은 판옥선과 화포

왜군은 전체가 조총으로 무장한 것이 아니었다

조선군과 왜군 무기중 어느것이 우세했을까

전선(戰船)들은 전투 시 돛이 없었다

왜군은 전체가 조총으로 무장한 것이 아니었다

　임진왜란 시 조선군은 초기에 육전에서 속수무책으로 당하기만 한다. 전투 같은 전투 한번 하지 않고 60일 만에 거의 전 국토를 상실한다. 전 국토를 상실하는 동안 굳이 전투다운 전투라면 부산성전투와 동래성전투가 있고, 그보다 훨씬 큰 전투인 탄금대전투와 임진강 방어선 전투가 있었지만 어떤 의미에서 그 전투들은 왜군에 의한 살육전이라고 해도 과언이 아니다. 그런 전투를 치르면서 왜군은 세계전사에서 유례가 없을 정도로 짧은 기간에 3천 리 강토를 점령한다. 현대전에서 기계화부대도 60일 만에 3천 리를 점령한다는 것은 적의 저항이 거의 없을 때의 일이다. 임진왜란 때는 도로나 기동수단이 지금과는 비교가 안 될 정도로 열악했는데도, 그렇게 짧은 기간에 적군에게 전 금수강산이 점령당했다는 것이 우리의 되돌리기 싫은 수치스런 역사의 일부이다. 물론, 많은 희생을 치른 후 전란을 극복하지만, 우리의 가슴 아픈 역사를 지울 수는 없다.

　그러면 왜 우리는 전란 초기에 속수무책으로 당하기만 했는가?

　근본원인은 우리가 대비를 소홀히 했기 때문인데 구체적 요인 중 하나로 꼽을 수 있는 것이 왜군은 조총을 보유하고 있었고 우리는 그것에 대해 전혀 아는 것이 없었다는 것이다. 바로 날아가는 새도 떨어뜨린다고 해서 조

선군이 명칭을 조총(鳥銃)으로 붙이지 않았던가? 왜군은 조총을 뎃포(철포)라고 불렀는데, 조선에서는 조정 일부를 제외하고는 조선군과 일반백성들이 조총

무장한 왜군과 조총

에 대해서는 전혀 모르고 있었다. 그래서 전란 초기에 상상도 못했던 조총의 위력과 그 소리에 놀란 조선군은 힘 한 번 써보지 못하고 후퇴하기에 급급했다. 조선군에게 조총은 공포 그 자체였다. 일본에서는 조총의 위력이 입증된 후에는 무모하게 일을 저지르는 것을 나타내는 말로 무뎃포(無鐵砲)라는 용어를 사용하는데, 그것은 바로 조총도 없이 전투에 임한다는 뜻이다. 그리고 그 무뎃포가 우리나라로 전래되어서 무대뽀라는 말이 생겨난 것으로 추측된다. 그만큼 조총은 그 당시에는 위력이 대단했던 것이다.

그래서 임진왜란을 주제로 한 드라마에서 왜군이 나올 때는 으레 조총 사격하는 장면이 나온다. 그것도 일렬로 늘어서서 일제히 조총 사격을 하면 그 앞에 있는 많은 조선군이 쓰러지는 화면이 단골로 등장하고 있다. 그리고 그런 장면에 익숙해 있기 때문에 왜군은 전 병력이 조총으로 무장하고 있는 것으로 알고 있다. 그만큼 조총 하면 임진왜란 시 왜군의 상징(?)처럼 우리에게 각인된 것이다.

그러나 그것은 분명 잘못 알고 있는 것이다. 임진왜란 시 모든 왜군이 조총으로 무장하고 있던 것은 아니었다. 그 당시 조총은 최첨단 무기인 것은 틀림없다. 그러나 그 당시에는 대량제조가 불가능했기 때문에 적의 사기를 꺾기 위해서 주로 선봉부대에서 운용되든지, 아니면 활과 조직적인 활용을 통해 운용 효과를 극대화했다.

이러한 조총은 처음부터 일본이 자체적으로 개발한 것은 아니다. 1543년 일본에 표류한 포르투갈 선원이 남기고 간 조총을 분해하여 다시 조립하고 모방하는 과정에서 조총을 만들게 되었고, 1575년 오다 노부나가가 나가시노 전투에서 1만 5천 명의 다케다 가쓰요리(武田勝賴)군과의 전투에서 3,000정의 조총이 처음 사용된 후 왜군의 주력 개인화기가 되었다. 그리고 계속 조총을 생산하여 임진왜란 시에는 3만 정이 있었던 것으로 전해지고 있다. 일본이 임진왜란을 일으키기 위해서 30만 명을 무장시켰으므로 왜군의 10%가 조총으로 무장하고 있었다고 보면 된다.

임진왜란 시 왜군이 사용했던 조총은 '아퀴바스(Arquebus)'라 불리는 것이었다. 이 총은 심지에 불을 붙이고 둥그런 총탄을 넣고 사격을 하는 방식이었다. 이 조총에 넣는 총탄은 오늘날의 개인화기 실탄처럼 앞이 뾰족한 형태가 아닌 콩알 같은 원형이었다. 그래서 조총의 사정거리는 100m 이내였다.[13]

이러한 조총은 심지가 다 탄 후에 탄환이 발사되기 때문에 장전에서 발사까지 시간이 오래 걸릴 수밖에 없었다. 아무리 숙련된 사수라도 1분에 2발[14] 밖에(박천홍은 『인간 이순신 평전』에서 1분에 4발까지 발사할 수 있다고 밝혔다) 쏠 수가 없었다. 그리고 비가 오거나 바람이 심하게 불면 사용이 제한되었다. 그 자체에 많은 문제를 안고 있는 개인화기인 데다가 대량생산이 안 되었고 고가의 비용 때문에 전체가 다 소지할 수가 없어서 조총을 소지하지 않은 병사는 다른 개인 병기로 전력의 공백을 채워야 했다. 그래서 왜군은 조총을 가지고 있지 않은 병력에게 활과 창을 휴대시켰다.

조총과 활, 그리고 창을 휴대한 병력으로 부대를 편성하여 전투를 할 때는 상호기능을 보완하면서 전투를 했기 때문에 효과를 높일 수 있었다. 즉, 먼저 조총병이 사격을 하고 나면 재장전을 위해서 2선으로 물러나고 재장전하는 동안 궁수가 앞으로 나와 활을 쏘아서 조총의 사격 공백을 채웠다. 이러한 사격을 반복한 후에 적의 전열이 무너지면 기마병이 돌격하

---

13 도현신, 『임진왜란 잘못 알려진 상식 깨부수기(서울: 역사넷, 2008)』, p. 88
14 도현신, 위의 책, p. 88

고 창병이 앞으로 나가 백병전을 벌여 전투를 마무 하였다. 즉, 조총과 활로 기능상의 공백을 보완하였고 창으로 근접전을 실시하여 원거리 무기와 근거리 무기의 적절한 활용으로 전술적인 효과를 극대화하였다. 그러면 왜 백병전을 할 때 칼이나 다른 장비를 사용하지 않고 대부분이 창으로 전투를 마무리하였느냐는 의문을 가질 수 있다.

그것은 먼저 전투력 발휘에서 칼보다 더 우수하기 때문이다. 창의 길이가 길면 길수록 근접전에서는 적보다 먼저 공격이 가능하기 때문에 창으로 무장하였고, 더불어서 찌르는 것 외에는 별도로 숙달시켜야 할 훈련 요소가 없어서 숙달하기가 쉽다는 장점 때문이기도 했다. 그리고 제조하기가 쉬워서이다. 칼이나 다른 무기를 만들기 위해서는 제련기술이 필요했지만, 창은 다른 무기보다 손쉽게 만들 수 있었기 때문에 대부분이 창으로 무장하였던 것이다.

한편, 조선은 일본보다 46년이 늦은 1589년에야 조총의 존재를 인식하게 되는데 통신사들이 복귀하면서 대마도 성주 소 요시토모(宗義智)에게서 공작새 두 마리와 조총, 창, 칼을 선물로 받아오는데 조총은 군사물자 제조를 맡았던 군기시(軍器寺)에 넣어두라고 할 뿐 관심을 보이지 않았다. 그때까지 조선은 그것이 몰고 올 엄청난 회오리바람을 전혀 예상하지 못하고 있었다. 바로 정보의 부재가 불러온 어이없는 결과라고 할 수 있다. 역사에서 가정은 필요없는 것이지만, 만약 그때 일찍이 조총에 대해 눈을 뜨고 그것을 전력화하였다면 우리의 비극적인 역사는 생겨나지 않았을 가능성이 많다.

미리 조총의 성능을 알고 운용과 관련한 전술을 이해하여 적절한 대응을 하였다면 20일 만에 서울을 점령당하지는 않았을 것이다.

항상 주변을 살피고 어떤 변화가 일어나고 있는지를 간파하여 그 변화를 주도하든지, 아니면 빨리 그 변화에 적응이라도 해야만 국가나 개인은 무한경쟁 속에서 생존할 수 있다. 주변의 국제정세에 눈을 뜨지 못하고 변화를 무시한 채 변화를 거부하다가 변화를 해야 할 시간을 놓쳐 버려서 엄청난 시련을 겪어야 했던 역사가 우리에게는 너무나도 많다.

조선군과 왜군 무기중 어느것이 우세했을까

조선군과 왜군의 무기는 육전에서는 활과 조총을 상징적인 무기로 생각할 수 있다. 그리고 해전에서는 판옥선과 안택선이 대표적인 함선이다. 그러면 육전과 해전에서 사용된 양쪽 무기 중 어느 것이 더 우수했는가? 하는 의문이 생긴다.

먼저 육전에서 사용된 무기부터 살펴보면 조선은 활로 무장하고 있었다. 일부는 총통과 검으로 무장도 했었고 의병과 승병들은 그러한 무기가 없어서 집과 절간에서 쓰든 농기구를 가지고 전투를 한 경우도 있지만, 대표적 무기는 활이었다.

예로부터 한반도 사람들은 활을 잘 쏘았는데 한반도 지형은 산이 많아 외침 시에는 수성전술이 잘 먹혔고 그러다 보니 농성에 가장 적합한 활이 발달하면서 활 쏘는 실력이 출중해졌다. 조선 시대 개인화기인 활은 각궁으로 명나라에서 들여온 물소 뿔로 만든 활이었다. 조선전기에 화약 무기가 보급되었으나 전투병기로서 활은 큰 비중을 차지하고 있었다. 이 활은 조총과 달리 우천이나 강풍이 불어도 사용할 수 있었는데, 이것은 바로 화약 무기의 결함을 보완시켜주는 구실을 하는 장점으로 작용했고, 조선왕조는 평상시 심신을 수련하는 수단으로 사대부의 소양 가운데 하나로 활쏘기를 강조하였다. 또 수련이 많이 되었을 때 일분에 4발을 쏠 수 있었다. 활은 길이가 1.8m인 장궁으로 크고 강했으며, 화살 길이가 1.2m로 사거리가 140m로 조총에 비해 성능이 크게 뒤지지 않았다고 볼 수 있다. 현재 국궁의 사거리가 145m인 것도 조선 시대 활의 사거리와 관련이 있을 것으로 추측된다.

이에 비해 조총은 당시 최신무기로서 육전에서 조선군에게 공포의 대상이었다. 긴 막대기에서 천지를 진동하는 소리가 날 때마다 조선군은 한 사람씩 쓰러져 갔기 때문에 초기에는 감히 대항할 엄두도 내지를 못했다. 그것은 조총의 위력이 대단했기 때문이 아니라 조총에 대해서 너무도 몰랐기 때문에 생전 처음 보는 그것의 생소함에 얼이 빠졌다고 보는 것이 옳은 표현일 것이다. 그 당시 조총은 사거리가 100m 내지 200m였으며, 구경은 1.4cm와 1.8cm짜리가 있었고 무게가 13.2g과 37.5g짜리 납탄을 쏘았으며 총에 맞았을 때 치사율은 약 20%였다.[15]

당시 조총은 발사할 때까지 여러 단계를 거쳐야 하는데, 숙련 정도에 따라 일분에 1발 또는 4발을 발사할 수 있었으며, 화승이 탈 때까지 시간이 걸린다는 단점이 있었고, 비가 오거나 바람이 심하게 불면 사용이 제한될 수밖에 없었다. 그래서 왜군은 활과 창검으로 무장한 병사를 적절하게 운용하여 조총의 단점을 보완하였다. 이렇게 볼 때 조총은 결코 활과 비교 시 반드시 우수한 무기라고 볼 수만은 없다.

그리고 근접전투 시에는 동일한 무기로 무장을 하였더라도 이미 국내에

---

15 백지원, 『조일전쟁』(서울: 진명출판사, 2009), p. 58

서 수많은 전투경험이 축적되어 있는 왜군에게 조선군은 상대가 되질 못했다. 조선군은 성안에서 성벽을 기어오르는 적을 창으로 내리치는 방어에 치중했지만, 왜군은 다른 성을 빼앗는 공격에 치중했기 때문에 칼이나 창으로 적을 살상하는 것에 숙달되어 있었다. 그나마 조선군은 임진왜란 초기에 성안에서 성벽을 기어오르는 적을 격퇴할 만큼 숙달된 정규군사도 거의 없다시피 하였으므로 창이나 칼은 어느 쪽 것이 우세하다고 비교하는 것은 큰 의미가 없다.

이렇게 임진왜란 초기 활과 조총으로 무장한 상태에서 조선군이 육전에서 왜군에게 속수무책으로 밀린 것은 왜군이 조선군은 전혀 몰랐던 조총으로 무장했기 때문이기도 했지만, 조선군이 이러한 신무기에 대한 이해가 전혀 없었고 일부가 조총으로 무장한 왜군의 전술에 대응할 수 있는 전술을 구사할 장수가 없었으며, 적절한 대응 전술을 가진 장수가 있었더라도 그 장수의 전술개념을 구현할 수 있도록 훈련된 군사가 없었기 때문이었다. 급조된 농민군으로 몇 번의 전투를 치렀지만, 신무기로 무장되어있는 훈련된 부대와 무기도 빈약한 상태에서 훈련이 전혀 되어 있지 않은 부대 간의 전투결과는 불을 보듯 뻔한 것이다. 즉, 지피지기에 의한 여러 대비가 부족했기 때문이지, 활이 조총에 비해 성능이 현격히 떨어진다든지 다른 무기체계가 좋지 않아서가 아니다.

육전과 달리 해전에서는 처음부터 끝까지 우세(칠천량해전 직후는 제외)를 유지했는데 물론 여러 가지 요인이 있지만, 판옥선과 판옥선에서 사용한 총통의 우수성도 한 요인으로 꼽을 수 있다.

그 당시 판옥선은 조선 수군의 주력 전투함으로 재질에서부터 왜 수군의 안택선과 비교 시 차이가 났다. 판옥선은 소나무로 만든 두꺼운 판자를 사용했고, 앞부분은 적의 사격으로 보호되도록 참나무를 덧붙였다. 이에 비해 안택선은 삼나무나 전나무로 만든 얇은 판자를 사용해 견고성 면에서 판옥선과 크게 비교가 되었다. 또 배를 건조 시에 판옥선은 나무못을 사용해 바닷물에 쉽게 녹이 슬지 않고 오랫동안 바닷물에 떠 있어도 못과 판자 사이에 틈이 생기지 않아 견고성이 그대로 유지가 되었다. 그러나 안택선은 쇠못을 사용해 바닷물에 쉽게 부식되어 못과 판자 사이에 틈이 생겨 견고성이 저하되었다.

또한, 판옥선은 다층 전투함으로 비전투 인원과 전투 인원을 분리배치가 가능하였다. 다층 전투함이기에 갑판이 비교적 높았으며, 격군은 아래층에서 노를 저었고 전투인원은 갑판에서 격군의 방해를 받지 않으면서 적을 내려다보며 공격할 수 있었다. 또한, 갑판에는 화포를 설치하기에도 좋았기에 성능이 우수한 여러 화포를 설치하여 원거리에서부터 화포에 의한 전투가 가능했고, 회전 능력에서도 판옥선은 배의 바닥이 평평한 평저선으로 제자리에서 비교적 신속히 회전이 가능했기에 한쪽 포를 발포할 때 다른 쪽의 배는 장전을 하고, 발포가 끝나면 신속히 배를 회전시켜 큰 공백없이 화포를 연속적으로 사격할 수 있었다. 돛을 운용하는 면에서도 판옥선은 2개를 운용하였고 순풍과 역풍에 관계없이 운용하여 배를 원하는 방향으로 격군의 힘을 덜 들이고 갈 수 있도록 하였다. 이러한 기존의 판옥선도 왜 수군의 안택선에 비해 성능이 우수한데 판옥선을 개량한 거북선은 더 말할 것도 없이 성능이 출중했다.

이에 비해 왜군의 안택선은 전투함보다 수송선에 가까운 배로서 다층인지는 확실하지 않으나, 선박건조기술의 차이로 대포를 줄로 매달아야 쏠 수 있을 정도로 진동에 쉽게 깨지는 배였고, 그래서인지 화포도 큰 화포를 설치하지 않았으며, 설치한 화포의 숫자도 판옥선보다 훨씬 적은 것으로 추정된다. 그리고 바닥이 뾰족한 첨저선으로 속도는 판옥선보다 빠르나 회전능력이 현저히 떨어졌으며, 자연히 화포운용 면에서도 판옥선과는 큰 차이를 보인다고 할 수 있다. 돛도 1개를 달았고 순풍에만 운영하였으며, 승선인원은 90명으로 최대 300명까지 승선이 가능했다.

이러한 여러 가지를 고려해볼 때 전선(戰船)의 성능은 비교가 안 될 정도로 판옥선이 우수했다고 볼 수 있다.

다음으로는 수군이 전선에 설치해서 사용한 무기들이다. 조선 수군은 판옥선에 각종 총통을 설치해서 활용함으로써 연전연승의 기반을 구축했으며, 이러한 총통은 天·地·玄·黃 등의 문자가 붙은 총통이 대표적인데, 천자문의 순서에 의해 차례대로 구경과 중량의 크기에 따라 붙여진 명칭으로 겉으로 본 생김새는 비슷하다고 할 수 있다. 먼저 천자총통(天字銃筒)은 임진왜란 시 사용한 화포 중에서 가장 큰 화포로 거북선과 판옥선에 장착되어 사용되었고, 화약 30냥(1냥은 3.75g)을 사용하여 대장군전을 발사하였는데 사거리는 900보였다.

다음으로 지자총통(地字銃筒)으로 천자총통 다음으로 큰 화기이며 화약 20냥을 사용하여 장군전을 쏘거나 조란환(鳥卵丸)이라는 철환(鐵丸) 200개를 쏘며 사정거리는 800보였다. 세 번째 큰 화기로는 현자총통(玄字銃筒)으로 4냥의 화약으

현자총통

로 차대전(次大箭)을 쏘면 800보, 은장차중전(隱藏次中箭)을 쏘면 1,500 보까지 날아가는 화포로써 조란환 100개를 쏠 수 있다. 또한, 거북선에 장착하여 적선을 향해 가장 먼저 철환을 발사하여 무찌르기 위해 차중전(次中箭)과 은장차중전(隱藏次中箭)을 쏘기도 하였다.[16]

네 번째 화기는 황자총통(黃字銃筒)으로 대형 총통 중에서 가장 작은 총통으로 화약 3냥을 사용하여 조란환 40개를 쏠 수 있고, 피령차중전(皮翎次中箭)을 쏘면 사거리가 1,100보이다. 후에 이것을 개량한 별황자총통(別黃字銃筒)이 개발되었다. 소형화기로는 승자총통이 있었는데 선조 초기에 김지가 전라좌수사로 있을 때 육전에서 사용하기 위해 개발된 것으로 해전에서 사용하였으며, 그때까지 있었던 다른 화기보다 장전과 휴대가 간편하고 총신을 길게 하여 사거리를 늘렸다. 화약 1냥을 사용하여 철환 15개를 발사하며 피령목전을 쏘기도 하였는데 사거리는 600보이다. 이것과 비슷한 총통으로 차승자총통(次勝字銃筒)과 소승자총통(小勝字銃筒) 및 별승자총통(別勝字銃筒)이 있다. 그리고 소형화기 중에는 이순신 장군이 정사준(鄭思竣)을 시켜서 조총을 본떠서 만든 정철총통(正鐵銃筒)이 있는데, 정철은 오늘날의 개머리판과 비슷한 것으로 '정철이 붙어있는 총'이라는 이름으로 불리다가 후에 정철총통으로 불리었다. 이 정철총통은 육전에서 초기에 조선군을 공포로 몰아넣었던 왜군의 조총에 성능이 버금가는 것으로 알려져 있다.

이러한 여러 총통으로 무장한 조선 수군은 전선(戰船)에서 왜군과 전투가 벌어지면 우수한 총통으로 왜군 화기의 사정거리 밖에서부터 선체를 파괴하고 인명을 살상하는 등의 다양한 임무를 수행했다. 총통으로 무장

---

16 최두환, 『충무공 이순신 대한민국에 고함(서울: 도서출판 푸른솔, 2008)』, p. 171

하지 않은 병사는 활로 무장하여 불화살로 선체를 불태우거나 인명을 살상하는 임무를 수행했다.

이에 비해 왜군은 전선(戰船)에서 화포를 장착하였더라도 성능과 수적인 면에서 조선 수군의 총통에 훨씬 미치지 못하였다. 그래서 그들은 조총과 활로 인명을 살상하는 데 치중했고, 조선 수군의 배에 올라 선체를 점령하고 근접전으로 조선 수군을 제압하는 전술을 썼다.

육군에 비해 조선 수군은 전선의 전투능력과 전선에서 운용한 무기의 성능을 비롯한 운용체계 및 훈련수준 등의 모든 면에서 왜 수군과는 비교가 안 될 정도로 우수했다. 더군다나 전투가 반복되면서 거북선은 왜군에게 공포의 대명사로 자리매김하게 된다. 이러한 우수한 무기체계와 이순신 장군의 훌륭한 지략 및 리더십이 결합하여 육군과는 달리 수군은 연전연승한 것이다.

그러면 한 가지 의문이 생긴다. 왜(倭) 수군은 거북선과 판옥선에 의해 수전에서 전투 시마다 박살이 났으면서 임진왜란이 끝날 때까지 왜 안택선을 개량하지 않았나 하는 의문점이다. 그것은 왜(倭)가 수군의 존재목적을 전투에 두지 않고 단순한 수송에 두었기 때문에 안택선을 개량할 필요를 느끼지 않았을 것으로 판단된다. 이와 관련해 이순신 장군은 1595년 이런 장계를 올린 적이 있다.

"왜적이(그간 해전에서 연전연패한 것은) 수전에 능숙하지 못해서가 아니라, 단지 멀리서 오느라 배가 견후장대 할 수 없었고 배에 대포를 안치할 수 없었기 때문이었다."라는 장계를 올렸고, 1606년 이항복도 선조에게 "왜인들이(조선의 판옥선을) 좋아했으나 육중한 것이 싫어 본뜨지 않았다."

라는 보고를 하였다. 남의 것을 모방하는 데 남다른 재주가 있는 그들이 판옥선이 수군의 존재목적에 적합한 것으로 판단했었다면 안택선을 빠른 시간에 개조했을 것이다. 표류해온 포르투갈 선원이 남기고 간 조총을 모방해서 전력화한 것을 볼 때, 그들이 안택선을 개조할 필요성을 느꼈다면 신속히 판옥선처럼 개조할 수 있었지만, 그들 수군의 존재 목적에 부합하지 않는다고 판단한 것으로 보인다.

그리고 조선의 육군도 초기에 조총에 의해 큰 피해를 보았으면서도 적극적으로 조총을 만들려는 노력을 하지 않은 것으로 판단된다. 1595년 유성룡이 병기창의 제조라는 직책을 맡게 되면서 조총이 대량으로 생산되기 시작하여 거의 모든 조선군에 조총이 지급되었다.[17] 그러나 조총을 사용하여 왜군과 전투에서 승리하였다거나 왜군에게 큰 피해를 입혔다는 기록이 없는 것으로 볼 때 만들었다 할지라도 적극적으로 활용은 되지 않은 것으로 추측할 수 있다.

아마 개인화기로 활을 사용하는 데 익숙해져 있는 군을 조총으로 전환하는 데 따른 제한사항이 있었을 것으로 추정된다. 이순신 장군이 정사준을 시켜 만든 정철총통도 성능은 우수한 것으로 알려져 있으나 많이 활용한 기록은 없다.

어떻든 지상전에서 조선군의 활과 왜군의 조총은 성능이 비슷하든지 조총이 조금 더 우수했다고 볼 수 있지만, 해전에서는 비교가 안 될 만큼 조선 수군의 전선과 무기가 성능 면에서 앞섰다. 바로 모든 면에서 우수한 수군 및 장비와 그것을 유효적절하게 활용할 수 있는 걸출한 명장 이순신 장군이 있었기에 조선은 임진왜란을 승리로 이끌 수 있었다.

---

17 백지원, 『조일전쟁(서울: 진명출판사, 2009)』, p. 79

전선(戰船)들은 전투 시 돛이 없었다

임진왜란 시 조선의 주력전선(戰船)은 판옥선과 거북선이었다.

판옥선과 거북선은 다 같이 노와 돛을 이용해서 움직였다. 그런데 드라마를 통해서 자주 전투 장면을 시청하게 되는데, 노는 가끔 보이지만 돛은 보이지 않는다. 왜 그럴까?

먼저 판옥선에 대해서 다시 한번 살펴볼 필요가 있다. 그런데 판옥선의 구조와 승선인원 등에 대해서 학자마다 약간의 차이를 보이고 있다. 예를 들어, 판옥선의 승선인원이 이봉수(이순신이 싸운 바다, 새로운 사람들, 2008)는 지휘관이 탑승한 선과 수군장이 탑승한 선으로 구분해서 160명과 125명이라고 주장하고 있고, 황원갑(부활하는 이순신, 도서출판 마야, 2006)과 양재숙(임진왜란은 조선이 이긴 전쟁이었다, 도서출판 가람기획, 2012) 및 백지원(조일전쟁, (주)진명출판사, 2008)은 다 같이 판옥선의 정원은 164명이라고 주장하면서 황원갑은 별도로 판옥대선의 승선인원이 194명이라고 주장하고 있다. 최두환(충무공 리순신 대한민국에 고함, 푸른솔, 2008)과 이종락(이순신의 끝없는 죽음, 선인, 2013), 김태훈(이순신의 두 얼굴, 창해, 2004)은 125명으로 밝히고 있는데 그중 김태훈은 별도로 지휘관 탑승용 판옥선의 승선인원은 164명이라고 밝혔다. 또 남천우(임진왜란 산책, 미다스북스, 2010)는 격군이 120명이고 9개 역종 인원이 64명이라고 주장하고 있고, 도현신(임진왜란 잘못 알려진 상식 깨부수기, 역사넷, 2008)은 160명, 박천홍(인간 이순신평전, 북하우스, 2009)은 125~130명이라고 주장하고 있다.

또 동력을 얻는 기관인 노에 대해서도 노의 개수와 격군 인원에 대해서도 학자들마다 의견이 분분하다. 이봉수(위의 책)는 지휘관이 탑승한 선은 16개, 수군장이 탑승한 선은 12~14개로 알리고 있고, 양재숙(위의 책)은 16개로 격 4명 장 1명으로 5명이 1조가 되어 2명씩 마주 보고 노를 저었다고 주장하고 있으며, 최두환(위의 책)은 16~20개, 김태훈(위의 책)은 지휘관 탑승 용선은 18개, 일반 판옥선은 12~14개로 구분하고 있다. 또 남천우(위의 책)는 6인용 노라고 주장하고 있고, 백지원(위의 책)은 노가 좌우 각각 10씩 20개이고, 도현신(위의 책)은 16개라고 밝히고 있다.

그리고 화포는 양재숙(위의 책)이 10문, 이종락(위의 책)은 20문, 김태훈(위의 책)은 좌우 각 10문으로 20문을 운용했다고 전하고 있다.

이처럼 학자마다 승선인원과 노 및 운용 화포의 숫자가 조금씩 다른 것은 기록이 남아있는 여러 고문들이 내용에서 약간의 차이를 보이고 있기 때문인 것으로 생각된다.

그리고 판옥선의 구조에 대해서 남천우는 판옥선과 거북선의 성능 및 특징에 대해서 다음과 같이 열한 가지를 들어서 우수한 배라고 주장하였다.[18]

첫째로 노군은 하층부에서 노를 저으며, 전투요원들은 상층부(갑판 위)에서 사격을 하므로 능률적이다.

둘째, 전투요원은 모두 50명 정도(판옥선은 52명, 거북선은 46명)인 반면에, 노군의 수는 100명 또는 120명이기 때문에 무엇보다도 빠른 속력을 얻고자 하는 데 목적을 두고서 설계된 배임을 알 수 있다.

셋째, 이 배에는 한국식 노가 20개나 설치되어 있고, 각 노는 3인씩이 서로 마주 서서 6인이 젓게 되어 있다. 한국식 노는 물고기가 꼬리를 좌우로 움직이면서 추진력을 얻는 원리와 같으므로 에너지 낭비가 없으며, 서

18　남천우, 『이순신은 전사하지 않았다(서울: 미다스 북스, 2008)』, p. 50-57

있는 자세로 노를 밀고 당기게 된다. 즉, 온몸의 운동을 통하여 노를 저으므로 많은 노동력을 노역에 반영할 수 있다.

넷째, 서양식 노는 좌우 옆으로 길게 뻗어나와서 전후로 움직이게 되어 있어서 다른 배가 바로 옆에 접근해오면 노역을 할 수 없게 된다. 그러나 한국식 노는 밑으로 꽂혀 있으면서 좌우로 움직이게 되어 있어서 노가 잘 보호될 수 있으며, 다른 배와 접해 있을 때도 노역을 계속할 수 있다. 이점은 접근전에서는 더욱 큰 장점이 되는데 현판으로 적선의 서양식 노를 부러뜨리면서도 우리 배의 노는 무사하며, 적선은 노역을 중지하고 있어야 하지만, 우리 배는 노역을 계속할 수 있기 때문이다.

다섯째, 한국식 노는 하향하여 좌우로 움직이기 때문에 앞과 뒤의 노가 서로 부딪칠 수 없게 되어 있어서 각 노의 젓는 속도는 서로 같지 않아도 되며, 노군들은 각자 힘이 강하거나 약하거나 상관없이 저을 수 있다. 그러므로 누구나 훈련을 받지 않고서도 곧바로 노군이 될 수 있는데, 이것은 전투 중에 전사자가 생겼을 때 더 중요한 문제가 된다.

여섯째, 이 배들의 선회능력은 매우 좋은데 한국식 노는 각 노마다 추진력의 전진방향을 좌우로 조절이 가능하다. 좌우에 있는 20개의 노가 서로 다른 방향으로 추진력을 발생시키면서 선체를 회전시키게 되며, 선미에는 배를 회전시켜주는 큰 키가 달려있고, 선저는 수평저판이다. 배의 속력은 시속 20km가 넘었던 것으로 보이는데, 회전능력마저도 뛰어나 단연코 최우수 전선이라고 할 수 있다.

일곱째, 이 배들은 바닥이 앞뒤로 약간 경사진 평저판이므로 앞쪽이 물속에 잠기는 깊이(흘수)는 약 30cm 정도여서 아무리 얕은 바닷가에도 접근할 수 있으며, 병사들은 뱃머리 쪽에서 곧바로 육지로 뛰어내릴 수 있는

데, 이것은 노략질하는 적을 잡기에 안성맞춤이다.

여덟째, 이 배가 물 위에 떠있는 측면은 이중으로 돌출되어 있기 때문에 적들이 기어오를 수 없다.

아홉째, 판옥선 갑판 좌우에는 높고 긴 방패가 세워져 있으므로 강풍이 불 때는 배를 제어하기 어려운데, 필요한 때는 눕힐 수 있도록 하였으며, 밑 부분에 경첩 같은 것을 달아서 눕혔으리라 생각된다.

열 번째, 이유는 알려지지 않았으나, 돛대도 눕힐 수 있는 구조였다.

열한 번째, 당시의 조선에는 우수한 대포가 있었다.

이처럼 우수한 배가 화포까지 장착하여 전투하면 적을 압도하는 것이다. 이 시대까지의 해전은 모두 적선에 뛰어들어서 적을 섬멸하는 전법이었으나, 이순신의 해전은 포격을 계속함으로써 적선을 먼저 무력화시키고, 그 다음에 불을 질러서 분멸(焚滅)하는 전법이었기에 당시의 조선 수군은 현대적 개념의 해전을 수행할 수 있는 능력과 체제를 이미 갖추었다고 말할 수 있는데, 그것은 우수한 판옥선에 힘입은 바 컸다고 말할 수 있다. 이러한 판옥선으로 적선에 더 접근하여 공격할 수 있도록 갑판 위를 다시 덮어서 개조한 것이 거북선이다. 거북선은 판옥선을 약간 개조한 것에 불과하지만, 실전에서는 아주 우수한 무기로 활용되었다.

다른 단락에서도 살펴본 바와 같이 이처럼 이순신 장군이 심혈을 기울여 만든 거북선과 판옥선이 있었기에 임진왜란이 극복될 수 있었다.

그런데 돛은 어떻게 달려 있었고, 운용되었었는가?

돛에 관한 여러 도서를 살펴보면, 먼저 백지원(위의 책)은 "판옥선은 해전을 할 때는 노를 저었고, 항행을 할 때는 돛으로 했다. 판옥선의 돛은 두 개였고, 일본 함선의 돛은 하나여서 판옥선이 전투할 때만 속도가 좀 떨어졌을 뿐, 항해 시에는 속도는 별로 뒤떨어지지 않았다."라고 하고 있으며, 조원래(임진왜란사 연구의 새로운 관점, 아세아 문화사, 2011)는 "일본의 관선은 선형이 가늘고 길 뿐 아니라 선체가 얇게 제작되어 매우 약했고, 돛 역시 매우 단순하여 역주 성능이 좋지 못한 사각단범(四角單帆)으로서 조선 측의 러그 세일형 쌍범(雙帆)의 기능에는 미치지 못하였다."라고 하였다. 그리고 도현신(위의 책)은 "대부분의 일본 전함들은 배의 구조상 돛이 하나 밖에 달려 있지 않아서 역풍을 만나면 항해를 못했다. 그 상태에서 무리하게 바다로 나갔다가는 배가 파도에 휩싸여 그대로 가라앉아 버렸다." 임진왜란에 참전한 일본장수 도노오카 사에몬(岡甚左衛門)이 남긴 『고려선전기(高麗船戰記)』에 보면 "조선에 출정한 일본장수들이 배를 타고 가다가 폭풍을 만나 배가 침몰하고 익사했다."라는 기록들이 자주 나오는데, 바로 이러한 이유에서이다. 『선조실록』 선조 33년(1600년) 1월 29일 기사를 보면 이항복이 선조와의 대화에서 "배 부림에 있어서도 우리는 3풍(순풍, 환풍, 역풍)을 사용하는데, 저들은 1풍(순풍)만을 쓸 뿐 아니라 황풍이나 역풍을 쓰지 못합니다."라고 말하는 부분이 있다고 하였으며, 이종락(위의 책)은 "이 배(판옥선)에는 돛대가 3개 있는데, 두 개는 돛을 올리기 위한 것으로서 전투를 할 때는 돛을 내려 불화살의 화공을 피한다. 나머지 하나는 지휘 깃발을 올려 수장의 명령을 하달하는 것이다. 따라서 이순신이 탄 판옥선은 대장선으로 좌선(座船)이라 하며 현재의 기함(旗艦, Flag ship)이다. 즉, 기함은 대장선이다. 그리고 판옥선의 노수는 18개이다."라고 밝히고 있다.

돛의 운용에 대해 결론을 내린다면 판옥선과 거북선의 돛은 두 개였으며, 그래서 순풍은 물론이고 역풍에도 배는 이상 없이 항해할 수 있다는 것을 알 수 있고, 돛대는 눕힐 수가 있었던 것이다. 그리고 항해할 때는 돛을 써서 격군들의 물리적인 부담을 덜어 주었고 전투 시에는 노를 저어 항해를 했으며, 적의 불화살이나 다른 수단에 의한 화공 시 돛의 피해를 방지하기 위해서 눕혔을 것으로 추측된다. 그래서 여러 드라마에서 전투 시에는 돛이 보이지 않았던 것이다. 이에 비해 왜 수군의 전선은 돛이 하나여서 순풍에만 항해를 할 수 있었기에 돛의 운용에 있어서도 조선전선이 한발 앞서 있었던 것이다.

즉, 판옥선과 거북선은 돛에 있어서도 굉장히 과학적으로 설계되고 제작되었다는 것을 알 수 있다. 돛 역시 조선 전함의 우수성을 입증하는 것 중의 하나라고 할 수 있는 것이다. 판옥선과 거북선의 우수성을 거론할 시에 간과하기 쉬운 돛의 운용을 등한시해서는 안 된다고 생각한다.

제8장

왜군이 끌고 간 조선사람과 동식물

왜군이 끌고 간 조선인들

왜군이 가져간 동식물

왜군이 끌고 간 조선인들[19]

어떤 전쟁이던 전쟁에서는 무고한 백성들의 희생이 생긴다. 그리고 전쟁이 발발하면 점령당한 국가의 재산은 점령국의 전리품이 되고 만다. 재산만 점령국의 전리품이 되는 것이 아니라 백성의 목숨까지 전리품으로 전락하고 만다. 임진왜란도 예외가 아니었다. 침략군은 수많은 백성을 죽이고 말발굽 아래 짓밟았으며, 조선인들을 왜(倭)국으로 끌고 갔다. 왜군은 침략 전쟁으로 인한 국내의 부족한 노동력을 납치해간 조선인으로 충족시켰고, 어떤 경우에는 다시 왜군으로 편입시켜 그들의 전투원으로 악용했다. 또 다른 경우에는 노예로 다른 나라에 팔아넘기기도 했다. 고귀한 인간이 한낮 물건으로 취급되어 매매(賣買)의 대상이 되었다. 그래서 전쟁은 비참한 것이다. 아무리 신사적인 나라라 할지라도 점령당한 나라의 백성을 손님 취급한 나라는 없다. 하물며 지구상에서 잔인한 면에서 두 번째 가라면 서운해할 일본에 점령당한 임진왜란 당시 백성들의 고통은 상상을 초월했을 것으로 생각된다.

임진왜란 시 일본이 끌고 간 조선인은 정확한 통계는 없지만, 5만에서 15만 명이 될 것으로 추정하고 있다. 종전 후 조선에서 협상을 통해 귀환한 조선인은 6천여 명이다. 10만 명이 넘는 조선인이 원하지도 않은 일본에서 한 많은 일생을 살아야 했다. 일본이 끌고 간 조선인은 일본 전국에 광범위하게 분산되어 일본인들의 노예로 살아야 했고, 짐승만도 못한 굴종적인 생활로 평생 조국에 있는 가족을 그리며 살았거나 전란시에 죽어간 가족 때문에 뼈 마디마디에 파고든 원한을 품은 채로 돌아오지 못한

---

19 노성환, 『일본에 남은 임진왜란(서울: 제이앤씨, 2011)』, 제6~9장에서 발췌

원귀(冤鬼)가 되었을 것이다.

조선에서 가까운 일본에서 생을 마칠 수 있었던 납치된 조선인은 그나마 다행이라면 다행이라고 할 수 있다. 조선으로 귀환할 수 있다는 실낱같은 희망을 품고 살았을 것이기 때문이다. 그러나 일본이 끌고 간 조선인 중에는 다시 일본인에 의해 헐값으로 포르투갈 상인에게 팔리고 포르투갈 상인은 다시 유럽상인에게 팔아넘겼기 때문에 유럽 각지에서 살다가 죽어나간 조선인도 수없이 많았다. 어디인지도 모르고 조선과 전혀 맞지 않는 기후와 풍토에서 적응을 해야 했고, 낯선 곳에서 인간의 존엄성은 아예 무시당한 채 평생을 살아야 했던 그들의 원혼(冤魂)을 누가 달래줄 수 있을 것인가?

한편, 일본이 끌고 간 조선인은 그곳 사람들의 노예생활을 하거나 다른 곳으로 팔려나갔지만, 일부는 그곳에서 자리를 잡고 안정된 생활을 이어간 사람도 있다. 그들이 바로 의술을 알고 있거나 도공 등과 같이 기술을 보유하고 있는 자들이었다. 그들은 왜의 입장에서 새로운 기술을 가지고 있는 자들이기에 이용할 만한 가치가 있었고, 잘 이용하면 자신들의 배를 불릴 수 있었기에 잡아가서는 상품을 생산하게 하거나 기술을 전수하게끔 했다.

그래서 조선에서 익힌 기술을 일본에 전파하여 일본문화에 영향을 끼친 사람도 있었는데, 그중 한 사람이 이구산(李九山)이다. 이구산은 조선의 어디 출신인지는 명확하지 않지만 33세 때에 일본으로 납치되어 갔으며, 조선에서의 직업은 한의사였고, 정유재란 때에 나베시마(鍋島直茂)군이 붙잡아서 사가시(佐賀市)로 보내어졌다. 그는 사가에서 제약 기술을 발휘하여 환산선(丸散仙)이라는 한약의 제조와 판매 특허를 얻었고, 염직 기술도 개발하여 일본에 전수하였다. 한의사였던 그가 염직 기술을 개발할 수 있었던 것은 한방의 재료가 되는 약초와 염료의 재료가 되는 식물이 때로는 같은 것들이 많이 있었기 때문이다. 그는 목면천에다 화려한 문양을 인쇄한 나베시마 사라사(鍋島更紗)라는 고급의 염직을 개발하였는데, 그것은 조선의 활자인쇄술을 기초로 기술을 개발한 것으로 추측할 수 있으며, 오늘날 사가의 명물로 자리 잡는데 크게 이바지하였다.

또 사가에는 홍호연(洪浩然)이라는 조선의 유학자가 있었다. 본관은 남양으로서 12세 때 진주성전투에서 나베시마 나오시게군이 붙잡아 일본으로 끌고 갔으며, 나베시마는 그의 재주가 비상함을 알고 아들 카쯔시게(勝茂)와 학우로서 사귀게 하였고 교토로 유학을 보냈다. 그리하여 홍호연은 사가에서 유학자가 되었고, 영주인 나오시게와 그의 아들 카쯔시게로부터 총애를 받아 외국인이면서도 800석이라는 봉록(俸祿)을 받기도 했다. 그러다가 78세 되던 해인 1657년 3월 24일 카쯔시게가 죽자 아미타사(阿彌陀寺)에서 그도 할복자살을 결행하여 죽는다. 아미타사는 사가시의 한적한 곳에 있는데 홍호연의 묘가 지금까지 보존되어 있다.

사가시뿐만 아니라 가고시마(옛 지명은 사쓰마)에도 왜군이 납치해간 조선인들이 살았다. 이곳을 대대로 지배했던 시마즈(島津) 집안은 임진왜란과 정유재란 때 참가하여 조선에서 악명을 날렸다. 그들도 전쟁 중에 부족한 노동력을 보충하기 위해서 조선인들을 잡아서 일본으로 보냈는데, 성인 남녀는 물론이고 어린아이까지 잡아갔다. 아이들을 잡아다가 친지들에게 선물로 보내기도 하였다. 즉, 그들은 조선에서 노예사냥을 하였던 것이다. 그렇게 잡혀간 조선인은 대부분 왜인들의 노예로 살거나 다른 지역으로 다시 팔려가기도 하고 사쓰마 군대에 필요한 잡병이 되기도 했다. '광해군 일기'에 포로로 잡혀간 전이생의 서한이 기록되어 있는데, 사쓰마에는 포로로 잡혀 온 사람이 30,700여 명 있으며 이들은 모두 조총과 창검을 쓰는 재주를 익혔다고 기록되어 있다. 이러한 사실은 사쓰마 군이 병력의 손실을 납치해간 조선인으로 보충하고 있었다는 것이다.

이와같이 왜군이 끌고 간 조선인들이 많이 살았다는 가고시마에도 일본에 영향을 미친 조선인이 있었는데, 조선 도공 출신 정종환이 그중 한 사람이다. 그는 1598년 일본으로 끌려갔는데 장뇌제조의 기술을 알고 있었다. 장뇌는 방충제로서 기침과 중풍의 약제로 사용되었고 향으로도 널리 사용되었다. 장뇌는 당시에 인도에서는 없어서는 생활이 안 될 정도로 필수적인 것이었는데, 일본은 에도시대에 주로 네덜란드를 통해서 수출을 했다. 그래서 사쓰마번에서는 장뇌가 번의 재정을 충당하는 데 큰 역할을 했던 것으로, 일찍부터 전매제로 해서 정종환에게 생산과 관리를 맡겼다. 이러한 장뇌기술은 계속 후손들에게 이어졌으며, 1903년 합성장뇌가 개발될 때까지 활기를 띠었는데 19세기에는 장뇌 무역으로 거대한 이익을 남겼고, 그렇게 마련한 자금은 일본이 명치유신을 진행하는 데 필요한 재원으로 쓰였다. 즉, 이 자금으로 군함을 구입하고 군사력을 증진시켰다는 것이다. 이 정도로 장뇌산업은 큰돈을 벌 수 있는 것이었다. 미국에서 셀룰로이드가 발명되면서 그 원료인 장뇌의 수요는 더 늘어났는데 미쓰비시와 미쓰이물산(三井物産)이 장뇌의 무역을 통해서 벌어들인 돈으로 설립된 기업이다. 이처럼 임진왜란 시 왜군이 끌고 간 정종환은 사쓰마뿐만 아니라 일본 근대산업사에 많은 족적을 남겼다. 지금은 대가 끊겨 거의 생산을 하지 않고 있지만 1985년 일본인들은 정종환이 살았던 나에시로가와(苗代川)에 그를 기리는 기념비를 세웠다.

도요토미 히데요시(豊臣秀吉)가 일으킨 임진왜란과 정유재란을 사람을 잡아가는 전쟁이라고 하여 노예전쟁이라고 하기도 한다. 일본의 종군승 케이넨(慶念)은 그의 저서 조선일일기(朝鮮日日記)에 경상도 연안에서 인신매매에 열을 올리는 일본상인들의 모습을 생생히 기록하였다. 그 기록에 의하면 사람장사를 하는 일본의 상인들이 생포된 조선의 남녀노소를 사들였으며, 그들의 목을 밧줄로 줄줄이 엮어서 묶고는 뒤에서 지팡이로 다그치면서 이동해 나가는 모습이 지옥의 옥졸과도 같았다고 표현했다. 이렇게 끌고 간 조선인들은 일본에 필요한 노동력을 제공하든지, 아니면 또 다른 곳으로 팔려 나갔던 것이다. 한마디로 납치해간 조선사람은 인간이 아닌 인간의 부속물에 지나지 않았던 것이다. 개탄스러운 우리 역사의 한 장면이고 앞으로 다시는 반복되어서는 안 될 비극의 대서사시이다.

왜군이 납치해간 조선인이 얼마나 많았던지 끌려가서 일본에서 살다가 귀국한 강항의 기록에 잘 나타나 있다. 그는 왜군에게 붙잡혀 무안현 바닷가로 끌려나갔는데 적선 600~700척이 그곳에 정박해 있었고, 그가 억류되어 살았던 지역인 오즈(大津)에도 남녀 천여 명이나 되었으며, 새로이 잡혀 온 사람들은 밤낮으로 거리에 떼 지어 다니며 울고 있다고 했다.

이처럼 엄청난 숫자의 조선인들을 일본으로 끌고 갔는데, 가토 기요마사(加藤淸正)의 본거지인 구마모토에 납치된 조선인이 없었다면 이상한 것이다. 가토는 함경도까지 침략한 왜장이기 때문에 전국에서 조선인을 잡아다가 일본으로 데리고 갔을 것으로 추정된다. 가토가 구마모토까지 끌고 간 조선사람 중에도 일본에 뚜렷한 족적을 남긴 사람이 있는데 그중 한 사람이 의사 이경택이다. 그는 임진왜란 때 아버지 이종한(李宗閑)과 함께 붙잡혀 부젠(豊前)으로 가게 되었는데, 그곳 영주인 호소가와 타다도시(細川

忠利)에게서 이경택이 8세 때에 다카모토(高本)라는 성을 받았다. 다카모토라는 성은 고려의 고와 일본의 본을 따서 지은 것이다. 그는 당대 유명한 의사가 되었으며 타다도시가 구마모토로 옮겨 갈 때 그도 따라가서 성의 부근에 살았는데, 지금도 그 부근을 그의 이름을 따서 경택언덕(慶宅坂)이라고 하는 것을 볼 때 꽤나 알아주는 의사였던 것으로 추정된다.

또 구마모토에도 조선 도공이 있었는데 존해(尊楷)라는 사람이다. 그의 아버지는 존익(尊益)으로 알려져 있는데, 1593년 왜군에게 붙잡혀 일본으로 끌려가게 되었으며 특이한 경력을 가지고 있다. 처음 가라츠(唐津)에서 도공생활을 할 때 자신의 기술이 부족함을 느끼고 조선으로 돌아가 기술을 익혀 다시 일본으로 건너가서 본격적인 도공의 길을 간다. 그는 처음에 호소가와 타다오키(細川忠興)에 의해 가라츠에서 초청되어 부젠의 아가노마을(上野村)에서 살면서 도자기를 구웠다. 그러다가 호소가와가 히고(肥後)의 영주가 되어 자리를 옮기자 구마모토로 가서 도자기를 구웠는데 이것이 구마모토 도자기의 효시가 되었다. 그의 자손들이 계속 가업을 이어 도자기를 구웠기 때문에 대대로 번의 어용(御用) 도공이 되었으며, 명치유신까지 계속되었는데 지금은 많이 쇠퇴하였으나, 자손들이 그 전통을 고수하고 있다고 한다. 그리고 구마모토에는 존해를 대표로 하는 아가노 계통의 도자기가 주류를 이루고 있지만, 우에무라(上村)의 나가야마(永山)에도 조선 도공들이 있었다. 이들도 왜군에게 잡혀서 일본으로 납치되어 나가야마에 살게 되면서 도자기를 생산한 것이 그 시초가 되었으며, 그들이 생산한 도자기를 우에무라 도자라 불렀고, 현재는 도자기를 생산하지는 않지만, 기술은 같은 지역의 잇쇼치(一勝地)라는 곳에 전해져서 전통이 이어지고 있다.

그리고 일본의 도자기 산업에 지대한 공을 세운 또 한 사람이 있다. 이 참평이란 사람인데, 공주 또는 금강 근처 출신으로 임진왜란 시 나베시마 군이 붙잡아서 일본으로 끌고 갔다. 그는 다른 조선 도공 18명과 함께 아리타로 거주지를 정하고 도토를 찾은 다음 자기를 굽기 위해서 양질의 도토를 찾아다닌 결과 백토 광산을 발견하였다. 백토의 발견으로 일본은 이 참평에 의해 최초로 자기를 생산하게 되었으며, 자기를 구워내자 도공들이 모여들기 시작하여 아리타는 일본 내에서 유명한 도자기 마을이 되었다. 이후 이참평은 가네가에(金江)라는 일본 성씨로 성을 바꾸어 아리타에 정착하여 조선 도공들을 중심으로 살게 되자 일본 도공들이 쫓겨났다. 즉, 일본에서 조선사람에 의해 일본사람이 쫓겨나는 현상이 벌어졌다. 이것이 시초가 되어 계속 아리타 지역은 일본 내에서 도자기의 명소로 자리 잡게 되었을 뿐만 아니라, 오늘날 세계적인 도자기 도시 아리타가 탄생하게 되었다. 즉, 조선 도공 이참평이 아리타를 세계적인 도자기 도시로 만든 것이다. 그래서 1917년에는 아리타 시내가 내려다보이는 곳에 그를 기념하는 도조 이참평비(陶組李參平碑)를 세웠고, 이시바신사(石場神社) 내에 이참평상을 만들어 모셨다. 즉, 그는 아리타 도자기의 도요계에 있어서는 영원히 잊혀질수 없는 대 은인의 존재가 되었고, 아리타 지역의 수호신이자 도자기 관련 산업의 직능신으로 일본에서 자리 잡게 되었다.

그리고 우리가 잘 알고 있는 심수관도 임진왜란 때 일본이 끌고 간 것이 계기가 되어 대대로 가업이 이어지면서 이참평과 함께 일본의 도자기 문화를 꽃피운 사람 중의 한 사람이다.

결국 왜는 명나라 정복이라는 말도 안 되는 억지 명분을 내세워 전쟁을 일으켜서 조선을 짓밟고 무수한 문화유산을 훼손하였고, 도공들처럼 기술을 가진 전문인력을 무수히 끌고 간 것과 같이 그들의 부와 문화생산에 활용하기 위해 유·무형의 무수한 문화적 재산을 탈취해 갔다.

이처럼 일본에서 도공과 같은 특별한 기술을 가지고 일본의 사회발전에 기여하여 나름대로 생활터전을 마련한 사람도 있지만, 그런 사람은 극소수에 지나지 않았다. 대부분은 앞에서 언급한 것처럼 개나 돼지만도 못한 한 많은 인생을 보내야 했고, 일부는 그곳에서 또 다른 곳으로 팔려가 죽지 못해 생명을 연명하는 가장 비참한 평생을 보내야 했다. 또 특이한 경우로 임란 때 끌고 간 조선인을 정유재란 때 왜군으로 편입시켜 조선군과 싸우는 기가 막힌 사람도 있었다. 왜의 잡병이 된 조선인으로 왜는 그들이 보충해야 할 병력이 부족하자 끌고 간 조선인으로 채웠다. 그들은 조선에 와서 투항하고 싶어도 조선에서 배반자로 몰아 죽일지도 모른다는 공포 때문에 투항도 못하고, 대부분이 종전과 함께 다시 일본으로 돌아갔다. 그야말로 그들은 그리운 고국으로 돌아와 동포와 싸워야 하는 비극적인 삶을 살아야 했다. 왜의 침략전쟁으로 인해 이래저래 망가진 인생이 어디 한둘이겠는가? 그나마 목숨을 보전한 것만으로도 다행이라고 생각해야 한다면 너무나 무책임한 것이 될 것이다.

종전 후 일본이 끌고 간 조선 포로들이 귀환한 경우는 그곳을 탈출해서 자력으로의 귀환과 일본이 스스로 귀환시킨 송환, 아니면 협상에 의해 귀환하는 경우가 있었는데 6,000여 명의 귀환자들은 그리던 고국으로 돌아왔지만 안타깝게도 사람대접을 받지 못했다.[20] 포로를 인수한 수군들은 포로들을 자신들의 노비로 삼았고, 얼굴이 예쁜 여자는 남편을 바다에 수장

---

20 백지원, 『조일전쟁(서울: 진명출판사, 2009)』, pp. 387~389

시킨 다음 첩으로 삼았다는 기록도 있다. 또 부산에 도착한 대부분의 포로들은 그대로 버려졌다. 고향으로 돌아가려면 갈 길이 천 리 길인데 식량이나 여비라고는 전혀 없는 그들에게 가든지 말든지 전혀 신경을 써주지 않았다. 이렇게 천대받는다는 소문이 일본에 있는 조선인들에게 전해지면서 "조선의 법은 일본보다 못하고 생활하기 어려우며 먹고살기도 쉽지 않다. 본국으로 돌아가도 조금도 좋은 일이 없다."라고 탄식하며 일부는 송환을 거부했다고 한다. 그리고 당시 조선에서는 국가에서 보호를 해주지 못해 일본으로 끌려간 것도 원통한 일인데, 왜군에게 잡혀간 것에 대해 무슨 큰 죄를 지은 것으로 생각했기에 그러한 조선인들의 생각도 틀린 것이 아니었다.

끌려간 조선인 중 남자에 대한 대우가 이 정도였는데 여자에 대한 대우는 한술 더 떴다.[21] 납치되어 가지는 않았더라도 본인의 의사와 상관없이 왜군에게 성을 훼손당한 여자는 시가에서 쫓겨나고 친정으로 가거나 갈 데가 없으면 매춘을 해서 생계를 이어갔다고 한다. 그리고 왜군의 아이를 임신해서 쫓겨난 여자들이 너무 많아 한곳에서 살게 했는데 그곳이 바로 이태원이다. '이태'란 바로 '다른 태'란 뜻이다. 그뿐만이 아니다. 이런 여자가 있는 집하고는 아예 통혼을 하지 않는 것이었다. 중매쟁이까지 그런 집안을 따돌리는 바람에 조선에는 과년한 처녀들이 넘쳐났다고 한다. 그런데 납치되어 일본에 있다가 귀환한 여자는 더 많은 천대와 멸시를 받았다고 한다. 조정과 남자들은 자기들이 해야 할 일은 똑바로 하지 못했으면서, 격려받고 위안받으면서 살아야 할 사람들에 대해 무시하고 짓밟는 것에 대해서는 선수였다. 일찍이 전란에 대한 대비를 그렇게 잘했더라면 그

---

21 백지원, 『조일전쟁(서울: 진명출판사, 2009)』, pp. 389~390

런 일은 없었을 것이다. 한심한 조정과 개탄스러운 사회 풍조였다.

갑작스러운 큰 전쟁으로 인해 대부분이 비극적인 삶을 살 수밖에 없었 겠지만, 옛날이나 현재나 전쟁으로 인한 가장 큰 피해자는 가련한 백성이 다. 그러기에 조정을 중심으로 외침에는 아무리 과도하게 준비를 해도 지 나친 것이 아니다. 예나 지금이나, 군사적으로나 경제적으로나 가장 강력 한 국가에 둘러싸인 우리나라는 전 국민이 군사력화된다 해도 그것은 충 분한 군사력이 될 수 없다. 우리의 국방력은 남아도 남는 것이 아니다. 하 물며 임진왜란 시에 조정은 군사력이라는 용어를 쓸 자격조차 없을 정도 로 대비를 소홀히 하였다. 그 결과 애처로운 백성들의 피와 생명으로 그 대가를 치러야 했다. 앞으로 우리의 역사가 400년 전으로 되돌아가는 일 이 없도록 해야 할 것이다.

왜군이 가져간 동식물[22]

임진왜란은 조선에 있는 사람에게만 고통을 준 것이 아니었다. 조선에 있는 모든 것이 약탈의 대상이었고 노략질감이었다. 값나가는 문화재는 말할 것도 없고 동물과 식물까지도 수탈의 대상이었다. 사람도 시대를 잘 만나야 하지만, 동식물도 시대를 잘 만나야 평온한 일생을 보낼 수 있는 것이다. 나라를 지킨다는 것은 사람과 재산만 지키는 것이 아니다. 이 땅에 있는 하찮은 돌 하나에서부터 조상 대대로 내려온 문화재를 지키는 것이고, 우리만이 가지고 있는 고유의 생활방식과 미풍양속을 지키는 것이며 그 문화의 단절을 예방하는 것이다. 그래서 이 땅을 지키지 못한다면 사람만 침략군에게 잡혀가는 것이 아니라, 침략군에게 필요한 모든 것이 훼손되고 약탈당하고 만다. 임진왜란도 예외가 아니어서 수많은 사람을 잡아끌고 갔을 뿐만 아니라, 그것도 모자라 진귀한 동식물까지 왜군이 잡아서 일본으로 가져갔다. 그 동식물이 일본 것이 되어서 현재까지 일본 곳곳에서 자라고 있다.

임진왜란 시 일본으로 납치되어간 동식물은 다양하다. 그중 하나가 조선 까치이다. 일본에서 까치에 관한 기록은 16세기 이후에 등장하기 시작하는데, 일본 내에서 까치는 매우 진귀한 새이며 규슈 북부 일부 지방에만 서식하고 있다. 이러한 까치는 임진왜란 시 왜군에 의해 일본으로 건너가게 되었는데, 고려새라고도 하며 우리말인 까치라는 이름과 까마귀를 뜻하는 일본어 카라스를 합쳐 그 이름이 까치카라스라고 한다. 이렇게 건너간 까치는 현재 사가현을 상징하는 새가 되었는데 일본에서는 아주 귀중

---

22 노성환, 『일본에 남은 임진왜란(서울: 제이앤씨, 2011)』, 제 5장에서 발췌

한 대접을 받고 있다. 일본에서 까치가 좋은 대접을 받고 있는 이유가 있다. 임진왜란 시 나베시마 나오시게와 나베시마 가츠시게 부자가 이끄는 사가 군대가 조선에 출병하여 연전연승하였는데, 그때마다 '카치 카치' 하며 우는 새소리를 들을 수 있었다. 그런데 그 소리는 자신들의 고향인 사가 지역에서는 들을 수 없고, 또 새 자체도 볼 수 없는 것이어서 행운을 가져다주는 길조라고 생각하고 사가로 가져갔다는 것이다. 까치는 일본어에서 이기다는 의미의 말인 카치(勝)와도 발음이 흡사해서 까치가 길조라는 인식의 해석이다. 일본으로 건너간 까치는 처음부터 상서로운 새로 여겨져서 많은 애호를 받게 되어 한때 규칙을 만들어 보호하였고, 1923년에는 사가 현에서 천연기념물로 지정되었다. 그런데 이 지역 사람들로부터 까치가 사랑받았던 이유가 또 하나 있었다. 이 지역은 목화재배를 많이 하였는데 목화의 해충을 잡아먹는 천적이 바로 까치였다. 이들이 까치를 좋아했던 실질적인 이유가 바로 여기에 있었다.

임진왜란 시 왜군이 납치한 동물은 또 있다. 바로 한국의 말이다. 이 말은 신장이 약 130센티 정도밖에 되지 않는 체구가 매우 작고, 털도 짧고, 오그라들어 있어 거의 털이 없는 것같이 보이는 외모를 지녔다. 그리하여 일본인들은 이 말을 소와 같이 생긴 말이라 하여 우시우마(牛馬)라 했다. 이 말은 가고시마의 영주인 시마즈 요시히로(島津義弘)가 사천성전투에서 10마리를 포획하여 일본으로 가져갔다. 그 뒤에 계속 대를 이어 길러지다가 1946년 6월에 마지막으로 남아있던 한 마리가 죽음으로써 대가 끊어지고 말았다. 마지막으로 죽은 그 말의 골격 표본은 현재 가고시마현립박물관에 보관되어 있다. 이렇게 일본으로 가서 지금은 대가 끊긴 우시우마는 체형이 130센티 정도밖에 안 되고 털도 짧으며, 소와 같은 말이라고 불리는 것으로 보아 한국의 조랑말로 추정된다. 현재 제주도에 있는 조랑말은 천연기념물 제347호로 지정되어 있는데 키가 110센티, 몸무게가 200킬로 정도 되며, 털의 길이도 짧은 독특한 체구를 하고 있다. 키가 작아 제주도에서는 과수나무 밑도 갈 수 있는 말이라고 하여 과하마(果下馬)라고도 했다. 이 말은 성격이 온순하고 힘이 세면서 거친 사료를 즐겨 먹으며, 옛날부터 제주도에서는 농경용과 운반용으로 큰 구실을 해오는 중요한 가축이었다. 즉, 소와 같이 일하는 말인데 일본인들이 잘못 이해하여 소와 같이 생긴 말로 이해되었던 것으로 추정된다. 그래서 이러한 추정이 맞는다면 사천에서 가져간 우시우마는 한국의 조랑말이라고 할 수 있다.

그리고 임진왜란 시 호랑이는 한국에는 있었지만, 일본에는 없는 동물이었다. 자연히 왜군들은 호랑이에게 관심을 가질 수밖에 없었을 것이다. 그러나 그 당시는 살아있는 호랑이를 일본으로 가져갈 수가 없어서 사냥한 호랑이를 죽여서 일본으로 가져갔다. 일본군은 때로 전쟁을 수행하지 않고 호랑이 사냥에 나서기도 했는데, 도요토미 히데요시가 전쟁을 수행하는 장수들에게 조선의 호랑이를 잡아서 고기와 뼈, 그리고 내장 등을 소금에 절여서 보내라고 명령을 내렸기 때문이다. 이로 말미암아 많은 왜장들이 호랑이 사냥에 나섰다. 그래서 호랑이를 잡기도 했지만 조선 호랑이가 생각만큼 쉽게 잡히는 동물은 아니었다. 일부 장수가 호랑이를 잡다가 죽기도 했다. 어쩌면 호랑이도 조선군이 되어서 그들의 목숨을 위협하는 왜군에게 저항한 것이라고 할 수 있다. 카타타에 킨자에몬(片田江金左衛門)이 바로 호랑이 사냥을 하다가 호랑이에게 물려 죽었다. 그리고 병사들이 호랑이 사냥을 하다가 죽어나가자 도요토미 히데요시는 호랑이 사냥을 금지했다. 어렵게 잡은 호랑이는 죽어서 납치되어 일본으로 갔다. 고기와 가죽은 썩어 없어졌지만, 두개골과 이빨은 오늘날까지 일본 곳곳에 남아 있다. 특히, 두개골은 천황 생일 또는 막부 쇼군(將軍)의 아들이 태어났을 때 목욕물에 그것을 담근 다음 목욕하거나 시키는 습관이 있었다. 그만큼 조선 호랑이는 신비로운 힘을 가진 존재로 여겨졌다. 그렇기 때문에 지금도 야마구치 현립(山口縣立) 야마구치(山口) 박물관에는 카다다 다이와(堅田大和)가 잡았다는 호랑이의 두개골이 보관되어 있다. 그리고 야나가와 고문서관에는 호랑이 이빨이, 나고야시 박물관에는 가네마츠 마사요시가 포획하였다는 호랑이의 손톱과 호랑이 털로 만든 토라타마(虎玉)가 보관되어 있다. 이러한 것들은 모두 한방으로 사용되었기 때문에 죽어서 일본으로 잡혀가야 했다.

이렇게 왜군이 동물들을 잡아갈 때 식물도 납치되어서 일본으로 가져갔는데 울산 동백이 그 하나이다. 교토의 지장원(地藏院)이라는 불교 사원의 정원에 울산에서 가져간 동백이 있는데, 다섯 색깔의 꽃을 피우고 질 때는 꽃잎이 하나하나씩 떨어지는 속성을 지니고 있어서 이러한 동백을 일본에서는 오색팔중산춘(五色八重散椿)이라고 부른다. 이 동백은 임진왜란 때 가토 기요마사가 울산성에서 가지고 가서 히데요시에게 바쳤는데 히데요시는 이 절에다 기증하였다고 한다. 이 절은 히데요시가 다도회(茶道會)를 여는 장소로 자주 이용된 관계로 울산 동백을 하사받은 지장원은 그것을 자랑으로 여기며 매우 소중히 이를 키웠고, 그 결과 지장원이라는 본래의 이름보다 동백나무의 절이라는 의미의 이름인 쯔바기데라(椿寺)로 더 잘 알려졌다. 현재 이 절에는 울산 동백 2세가 건강하게 서 있는데 100세 가량의 나이가 되었으며, 1세는 1983년 노쇠하여 밑둥치만 남겨놓고 가지는 모두 잘려 남아있지 않다. 울산 동백 2세는 3월 하순부터 4월 말까지 왕성하게 꽃을 피우는데, 그때는 한 잎 한 잎 떨어진 꽃잎과 다섯 색깔의 동백나무 꽃잎으로 정원에 가득 차 일대의 장관을 이룬다고 한다.

그런데 이러한 동백이 지장원에만 있는 것이 아니다. 교토에서는 법연원(法然院)과 서방니사(西方尼寺)라는 불교사찰과 카미가모의 키타하라의 한 농가에 한그루씩 있으며, 교토 인근 지역인 나라(奈良)의 백호사(白毫寺)에도 있다. 그중 키타하라의 울산 동백은 오쿠무라 히데쯔구(奧村英繼)의 가족들이 관리하고 있는데 이 동백은 히데요시로부터 하사받았을지도 모른다고 주장하고 있다. 왜냐하면, 자기 집안의 시조가 히데요시의 주군이었던 오다 노부나가의 첩의 아들이라고 했다. 히데요시가 죽자 도쿠카와 이에야스(德川家康)를 비롯한 동부지역 무사들이 반기를 들었을 때, 그의 시조는 히데요시의 측근으로서 전쟁에 참가했을 정도로 그와 각별한 사이였기에 히데요시를 경유하여 이곳으로 이사를 오게 되었을지도 모른다는 것이다.

또 한그루를 가지고 있는 서방니사(西方尼寺)는 비구니 사찰로서 이 절의 주지인 후지와라 세이온(藤原盛恩)에 의하면 약 400여 년 전 일본 다도의 완성자인 센노 리큐(千利休)가 히데요시로부터 하사받아 이곳에 심었던 것이며, 춘사의 동백과 같은 묘목이라고 설명했다.

이와 같이 가토 기요마사가 울산에서 가져간 동백은 그의 주군인 도요토미 히데요시에게 바쳐졌으며, 이를 다시 히데요시가 자신이 총애하는 신하들에게 나누어주어 여러 곳에 흩어져 있게 되었고, 일본 다도를 장식하는 데도 많은 역할을 하였다.

왜군이 가져간 식물 중에는 조선 매화도 있었다. 일본 동북지역의 중심지인 센다이(仙台)의 서암사라는 불교사찰에 조선매화가 있는데, 그것은 이 지역의 영주인 다테 마사무네(伊達政宗)가 임진왜란 때 가져갔다고 일문학자 성해준과 역사학자 정재정이 밝히고 있다. 성해준에 의하면 마사무네는 1593년 6월 28일 여러 장수들과 함께 진주를 공략했는데, 9월에 히데요시의 명령에 따라 철수하여 1595년에 센다이의 영지로 돌아갔으며, 그가 돌아갈 때 진주에서 매화를 가지고 가서 그의 본거지인 센다이에 심은 것이 오늘에 전하고 있는 것이다. 와룡매(땅에 누워있는 용의 형상을 한 매화)와 같은 성격의 매화는 한국에서도 희귀 품종으로 아쉬움이 남는 매화이다.

그런데 이런 매화는 서암사에만 있는 것이 아니라 센다이시의 미야기 형무소 내에도 있으며 구백작 저택과 니시공원(西公園)에도 있다. 그중 니시공원에 있는 것은 1875년에 분식한 것으로 원조의 손자뻘 되는 나무이다. 센다이 형무소의 매화는 그 땅이 원래는 형무소가 아니고 센다이 성이었으나, 나중에 성이 사라지고 그 땅을 형무소로 사용하게 되면서 형무소에 조선매화가 있게 되었다. 이처럼 조선 매화와 같이 일본인들이 진귀하게 여겼던 조선 나무들은 당시 조선에 와 있던 장수들에 의해 납치되었던 것이다.

일본군에 납치당한 식물 중에는 소철나무도 있다. 임진왜란 때 왜군의 전초기지였던 나고야성(名護屋城)에 광택사(廣澤寺)라는 절이 있다. 그 절은 히데요시 사후에 그의 애첩이었던 히로사와 쯔보네(廣澤局)가 1609년(慶長 14)에 히데요시의 사후 안락을 위해서 건립한 절이다. 이러한 절의 정원에 엄청나게 큰 소철나무가 있는데 1924년 내무성으로부터 천연기념물로 지정되었고, 이 소철나무도 가토 기요마사가 조선에서 가져간 것이라고 한다. 그리고 조선에서 납치당한 소철나무는 카가와현(香川縣)의 다카마츠시(高松市)에 있는 법천사(法泉寺)에도 있다. 이 소철은 2007년에 다카마츠시의 명목 제67호로 지정되어 관리되고 있는데, 400년 전 이곳 일본으로 와서 조선의 기상을 지키기라도 하듯이 당당하게 한 사찰의 경내를 지키고 있다.

또 오이타 현(大分縣) 다케다 시(竹田市)의 죠호쿠쵸(城北町)에는 1644년에 건립된 것으로 알려진 영웅사라는 사원이 있는데, 이 절에 조선에서 납치해간 목단이 있다. 이 절의 관계자에 의하면 임진왜란 때 이곳 영주 나가가와 히데나리(中川秀成)와 그 형 히데마사(秀政)가 왜군으로 참전하여 형이 죽자 그를 위하여 조선에서 발견한 목단을 일본으로 가져가서 자신의 영지에 심었다. 그 후 영웅사가 건립되자 경내로 옮기고 그의 형을 비롯하여 조선에서 죽은 왜군들의 영혼을 위해 빌었다 한다. 이 목단은 현재 250여 개나 될 정도로 그 수가 늘어났으며, 꽃이 피는 매년 4월 하순에는 목단축제가 벌어지고, 이를 보기 위해 많은 사람이 몰려든다고 한다.

그리고 가나자와의 겐로쿠인(兼六園) 부근 교쿠센인(玉泉園)이라는 정원에 조선 오엽소나무가 있다. 이 소나무는 수령이 350여 년 된다고 하는데 이 옥천원의 주인인 와키다 나오요시(脇田直能)는 조선사람의 후예라고 한다. 그는 임진왜란 때 왜군 총사령관 우키다 히데이에(宇喜多秀家)와 끝까지 싸워 전사한 김시성(金時省)의 아들 김여철(金如鐵)의 후예인 것이다. 김여철은 7살 때 왜군이 잡아가서 우키다의 영지인 오카야마에 살게 하였다. 그러다가 와키타 집안의 딸과 결혼하여 와키타 나오카다(脇坂直賢)로 이름도 성도 바꾸어 버렸다. 이렇게 일본식으로 이름을 바꾸었기 때문에 그의 아들도 와키타 집안의 적자로서 와키타 나오요시(脇田直能)이라는 이름으로 사회에 등장하게 된다. 김여철은 일본에서 공을 세워 요직을 두루 역임하였는데 가나자와 성(金澤城) 바로 옆에 있는 자신의 집에 정원을 꾸미고, 그 정원을 교쿠센인(玉泉園)이라는 이름을 붙였다. 김여철은 1660년 75세에 일기를 마쳤는데 그가 살았던 저택에 조선 소나무가 서 있는 것이다. 그가 어떤 경로를 통해 어디에서 가져온 것인지 알 수 없지만, 일본에서 보기 드문 조선 오엽송이라고 한다. 현재 이 집은 다른 일본사람이 살고 있기 때문에 조선 오엽송은 왜군이 끌고 간 조선인의 후예가 아닌 일본인의 후예가 새로운 주인이 되어 오늘에 이르고 있다.

이토록 임진왜란은 이 땅의 동물과 식물에도 수난의 역사를 가져다준 대사건이었다. 일본으로 납치되어간 동식물 중에서 여기에 소개된 것은 빙산의 일각일 것이다. 얼마나 많은 동물이 새로운 땅에서 적응을 못하고, 비록 동물이지만 그들의 가족과 생이별을 한 채 살다가 한 서린 생명을 다해야 했으며, 얼마나 많은 식물이 낯선 곳에서 뿌리를 내리지 못하고 말라 가야 했겠는가? 임진왜란은 조선사람에게는 말할 것도 없고 조선의 동물과 식물에게도 잔인한 전쟁이었을 것이다. 그 모든 동식물 또한 수천 년동안 우리 민족과 함께 한반도를 지켜온 파수꾼이 아닌가? 그 어느 것 하나도 우리가 가벼이 여겨서는 안 되는 귀중한 생명체이다. 현재는 여러 요인으로 인해 한반도에만 존재하면서 그 개체의 명맥을 이어가고 있는 동식물이 얼마나 많은가? 만약 다시 임진왜란과 같이 우리가 지키지 못해 국토를 유린당한다면 그 많은 동식물은 점령군에 의해 무분별한 남획과 채취로 멸종되어 버리고 말 것이다. 이 땅을 지킨다는 것은 우리의 생명과 재산은 물론이고, 우리나라의 고유문화와 앞으로도 영원히 이 땅을 지켜갈 동식물을 지키는 것이라는 것을 잠시도 잊어서는 안 되겠다.

제9장

성웅 이순신

문인 이순신

지기지피의 산물 '거북선'

이순신에게는 천도(天道)만이 살길이었다

이순신에게도 소실이 있었다

이순신장군도 의(승)병을 거느렸다

외국 명장의 이순신 칭송

이순신장군의 애민정신

이순신장군의 리더십

푸대접 받고있는 우리의 영웅

문인 이순신

이순신 장군은 무인이다. 임진왜란을 맞아 수십 번의 싸움에서 한 번도 패하지 않고 연전연승하여 일본의 야욕을 좌절시킨 구국의 영웅이다. 충무공 이순신 장군이 꺼져가는 조선의 운명을 바로잡은 우리의 성웅이면서 위대한 무인이라는 것에 대해 누구도 반론을 제기할 사람은 없을 것이다. 이순신 장군에 대해 얼마나 감탄했으면 명나라의 '진린(陣璘)'이 "이순신은 천지를 주무르는 재주와 나라를 바로잡은 공이 있다(經天緯地之才 補天浴日之功)."라고 했겠는가?

그러나 우리는 무인 이순신 장군에 가려있는 문인 이순신을 간과하고 있는 것 같아 안타까운 면이 없지 않다. 사실 이순신 장군은 처음부터 무인의 길을 가려고 했던 사람은 아니다. 22세 때에 그의 무인 기질을 알아본 무인 출신 장인인 방진(方震)의 권유로 무인의 길로 들어서게 된다. 그 전에는 문인으로서 사서오경을 비롯한 당대의 과거 응시자들이 읽는 서적은 물론, 다른 고서적을 누구보다 많이 읽은 것으로 알려졌다. 즉, 문인의 재능을 충분히 갖고 무인의 길로 나갔다고 할 수 있다.

그래서 이순신은 무(武)뿐만 아니라 문(文)에도 밝았기 때문에 시험관을 놀라게 한 일화가 있다. 무과 식년시에 그를 시험하는 자리(지금의 면접시험이라고 할 수 있는 과정)에서 시험관이 "장량은 적송자를 따라 놀았다 전하는데, 그렇다면 장량은 과연 죽었겠는가, 죽지 않았겠는가?"라고 시험관이 묻자 이순신 장군은 "사람은 나면 반드시 죽는 것이요, 『강목』에도 '임자 6년 후에 유후장량이 죽었다.' 하였으니 어찌 신선을 따라가 죽지 않았을 리가 있습니까? 그것은 다만 칭탁(稱託)하여서 한 말이었을 따름입니다."라고 답하자 시험관들은 탄복하였다고 한다. 이것은 글만 읽는 선비도 잘 모르는 내용이기에 시험관은 탄복한 것이다. 여기서 적송자는 중국 고대 전설상의 신선이고, 장량은 한나라의 초대황제를 섬겼던 인물이며, 강목은 송나라의 주희가 저술한 역사서 통감강목을 말하는 것으로, 장량이 죽었다는 것은 딱 한 줄 언급되어 있는데, 59권에 이르는 장서를 통달했기에 그런 대답이 가능했다고 추측할 수 있다.

그는 무과시험 후 여러 보직을 거치면서 잠시도 독서를 게을리하지 않았는데, 특히 충청 병사(忠淸兵使)의 군관(軍官) 시절에 다른 동료들은 다 술로 하루하루를 보내고 있을 때 오직 이순신만이 동료에게 휩쓸리지 않고 독서에 열중하고 있었다. 그것을 본 충청 병사는 "너는 무변(武弁)인 주제에 웬 책만 보고 그 모양이야? 술이나 마셔 이놈아!"라고 하였다. 이 말은 군인이란 몸으로 때우는 직업이고, 전쟁터에서 책 속의 지식은 아무짝에도 쓸모가 없다는 뜻이었다. 후일 실학자 이수광도 지봉유설에서 "우리나라 무인들은 활쏘기와 말 달리기는 익히면서도 병서를 읽지 않아 훌륭한 장수가 나오지 못한다."라고 무인들에 대해서 혹평을 한 적이 있다. 사실 그 당시에는 극단적인 문치주의 시대라 무인이 천대받던 시기이면서 무인들이 글에서도 뒤지다 보니까 문신들에게 무시당하고 있던 시대였다. 그리고 무인들은 그러한 약점을 보완하려는 노력은 하지 않고 시대를 한탄하고 전쟁준비도 소홀히 하면서 세월을 보내고 있었던 것이다. 그러나 이순신은 상사나 동료의 조롱을 마음에 두지 않고 책과 씨름을 계속했다. 이순신은 전쟁은 몸으로 하는 것이 아니라 머리를 써야 함을 일찍이 깨닫고 있었다. 그런 신념을 가지고 독서에 매달린 이순신에게 '책벌레'라는 별명이 따라붙었는데, 후일 그가 전무후무한 전공을 세울 수 있었던 것도 무

(武)만을 중요시한 다른 장수와 달리 독서를 통해 차곡차곡 축적(蓄積)한 여러 지식이 그 기초가 되었음은 말할 것도 없다.

또한, 이순신 장군은 임진왜란 시 왜군을 무찌를 만전의 계책을 생각하는 진중에서도 울적한 마음을 시를 지어 마음을 달래기도 했는데, 우리가 잘 아는 「한산도가」가 대표적인 이순신 장군이 지은 시이다. 한산도가(閑山島歌)뿐만 아니라 난중일기와 이충무공전서에는 소망(蕭望), 2편의 진중음(陣中吟), 수사 선거이(宣居怡)와 작별하는 시, 한산도야음(閑山島夜吟) 등이 실려있다. 그는 일생을 우국(憂國)과 구국(救國)의 생활로 일관했으며 순국(殉國)으로 삶을 마감했다. 자나 깨나 나라 걱정 속에서 나날을 보냈는데, 그가 남긴 시는 대부분이 나라와 백성을 걱정하는 내용의 시로써 10여 편의 시가 전해지는데, 그중 하나가 진중음(陣中吟)이다.

天步西門遠(나라님 행차는 서쪽 관문으로 멀어지고)
東宮北地危(동궁 전하는 북쪽 변경에서 위험에 처해 있네)
孤臣憂國日(외로운 신하 나라일 걱정하는 날이며)
壯士樹勳時(장사들은 공을 세울 때이네)
誓海魚龍動(바다에 맹세하니 용과 물고기가 감동하고)
盟山草木知(산에 맹세하니 나무와 풀도 알아준다)
讐夷如盡滅(이 원수들을 다 죽일 수 있다면)
雖死不爲辭(비록 죽을지라도 사양하지 않으리)

라는 내용으로 개전초 왜군이 파죽지세로 북상하여 서울과 평양을 함락시켰고 임금이 의주로 피난하자, 조선의 꺼져가는 운명을 생각하면서 비장한 각오를 나타낸 것으로 한결같이 우국충정뿐만 아니라, 그의 높은 문학적 자질과 선비정신을 엿볼 수 있는 시이다.

그가 지은 시는 모두가 소동파 못지않은 문장감과 시구를 담고 있고 읽는 사람의 심금을 울리고 있다. 1937년에 간행된 조윤제의 조선시가사강(朝鮮詩歌史綱)은 조선 중기 시조문학자 중 대표적 인물의 한 사람으로 이순신을 꼽기도 했다. 또한, 오늘날 국민 시조라 일컬을 만큼 널리 암송되는 「한산도가」는 시조 중의 걸작으로 양주동은 "그 깊디깊은 비애와 상념, 그 위대한 인간성의 표현으로 우리나라 역대시조 근 천 수 가운데 최고작!"이라고 극찬을 아끼지 않았고, 이병기는 "충무공의 시문은 비록 무인의 그릇이라 하지만, 문학뿐만 아니라 성경으로도 볼 수 있다."라고 평했다.

이처럼 이순신은 무인이면서 경지에 다다른 문인의 기질을 함께하고 있었기 때문에 다시 삼도수군통제사가 되었을 때는 짧은 연설로 부하들을 감동시킬 수 있었다.

"우리가 지금 임금의 명령을 다 같이 받들었으니 의리상 같이 죽는 것도 마땅하도다. 그렇지만 사태가 이 지경에 이르렀으니 한 번 죽음으로서 나라에 보답하는 것이 무엇이 그리 아깝겠는가? 오직 우리에게는 죽음만이 있을 뿐이다."라고 하여 부하들의 심금을 울렸다. 또한, 명량해전 하루 전에는 "병법에 이르기를 반드시 죽을 각오로 임하면 살 수 있고, 반드시 살려고 한다면 죽게 된다."라고 했으며, "한 명이 길목을 지키면 천 명도 두렵게 할 수 있다고 했다. 이것은 모두 우리를 두고 한 말이다."라고 하여 죽기를 각오하고 싸우면 살 수 있다는 희망을 보임으로써 목숨을 걸고 싸우게 하였다. 이렇게 부하를 설득하여 스스로 죽음을 무릅쓰고 전투에 임하도록 할 수 있었던 것은 무경칠서(武經七書)와 장감박의(將鑑博議)를 비롯한 병법서 뿐만 아니라 사서오경(四書五經)과 소학(小學) 같은 수많은 고문서(古文書)를 탐독하여 경지에 다다를 정도의 문인기질을 쌓았기 때문에 가능했다고 볼 수 있다.

그가 올린 78편의 장계는 전투상황을 자세히 기록하였을 뿐만 아니라, 요구사항에 대해서는 요구의 당위성을 간명한 글을 통해 논리적으로 설명하고 있다. 임진왜란 시 이순신 장군만큼 장계에 전투상황을 자세하게 적어 올린 장군이 없지 않은가? 높은 문학적인 자질이 있었기에 논리적인 문체로 기록이 습관화되고, 기록하면서 전투상황 재연으로 잘못된 것에 대한 보완요소를 염출하여 다음 전투 시에는 동일한 오류를 범하지 않았기에 기록으로 습관화된 그의 문인 기질이 연전연승의 뒷받침이 되었다고 생각한다. 즉, 문인 이순신이 있었기에 무인 이순신이 태어날 수 있었던 것이다.

그의 표준 영정도 무인의 기질보다 문인의 기질이 더 돋보이도록 그린 이유가 어디에 있는지 우리는 생각해 보아야 한다. 단순히 왜군을 물리친 장수가 아니라, 그야말로 문무를 겸비한 장수임을 강조하고 있는 것이다.

무인 이순신 장군에 가려져 있는 문인 이순신을 간과하는 안타까움을 떨쳐버리고, 훌륭한 무인은 풍부한 문인의 자질을 함께 가지고 있어야 함을 알고, 군 간부는 문무를 겸비한 간부가 되도록 노력을 아끼지 말아야 한다.

끝으로, 이순신 장군이 지은 시 한 수를 더 소개한다.

역시 임금과 백성에 대한 충성뿐만 아니라 가족에 대한 애틋한 사랑을 읊은 시이다. 이순신 장군도 사람이기에 어서 빨리 짐승보다 못한 왜적을 이 땅에서 몰아낸 후 전쟁을 끝내고, 사랑하는 가족과 손자들의 재롱을 보면서 생활하고 싶은 간절한 생각을 마지막 구절에 담은 시이다. 전쟁이 끝나면 유유자적하면서 안빈낙도하는 여생을 보내고 싶은, 인간이라면 누구나 가지고 있는 본연의 소망을 담고 있는 것이다.

無題
北來消息杳無因(북쪽 소식 아득히 들을 길 없어)
白髮孤臣恨不辰(외로운 신하 시절을 한탄하네)
袖裡有韜摧勁敵(소매 속엔 적을 꺾을 병법 있건만)
胸中無策濟生民(가슴 속엔 백성 구할 방책이 없네)
乾坤黤黲霜凝甲(천지는 캄캄한데 서리 엉기고)
關海腥膻血浥塵(산하에 비린 피가 티끌 적시네)
待得華陽歸馬後(전쟁이 끝난 뒤 말을 풀어 목장으로 돌려보낸 뒤)
幅巾還作枕溪人(두건 쓴 처사 되어 살아가리라)

지기지피의 산물 '거북선'

거북선 하면 말만 들어도 우리의 가슴을 후련하게 한다. 조선을 침략한 왜적을 해전에서 응징하는 데 크게 기여한, 임진왜란 시 주력전투함이면서 임진왜란 사상 가장 상징적인 전략 무기로 우리의 뇌리에 자리매김하고 있다. 이순신 장군은 해전 시 먼저 거북선으로 적의 지휘선이나 주력함에 돌격시켜 그것을 파괴함으로써, 지휘체계를 마비시키거나 전투의지를 상실케 하여 전열을 무너뜨린 다음, 기선을 제압하고 주도권을 확보한 후, 성능이 우수한 판옥선의 화력을 집중시켜 적의 전투함이 성능을 발휘하지 못하도록 하였다. 그리고 화살로 잔적을 살상하였고, 마지막으로 불화살로 적의 전투함을 분멸시켰다. 전투 중 간혹 포로로 잡혀있는 조선 백성을 구출하기도 하였는데 이순신 장군이 연전연승 시 거북선은 돌격선으로서 가장 위험하고 중요한 임무를 수행하였다. 그러나 거북선은 하루아침에 만들어진 것이 절대 아니다. 이순신 장군이 적의 능력을 알고 그에 따른 대응방안에 대한 고민 끝에 피와 땀으로 만들어낸 각고의 산물이다.

이순신 장군은 임진왜란 발발 14개월 전(1591년 2월) 전라좌수사로 부임 후 일본의 침략을 예견하고 대비태세에 만전을 기한다. 불철주야로 수군들을 훈련하고 각종무기와 전함 수리뿐만 아니라 화약을 만들어 비축하는 한편, 봉수대를 쌓고 틈틈이 예하 부대들을 순시하면서 대비태세를 점검하였다. 그중 대비태세가 소홀한 진에 대해서는 가혹한 처벌을 하기도 하였다. 그러면서 조선 수군이 왜(倭) 수군과 전투 시 승리는 물론이고 아군의 피해를 줄일 수 있는 방안이 무엇인지에 대해 많은 고민을 한다.

당시 왜군의 기본전술이 적의 배로 올라가 칼이나 창으로 적을 살상하는 전술인 등선육박전술(登船肉薄戰術)인 데 비해 우리의 기본전술은 원거리 화력전(火力戰)이다. 그 당시 왜 수군은 조총과 활, 그리고 일본도(刀)와 창으로 무장하고 있었고, 조선 수군은 총통과 활로 무장하고 있었다. 이에 이순신 장군은 이러한 적과 아군의 무기체계를 연구하여 아군의 피해를 줄이기 위해 원거리 화력전 전술을 선택한 것이다. 그래서 적들과 근접전을 피하고자 가급적 더 먼 거리에서부터 화포사격이 가능하도록 화포의 사거리를 연장하는데 많은 노력을 한다. 적들이 우리 전함에 등선하여 백병전을 하게 되면 조선군은 백년전쟁으로 단련된 왜군에게 상대가 되질 않았다. 그래서 화포의 사거리를 연장했지만 명중률이 문제였다. 사거리가 길수록 명중률은 떨어졌다. 명중률 향상을 위해서 적의 전선에 근접해서 화포사격을 해야 했는데, 근접하게 되면 일본군이 등선할 경우 아군에게 큰 피해가 발생할 가능성이 있었다. 그래서 적의 등선을 막는 방안을 찾게 되고, 적들이 높은 곳에서 공격 시 아군의 피해를 방지하기 위해서 조선 초 태종 시기인 1413년 2월에 만들었던 귀선(龜船)에서 착안하여 판옥선에 덮개를 씌운다. 이른바 조선 수군의 주력 군선인 판옥선을 혁신시킨 것이다. 이렇게 덮게만 씌웠을 경우 그래도 등선이 가능하기 때문에 등선을 하면 살상이 되도록 쇠못을 촘촘히 박았고, 출전 시에는 쇠못 위에 부직포를 덮어 쇠못이 있는 줄 모르고 등선한 적은 등선과 동시에 지옥으로 떨어지도록 하였다. 이렇게 쇠못을 부착하여 씌운 덮개는 적의 등선을 막고 아군이 적을 공격할 때는 적군의 공격을 받지 않도록 아군을 보호하는 역할도 했다. 그리고 정면과 측면에서 화포 사격이 가능하도록 했고, 측면에 구멍을 내어서 안에서는 밖을 볼 수 있으나, 밖에서는 안을 볼 수 없도록 해서 적의 사격으로부터 아군이 보호되도록 했다.

내부구조 면에서도 노를 젓는 층과 전투를 하는 층을 분리함으로써 각각의 병사들이 어떤 방해도 없이 자신의 임무를 수행할 수 있도록 했는데, 1595년까지 5척이 만들어진 것으로 전해진다. 일설에 의하면 이순신 장군은 거북선을 만들기 전에 자라와 거북을 방안에 두고 3개월간 관찰했다고 알려졌다. 사실 자라와 거북, 그리고 거북선과 판옥선은 한가지 공통점이 있다. 바로 바닥이 평평한 것이다. 즉, 조선 전투함은 전투 시 바닥이 뾰족한 왜군의 전투함과 달리 평평하기 때문에 바다에서 회전이 용이하여, 한쪽에서 포사격을 한 후 다음 포사격을 준비하는 동안 재빨리 회전하여 신속하게 또다시 포사격을 함으로써 적을 혼란에 빠뜨릴 수 있었다.

이렇게 해서 만들어진 거북선은 사천해전에서 처음으로 위용을 드러낸다. 이순신 장군이 심혈을 기울여 만든 거북선은 기대를 저버리지 않았다.

'이언량'을 돌격장으로 한 해전은 첫 출전 한 거북선이 적진을 종횡무진 휘젓고 다니면서 화포사격으로 천지를 진동하는 괴성과 함께 대장선을 파괴하자 적들은 혼비백산하면서 혼이 빠져버리고, 이때를 놓치지 않고 조선수군은 판옥선에 의한 화포사격 및 화살공격으로 적들을 도살하였다. 일년여에 걸친 고민 끝에 만든 이순신 장군의 거북선이 빛을 발하는 순간이었다. 거북선의 위력에 힘입어 조선군의 압승으로 끝난 이 전투는 거북선에 의한 이순신의 신화가 시작되는 순간이기도 했다.

그 뒤로 왜군에게 거북선은 공포 그 자체였다. 즉, 왜 수군의 전의를 상실케 하기에 충분한 전투함이었다. 그러나 아쉽게도 정유재란기인 1597년 7월 15일 칠천량해전에서 조선 수군이 궤멸하면서 거북선도 운명을 같이했을 것으로 추측된다.

이순신 장군은 왜군의 전술과 우리의 능력을 알고 있었기에 우리가 승리하는 것은 물론이거니와, 우리의 피해를 줄이고 적에게 최대한의 피해를 입힐 수 있는 방안에 대해 고민을 했기 때문에 거북선을 만들 수 있었을 뿐만 아니라, 전투에 적극 활용하여 해전 시마다 압도적으로 승리할 수 있었다. 즉, 왜군의 강점을 무력화하고 우군의 강점을 최대한 활용할 수 있는 전함의 개발에 총력을 기울인 결과였다.

이순신 장군은 "나를 알고 적을 알아야 백 번 싸워도 위태롭지 않다(知己知彼 百戰不殆)."라고 했다. 이순신 장군은 스스로 한 말에 대해 행동으로 실천했기에 백전백승할 수 있었다.

이순신에게는 천도(天道)만이 살길이었다

사람은 누구나 살면서 명예와 권력과 부(富)를 추구하고 개인의 생각에 따라 또 다른 욕구를 충족시키며 살아가려고 한다. 어느 시대에 어떻게 살았던 누구나 많은 명예와 권력과 부를 축적하여 풍요롭게 한평생을 살아가기를 희망하고, 그것을 위해 노력한다. 그리고 남아도는 부를 상속해서 후손들의 인생까지 풍요를 보장해주기도 한다. 그러한 과정에서 일부 사람은 부적절한 방법을 동원해서 사회적으로 문제를 일으키기도 한다. 인맥을 이용하든가 뇌물을 쓴다든가, 권력자에게 빌붙어서 자신의 욕구를 채우려는 몰염치한 행위가 사회를 혼탁하게 만들고 있는 것이다. 조선 시대에도 그러한 비정상적인 방법이 어느 정도 행해지고 있었던 것 같다. 그래서 암행감사 제도를 만들어서 그러한 폐단을 바로잡으려고 했었던 것이다. 혼탁한 사회에서 오로지 원칙만을 고집하면서 살아간다면 융통성 없는 사람이라면서 오히려 그 사람이 이상한 사람으로 볼 수가 있다. 보편화한 부정은 이미 부정이 아닌 것으로 착각하게 하고, 부정을 저지르고서도 아무런 죄의식을 느끼지 못하는 것이다.

그러나 아무리 세상이 부정과 비리로 얼룩졌어도 부정(不正)과 비양심과는 절대 타협하지 않으면서 살아온 사람이 있다. 바로 이순신 장군이다. 그는 임진왜란이라는 국난을 맞아 타개하기 힘든 상황을 극복하면서 왜적을 물리쳤기에 위대하지만, 그러나 그의 위대성은 그것이 다가 아니다. 그를 위대한 장군으로 만든 여러 자질 중 하나가 바로 인도(人道)와 천도(天道)가 교차하는 지점에서는 항상 주저 없이 천도를 선택했다는 것이다. 누구나 그렇게 했기에 부정이 부정으로 인식되지 않은 것에 대해서도 그는 오로지 천도만을 숙명으로 생각하고 따랐다.

타협의 대상이 누구이든 간에 이순신 장군에게 옳지 않은 것과의 타협은 있을 수 없었다. 절대 왕권시대에 왕에게까지 그는 목숨을 걸고 옳다고 생각하는 자신의 신념을 굽히지 않았다. 그리고 그것은 한때 이순신 장군에게 크나큰 불행으로 다가왔지만, 결국 그의 이러한 위대함이 나라를 구했다.

이순신 장군은 여러 관직을 거치면서 임진왜란이 일어나기 1년 전인 1591년 2월 전라좌수사로 임명되는데, 관직 생활 하는 동안 끊임없이 외압과 원칙을 무시하는 처사가 그를 괴롭혔다. 타협을 모르는 그의 천성(天性)을 시험하는 첫 번째 무대가 1579년 서울의 훈련원 봉사(종8품) 시절이었다. 이때 그는 군인들의 인사업무를 맡고 있었는데, 평상시 그의 성격대로 매사를 원리원칙에 입각해서 아무 문제 없이 처리하고 있었다. 그런데 어느 날 병조정랑(兵曹正郎, 정5품, 국방부 인사담당관)인 서익이 친지 한 사람을 서열을 무시하고 정7품으로 진급시키고자 했다. 그러나 이순신은 연공(年功)과 고과(考課)를 엄정하게 관리해 왔기 때문에 당연히 완강하게 거부했다. 당시는 능력보다 인맥이 중요시되던 시대였기에 이순신이 아니었다면 어물쩍 넘어갈 수도 있는 사안이었다. 그러나 말단 장교에게 자신의 청이 거절당하자 화가 난 서익은 이순신을 불러 윽박질렀으나, 이순신은 자신의 주장을 굽히지 않았다. 이때 이순신은 서익에게 당당히 부당함을 말했다. "아래 있는 사람을 순서를 바꾸어 올리면 반드시 그 자리에 승진할 사람이 승진하지 못하게 되므로 이 일은 옳지 못합니다. 법규도 고칠 수 없는 것입니다."라고 하자 서익은 앙심을 품고 물러났다. 이렇게 되자 훈련원 내의 모든 관원이 통쾌하게 여겼다고 한다. 좋은 게 좋은 거라고 보통 사람이라면 대충 넘어갈 수 있었지만, 지위를 이용하여 공적질서를 해치는 일을 결코 좌시하지 않는 이순신이기에 공명정대함으로 불의를 이긴 것이다.

이때 이순신의 명성이 서울 장안에 알려지게 되면서 그의 그릇을 알아보고 인척 관계를 맺고자 하는 사람이 나타났는데, 병조판서(兵曹判書, 국방부장관) 김귀영이 자기의 서녀(庶女, 첩이 낳은 딸)를 이순신의 소실(小室)로 시집 보내려고 중매인을 보낸 일이 있다. 당시에는 조금만이라고 명성이 있으면 소실 한두 명 두는 것을 예사로 삼고 있었다. 그러나 이순신이 누구인가? 이순신이 제일 싫어하는 것 중의 하나가 권세 있는 사람에게 빌붙어 출세하려는 것이었다. 김귀영은 당연히 거절당했다. 나중에 이순신에게 왜 거절했느냐고 물었을 때 이순신은 "벼슬길에 처음 나온 내가 어찌 권세 있는 집에 기대어 출세를 도모하겠는가?"라고 했다. 혹여 범인이라면 출세의 기회로 생각할 수 있는 절호의 기회였다. 그렇기에 거절하기에는 많은 용기와 고민이 요구되는 제안이었다. 군 초급 간부가 국방부 장관의 딸과 결혼한다면 많은 사람으로부터 부러움을 살 수 있는 것이다. 그런데 이순신은 단호하게 거절했다. 어쩌면 주변머리 없는 어리석은 사람으로 보일 수도 있는 처사였지만, 이순신은 조금도 미련을 갖지 않았다. 그냥 김귀영의 서녀를 소실로 맞이했어도 아무런 문제가 되지 않았다. 그러나 모두가 허용하는 비양심이었지만, 이순신의 양심은 그것조차 용인하지 않았다. 그것은 인도(人道)는 될지언정 천도(天道)는 아니었던 것이다.

이러한 올곧은 이순신은 상관들로부터 인정(?)을 받지 못하고 훈련원 봉사 8개월 만에 충청도 병마절도사의 군관으로 자리를 옮기게 되었다. 여기서도 이순신의 강직한 성품은 전혀 변함이 없었다. 어느 날 해질 무렵에 병사가 술에 취해서 이순신의 손을 잡고 어떤 다른 군관의 사처로 찾아가 자고 이끌었다. 이때 이순신이 병사의 손을 잡고 "사또, 지금 어디를 가시 는지요?"라고 하였다. 그러자 병사는 취중에서도 정신이 들어서 그 자리에 주저앉으며 "아, 내가 취했군! 많이도 취했어!" 하면서 자신의 행동을 뉘우 쳤다고 한다. 그 당시 규정에는 상관이 사사로이 부하들의 집을 방문할 수 없었다. 육군 중위가 소장에게 일침을 가한 것이지만, 그것은 정의감에서 나온 용기의 표본이라고 할 수 있으며, 그러한 이순신의 강직한 성격이 공 과 사를 분명히 구분하여 보필함으로써 상관을 올바른 길로 인도한 것이 다. 이순신의 충심을 알아채고 더 이상 고집을 부리지 않은 병사의 인품도 훌륭하다고 할 수 있다. 술이 깬 후에 병마사는 아마도 이순신에게 고마운 생각을 했을 것으로 추측된다.

이러한 이순신은 또다시 8개월 만(1580년)에 종 4품인 수군 발포만호로 자리를 옮기게 된다. 여기서도 원리원칙에 충실하려는 그에게 테스트는 계 속되었다. 한 번은 전라좌수사 성박이 이런 지시를 하였다. "내가 거문고 를 만들고자 하니 발포 객사 뜰 앞의 오동나무를 베어서 보내라."라는 지 시였다. 상관의 지시대로 베어서 보내면 그만이었다. 또 누구나 그렇게 했 을 것이다. 문제가 되더라도 상관의 지시에 따라 그렇게 했다면 이순신은 책임을 면할 수 있는 것이다. 그러나 이순신에게는 그게 아니었다. "이 나 무는 나라의 것이다. 또 여러 해 동안 길러온 것이므로 함부로 벨 수 없 다."라고 하면서 단호히 거절했다. 범인들처럼 나무 한 그루쯤이야 아무것 도 아니라고 생각하고 상관의 지시에 순응했다면 이순신의 벼슬길도 순탄 했을지 모른다. 그렇지만 이순신은 순탄한 길을 선택하지 않았다. 직속상관에게 그렇게 매정하게 함으로써 자신에게 어떤 불이익이 올 수도 있다는 것을 얼마든지 짐작할 수 있지만, 아무리 사소한 일이라도 불의에 어긋나는 일에 대해서는 그냥 넘어가지 않았다. 불의를 보고 그냥 넘어가는 순탄한 길보다는 불의에 타협하지 않는 가시밭길을 스스로 선택했다. 권력에 굴하지 않는 용기, 옳다고 생각하는 신념에 대해서는 그 어떤 것에도 생각을 굽히지 않고 꿋꿋이 한 길을 가는 이순신은 어쩌면 천도(天道)만이 가야 할 길임을 알고 천도만 걸어가도록 운명을 타고난 사람인 것 같은 생각마저 든다.

그리고 성박의 후임으로 이용이라는 사람이 전라좌수사로 부임했다. 이용도 상관이라는 위용만을 부리기를 좋아하는 사람이었다. 어느 날 갑자기 이용은 전라좌수영 관하에 있는 5개 포구를 순찰하였는데, 다른 4개 포구의 결석자는 대단히 많았으나 발포에는 4명뿐이었는데, 거짓으로 꾸며 이순신만을 장계하여 죄를 청하려고 하였다. 그러자 이순신은 다른 4개 포구의 결석자 명단을 조사하여 만일에 대비하고 있었다. 이에 이용의 참모들은 이순신의 태도를 알고 "발포의 결석자가 제일 적을 뿐만 아니라 이순신이 각 포구의 결석자를 조사하여 그 명단을 가지고 있습니다. 만일 장계(狀啓)가 위에 올라가면 후회할 일이 있을지 모르겠습니다."라고 하자 "그렇겠다."라면서 장계 올리는 것을 취소하였다. 그 후 이용은 이순신에 대한 악감정을 가지고 있었다. 그리고 그때는 해마다 6월과 12월에 정기적으로 만호 이상의 진장(鎭將)에 대한 근무성적을 평가하도록 되어 있었는데, 이용은 악감정을 가지고 있는 상태에서 이순신을 최하위로 평가하였다. 그러자 전라도사로 있던 중봉(重峯) 조헌이 변호하고 나섰다. "이순신이 군사를 다스리는 법도가 도내에서 제일이라는 말을 들어서 잘 알고 있소이다! 그러므로 다른 진을 모두 그의 아래에 둘지언정 어찌 그를 나쁘게 평가할 수 있으리오!"라고 하자 결국 흐지부지되고 말았다. 그래서 그 일은 이순신만큼이나 올곧은 한 사람의 의인에 의해 그냥 넘어갔다. 부당한 일에 대해서는 상급자와 하급자를 구분하지 않는 이순신의 단호한 일면을 보여주는 일화이다.

그 일이 있은 후 이순신이 38세 되던 1582년 1월이었다. 이번에는 이순신이 훈련원 봉사 시절, 서열을 무시하고 친지를 진급시키려다 거절당한 사례로 이순신에 대해 악감정을 가지고 있던 서익이 군기경 차관(軍器敬差官)으로 발포에 와서 군기검열(軍器檢閱)을 하고 난 후, 군기를 전혀 정비하지 않았다면서 파직해야 한다고 보고하는 바람에 이순신은 발포만호 18개월 만에 파면당하고 만다. 평소 이순신의 근무태도를 보았을 때 절대로 군기 보수를 게을리할 이순신이 아니다. 그러나 불의와 부정에 물든 그 당시 관료 사회에서는 정상이 오히려 비정상으로 통하고 있었다. 이순신은 그러한 관료사회에 물들지 않았기에 이순신은 청렴하게 행동하였고, 그 청렴함이 죄가 되어 한 졸장부에 의해 어이없는 보복성 음해를 당한 것이다.

부당하게 파면을 당하고 하는 일 없이 소일하던 차에 어릴 적 같은 동네에서 성장기를 보낸 유성룡이 19촌 친척인 이조판서(吏曹判書)로 있는 율곡 이이(李珥)를 만나 보라고 권하였다. 당시는 문중의식이 굉장히 강하고 족보를 따지던 시기라 19촌은 그렇게 먼 친척은 아니었다. 그리고 당시 이조판서라면 6판서 중 으뜸가는 서열이고 정승 다음 가는 요직이었다. 또한, 조선 8도의 인사를 담당하면서 무관의 인사에도 많은 영향을 끼칠 수 있는 자리이다. 그러나 이순신은 유성룡의 간곡한 제안도 거절한다. "나와 율곡은 동본인 까닭에 만나볼 만도 하나, 그가 이조판서로 있는 동안은 만나

보는 것이 옳지 못하다." 하면서 끝내 만나지 않았다. 일부에서는 이순신이 동인에 가까워서 율곡이 서인이기 때문에 만나지 않았다고 주장하기도 하지만, 어떻든 만나서 나쁠 건 하나도 없었을 것이다. 그리고 예나 지금이나 군인이라면 진급을 하기 위해 많은 노력을 한다. 그러나 이순신은 누구에게 기대어서 진급하려는 생각은 조금도 없었다. 공적인 생활에 조금이라도 사적인 관계를 개입시키는 것을 외면했다고 볼 수 있다. 바른길이 아니면 쳐다보지도 않는 그의 성격은 세월이 지나도 조금도 변함이 없었다.

파면당한 지 4개월 만인 1582년 5월 전에 근무한 적이 있는 훈련원 봉사로 근무하게 되었다. 어디를 가나 그의 도덕성 시험은 끊임없이 계속되었다. 어느 날 이순신이 메고 다니던 전통(箭筒)을 본 병조판서(兵曹判書) 유전(柳㙉)이 그것을 달라는 것이었다. 하급장교가 국방부 장관의 청을 거절한다는 것은 웬만큼 대범하지 않으면 불가능한 것이다. 예나 지금이나 자신의 앞날을 생각해서 '얼씨구나 좋아라' 하고 청을 들어줄 것이다. 그것을 큰 명예로 알고 자랑할 수도 있다. 그러나 역시 이순신은 달랐다. 크게 자랄 나무는 떡잎부터 다르다고 했다. "이것을 드리기는 어렵지 않지만, 이 일로 인해 대감과 제가 더러운 소리를 들을까 두렵다."라고 하면서 거절했다. 그러자 유전은 "그대 말이 옳다!"라고 탄복하면서 다시는 달라는 말을 하지 않았다. 불의와 타협하지 않는 이순신의 천성을 바꿀 수 있는 사람은 아무도 없었다.

훈련원 봉사로 1년을 근무 후 이순신은 1583년 7월 함경도 남병사 이용의 군관으로 근무하게 되고, 11월 아버지의 별세로 삼년상을 끝낸 후 1586년 1월 함경도 조산보만호(종4품)가 되고 1587년 8월에는 녹둔도둔전관을 겸한다. 그해 9월 수확기를 맞아 여진족이 침입 시 이순신은 왼쪽 다리에 화살을 맞으면서까지 악전고투하여 여진족을 물리치고 포로 60명도 구해오지만, 북병사 이일의 무고로 패장으로 몰려 옥에 갇히고 파직을 당하면서 첫 번째 백의종군을 하게 된다. 그는 옥에서도 사전에 병력을 증원해 달라는 자신의 요청을 북병사가 받아들이지 않았기 때문이라고 당당히 주장하였다. 그 후 시전부락 전투에서 우화열장(右火烈將, 돌격대장)이라는 직책으로 참가하여 적장 울지내를 사로잡는 공을 세워 사면을 받게 된다.

그 후 이순신은 전라도 관찰사 이광의 군관 겸 선전관 자리를 거쳐 1589년 12월 정읍 현감(종6품)이 된다. 여기서도 이순신의 시련은 계속되었다. 이때는 10월에 일어난 정여립의 모반사건으로 피바람이 몰아치고 있는 시기였다. 이전부터 이순신은 조대중과 편지를 주고받았는데 조대중이 그 사건과 관련 있다고 하여 집을 수색당했고, 압류한 서류 중에 이순신의 편지도 들어 있었다. 조대중은 잡혀 들어가고 공무로 상경하던 이순신이 그전부터 알고 지내던 금부도사를 만났는데 "이 현감의 편지도 이 속에 들어 있는데, 아예 말썽의 소지를 없애기 위해 그것을 뽑아버릴까요?"라고 하자 이순신은 "아니오. 그 편지들은 지난날에 조 도사가 내게 안부를 물었기에 그에 대한 답장으로 보낸 것이오. 또한, 그것이 이미 공물(公物)인 수색물품에 들어 있는데 사사로이 뽑아버리는 것은 결코 옳지 못한 일이오."라고 하면서 일언지하에 거절했다. 금부도사의 말대로 그냥 뽑아버리면 그것으로 끝날 수 있는 것이었다. 그러나 대장부 이순신은 공사를 엄격히 구분할 줄 아는 위인이었다. 소심하고 겁이 많은 사람이었다면 금부도사의 말대로 했을 것이다. 그러나 이순신은 겁이 없어서가 아니라 결백하고 당당했기에 그렇게 하지 않았다. 만약 그것을 없앴다면 이순신은 없는 죄를 인정하는 것이 되기 때문에 그렇게 할 필요가 없었던 것이다. 진실에 대한 믿음과 한 수 앞을 내다볼 줄 아는 이순신의 안목이 있었기에 훗날 임진왜란 시에 백전백승할 수 있었던 것이다. 오로지 옳은 길만 길인 줄 알고, 이순신은 그 어떤 유혹도 통하지 않는 원칙주의자였고, 그것이 결국 이순신을 보호하는 역할을 했다.

그리고 이순신은 가족도 끔찍이 아꼈다. 그가 생각하는 가족의 범주에는 조카도 포함되어 있었다. 그의 두 형은 일찍 세상을 떠났기에(맏형 희신, 1535~1581년, 53세에 사망, 둘째 형 요신, 1542~1580년, 39세에 사망) 의지할 데 없는 조카들을 이순신이 데리고 있었다. 이순신이 거느리는 식구가 24명이나 되었다. 그 당시에는 남솔(濫率)이라 하여 지방관리들이 많은 식구를 거느리면 파면의 사유가 되기도 했다. 그러나 이순신은 어린 조카들을 내치지 않았다. 오히려 "내가 차라리 식구를 많이 데리고 온 죄를 입는 한이 있어도 이 의지할 곳 없는 것들을 돌보지 않을 수 없다."라고 하면서 계속 조카들을 친자식 이상으로 정성껏 양육하였고, 가취(嫁娶)도 자기 자식보다 먼저 시켰다고 한다. 그러나 이순신은 현감으로 있으면서 많은 식구들을 먹여 살리기 위해서 백성들을 착취했다거나 공금에 손을 뻗치지 않았을 것이다. 누구보다 극도의 청빈한 생활과 근검절약으로 식솔들을 거느린 것으로 전해지고 있다. 그가 태인 현감을 겸임했는데, 선정을 베풀었기에 태인 백성들이 어사에게 이순신을 태인 현감으로 전임(專任) 발령케 해달라고 청원서를 제출했다고 한다. 다른 벼슬아치들과 달리 부정과 비리를 저지르지 않고 공명정대하게 공무를 처리하는 이순신은 백성들의 신망을 얻게 되고 이때부터 작은 영웅이 되어 있었던 것이다.

이처럼 이순신은 많은 비정상이 정상으로 보편화한 사회에서 정상화된 그 비정상을 부정했다. 잘못된 사회분위기에 휩쓸리지 않고 오직 바른길만을 갔다. 모두가 인도(人道)라는 평탄한 길을 걸을 때 그는 천도(天道)라는 험한 길을 갔다. 그도 인간이기에 손쉬운 길에 대한 유혹도 많이 있었을 것이다. 그러나 이순신은 잘못된 유혹은 과감히 뿌리쳤다. 가족과 이웃, 그리고 백성과 나라에 한 점 부끄러움을 사지 않았다. 그 특유의 강직함으로 어떠한 외압에도 굴하지 않고 철저한 원칙주의를 고집하여 세상의 어떤 편법과도 손잡지 않았다. 평온한 불의의 길보다는 험악한 정의의 길을 선택하였고 끊임없이 다가오는 유혹을 이겨내면서 자신의 내면세계를 단련시켜 나갔다. 불의에 굴하지 않고 올바른 길이 아니면 가지 않는 우리의 전통인 선비정신만이 이순신에게는 가치기준이었다. 이른바 백설이 만건곤(滿乾坤)한 세상에서 독야청청(獨也靑靑)하는 소나무 같은 사람이라고 할 수 있다.

이러한 이순신의 엄격한 자기관리와 절제는 어머니에게서 많은 영향을 받았다. 어머니인 초계 변씨는 그를 사랑하면서도 매우 엄격하게 가정 교육을 하여 어린 시절 이순신의 성품 형성에 큰 역할을 한 것으로 알려졌다. 이런 사랑과 엄격한 교육을 받은 이순신은 가족을 사랑하고, 부하를 사랑하고, 나아가 백성을 사랑하였기에 국난을 극복하는데 가장 큰 공헌을 한 것으로 추측된다.

한국의 상징 소나무

우리 속담에 "털어서 먼지 안 나는 사람 없다."라고 했는데, 이순신은 그 속담을 부정할 수 있는 자격을 가진 사람이라는 생각이 든다.

이순신에게는 오직 천도만이 갈 수 있는 길이었고, 천도만이 살길이었던 것이다.

이순신에게도 소실이 있었다

이순신 장군에게도 두 번째와 세 번째 부인이 있었다는 것은 다소 생소한 것일 수 있다. 해전에서 왜군을 물리치기에 바빴을 텐데 언제 세 번째 부인까지 가졌느냐는 의구심을 가질 수 있고, 다소 이순신 장군의 명예를 먹칠할 수 있는 것이라고도 생각할 수 있다. 그러나 그 당시 사대부 대부분은 두 번째 부인이 있는 것이 일반화되어 있던 시대라 현대의 시대적 관점에서 보면 조금은 이상할 수 있지만, 그 당시의 잣대에 맞추어서 생각해 보면 이상할 것은 조금도 없다. 그리고 조선 시대에는 대부가 1처 3첩, 일반 선비가 1처 1첩을 거느리는 것이 법제적으로 허용되는 사회였다.[23]

그 당시 임금들은 마치 세를 과시하기라도 하듯이 부인이 많았다. 가장 부인이 많았던 임금은 태종으로 11명의 부인을 거느렸고 두 번째로 많은 부인을 거느린 임금은 성종으로 9명의 부인이 있었으며, 중종과 정종 및 철종은 7명의 부인을 두었다. 그다음으로 선조와 고종은 6명을, 세종은 5명의 부인을 거느렸다. 고려 시대와 조선 시대를 거치면서 가장 많은 부인을 거느린 사람은 고려 태조 왕건으로 23명의 부인을 두었다. 고려 태조는 지방호족들과의 원만한 관계를 유지하기 위해서 통치수단의 일환으로 그들의 딸과 결혼을 많이 하였고, 조선 시대에는 왕권 강화나 왕자를 많이

---

23 박성순, 『한 권으로 읽는 성웅 이순신(서울: 도서출판 해남, 2013)』, p. 34

생산하기 위해서 부인을 여러 명 두었던 것으로 전해지고 있다.

그리고 사대부들도 대부분 관습에 따라 일부일처가 아니라 일부이처 또는 일부삼처의 생활을 하였다. 조금의 비양심도 허락하지 않았던 이순신 장군이 두 명의 소실을 거느린 것을 보면 소실을 두는 것이 도덕적으로도 전혀 지탄받을 일이 아니었던 것으로 추측된다.

이순신 장군은 1545년 3월 8일 서울 건천동에서 덕수 이씨의 12대손으로 태어났다. 그의 아버지는 이정(李貞)이고 어머니는 초계 변씨(草溪卞氏)였다. 이순신 장군은 4형제 중 셋째 아들로 태어났다. 이름자의 신(臣)은 항렬(行列)이다. 위의 두 형은 희신(羲臣)과 요신(堯臣)이며, 동생은 우신(禹臣)인데, 고대 중국의 신화인 삼황오제(三皇五帝)에서 복희(伏羲), 요(堯), 순(舜), 우(禹) 임금의 차례로 어진 임금의 이름을 딴 것이다. 이순신이 태어날 즈음 그 마을에서는 임진왜란이 일어날 때 좌의정으로 있던 서애 유성룡(西厓 柳成龍)이 삼 년 먼저 태어나서 자라고 있었다. 이순신이 태어난 후 점치는 사람이 나타나서 "이 아기는 나이 50이 되면 북방에서 대장이 될 것이다."라고 예언을 했다고 한다. 그리고 이순신 장군을 낳기 전 어머니 꿈에 할아버지가 나타나 "이 아기는 반드시 귀하게 될 것이니, 이름을 '순신'이라고 짓는 것이 좋겠다."라고 하여 이름을 '순신'이라고 지었다고 한다. 어머니 변씨의 꿈은 무엇인가를 강력히 암시하는 꿈이었던 것 같다.

덕수 이씨의 시조는 이돈수(李敦守)로서 고려 시대 중랑장(中郎將)을 지냈으며, 그의 손자인 이소(李劭)가 이윤온(李允蘊)과 이윤번(李允蕃)을 두었는데, 이때는 조선왕조가 도래한 시기로 이윤온의 9세손이 율곡(栗谷) 이이(李珥)이고, 이윤번의 8세손이 이순신 장군이다. 그러므로 이순신 장군은 이이의 19촌 아저씨이다. 세계(世系)가 내려오면서 7대조인 변(邊)이 대제학(大提學, 정2품)을 지냈고 증조부인 9대조 거(琚)는 병조참의(兵曹參議)를 지낸 바 있으며, 성종과 연산군 양대에 걸쳐서 사헌부장령(司憲府掌令, 대검찰청 검사)을 지내면서 호랑이 장령으로 불리었다고 전해진다. 할아버지 백록(百祿)은 기묘사화(己卯士禍)에 연루되어 참변을 당했다. 그후 아버지 정(貞)은 벼슬 생활을 단념하고 선비로서 근면하게 지내면서 선대의 혈통을 이어 아들들을 훌륭하게 길러 내기 위해 철저한 교육을 하였고, 어머니 또한 엄격한 가정교육을 하였는데, 네 아들 역시 고난을 참아가며 배우기를 게을리하지 않았다.

이순신 장군이 태어나고 자란 시기에는 오랫동안 외적의 침입이 없어 평온한 것 같았으나, 을사사화(乙巳士禍, 소윤인 명종의 외삼촌 윤원형 일파가 대윤인 인종의 외삼촌인 윤임 일파를 처형한 사화)와 정미사화(丁未士禍, 명종의 형인 봉성군 등이 살해되는 사화) 등 여러 가지 사화가 꼬리를 물고 일어나서 정치의 혼란과 부패가 극심하였는데, 그것은 당쟁(黨爭)으로 발전하여 공명과 정의를 분간할 수 없게 하였으며, 불의와 타협하고 권력 앞에 무조건 아부하는 사람들만이 일시적으로나마 잘살 수 있는 시기였다. 또 숭문경무(崇文輕武) 풍조가 팽배하여 대부분의 선비는 수단과 방법을 가리지 않고 문인으로 출세하려고 하였다.

이러한 혼란한 시기에 이순신 장군은 성장하면서 올바른 길을 가겠다고 굳게 결심하고, 스스로 절제된 생활을 하는 가운데 원칙을 중요시하는 성품이 형성되었을 것으로 추측되고, 강직했던 조부와 증조부의 성품이 이순신 장군에게 영향을 끼쳤으며, 바르게 살라는 부모님의 가르침은 정의와 불의를 분별하면서 눈앞에 생기는 일시적인 영광보다는 어려운 길을 걷더라도 불의와 타협하지 않는 생활태도를 형성하는 데 많은 영향을 주었을 것으로 추측된다.

이런 이순신 장군은 어릴 때부터 매우 활동적이었는데, 성격은 씩씩하고 영특하면서 꿋꿋하고 담대하였으며, 말과 웃음이 적고 침착하고 부드러운 성격을 가진 편이었다. 다른 아이들과 마찬가지로 방안에서의 글공부보다 밖에서 뛰어놀기를 좋아하였는데 전쟁놀이하는 것을 매우 즐겼다. 그가 8세 되던 해에 그의 부모는 서울을 떠나 충남 아산군 염치면 백암리로 이사를 하였는데, 무엇 때문에 이사하였는지는 명확히 밝혀진 것은 없다. 아마 조부로 인해 가세가 기울면서 서울 생활이 곤궁했고, 불의와 부정이 판치는 서울생활이 싫어서였기 때문으로 추측된다. 이곳에서도 이순신 장군은 동네 아이들과 잘 어울리면서 글공부도 열심히 했다. 이러는 동안 무인보다 문인이 되라는 부모님의 훈계에 따라 두 형과 같이 글방을 다니게 되었고 통감(痛鑑)과 대학(大學) 등 어려운 책들을 독파해 나갔으며 뛰어난 재능으로 어른들을 가끔 놀라게 했다고 한다.

이렇게 글방 생활을 하던 이순신 장군은 20세가 지날 무렵에 보성 군수(寶城郡守)인 방진(方震)의 딸과 결혼한다. 무인 출신인 방진은 이순신의 무인 기질을 알아보고 무인이 될 것을 권유하여 이순신 장군은 22세 때부터 본격적으로 활쏘기와 말타기 등의 무예를 연마하기 시작한다. 즉, 이순신 장군은 문인으로서의 자질을 충분히 갖춘 다음에 무인의 길을 걷기 시작했다. 글방에 다니면서도 이순신 장군은 마음 한편에는 무인이 되겠다는 생각을 간직하고 있었는지도 모른다. 비록 장인의 영향으로 무예를 수련했다고 하나, 전혀 관심이 없는 상태에서 무예를 수련했을 거라고 보기는 힘들기 때문이다. 무인이 되어서 언젠가는 나라에 충성하는 큰 위인이 되겠다고 스스로 다짐했을 것으로 생각한다.

무예를 수련하던 중인 23세 되던 해(1567년)에 첫 아들을 얻었는데 이름을 회(薈)로 하였고, 27세 때(1571년)에 둘째 아들을 얻었는데 이름을 울(蔚, 정유년에 열로 고침)로 하였으며, 33세 때(1577년)에 셋째 아들 면(葂)을 얻었다. 28세 때 무과 시험에 응시하였으나 낙마로 탈락하고, 4년 뒤인 28세 되던 해인 1576년(선조 9년)에 다시 무과시험에 응시하여 병과(丙科)에 합격하였다. 그해 12월 동구비보 권관으로 임명되면서 파란만장한 그의 무관 생활이 시작되어 1598년 노량해전에서 전사하기까지 육지와 바다에서 23년간 어느 누구도 해낼 수 없는 승전을 기록하면서 조선을 지키는 전설적인 신화를 창조한다.

그가 부인 상주 방씨와의 사이에 둔 3남 1녀 중 첫째 아들 회는 노량해전에서 같이 참전하여 공을 세우고 임실 현감을 지냈으며 벼슬이 첨정에 이르렀다. 둘째 아들 열은 벼슬이 형조정랑에 이르렀고, 셋째 아들 면은 21세 되던 해에 명량해전 직후 왜군이 명량해전 패전에 대한 보복으로 이순신 장군의 고향을 급습하여 민가를 불태우고 약탈하는데 이때 왜군과 싸우다가 전사한다. 이면은 훗날 이조참의를 추증받는데 공의 묘는 아산 현충사 내에 모셔져 있다. 상주 방씨와의 사이에서 얻은 유일한 딸은 인근 동리에 살던 문장공(文莊公) 홍가신(洪可臣)의 아들 홍비(洪斐)와 결혼을 했는데, 태어난 날짜와 이름은 전해지지 않고 있다.

한편, 이순신 장군은 두 명의 소실을 거느렸는데, 한 사람은 병마우후(兵馬虞候) 오수억(吳壽億)의 딸 해주 오씨이다. 또 다른 소실은 부안댁(扶安宅)이라고 불리는 사람이다. 이 두 소실은 언제 이순신 장군과 인연이 맺어졌는지는 전해지는 기록이 없다. 그 두 소실은 아들 훈(薰)과 신(藎)을 두었고 딸도 두 명을 두었는데, 어느 소실이 누구를 낳았는지도 전해지지 않고 있다.

다만 누구보다 효심이 강하고 가족과 부하를 사랑한 이순신 장군이 소실의 자녀라고 해서 소홀히 대하지는 않았을 것으로 추측된다. 일찍이 정읍현감 시절에는 조카를 친자식처럼 보살폈고, 가취(嫁娶)도 친자식보다 먼저 시키지 않았던가? 아마도 이순신 장군은 비록 서자이더라도 그들을 끝까지 보살펴 주었을 것으로 생각된다. 조카들을 끔찍하게 보살폈는데 하물며 친자식이야 당연하지 않았겠는가?

무엇이든 그 시대의 시대적 관점에서 바라보아야지 현재의 관점에서 그 시대의 관습에 따라 행하여진 것을 비판하면 안 된다. 이순신 장군에게 소실이 있다는 사실이 현재의 가치기준으로는 비판받을는지는 모르지만, 그 시대에는 자연스러운 하나의 현상이었기에 전혀 비판의 대상이 되지 않는 것이다. 다만, 그 당시는 남성우위의 사회여서 자연스럽게 행하여진 것으로 그것은 고쳐져야 할 풍습이었기에 현재는 거의 없어진 것이다. 더 빨리 조선이 개화되어서 낡은 관습과 풍습이 고쳐졌더라면 우리의 역사는 더 발전되었을 것이다.

이순신장군도 의(승)병을 거느렸다

임진왜란이 일어나자 육전에서는 전투다운 전투 한번 하지 못하고 60여 일 만에 거의 전 국토가 왜군의 수중으로 들어간다. 급기야 임금은 명나라 턱밑인 의주까지 피난을 가게 되고, 피난을 가지 못한 힘없는 백성들은 노예로 전락하면서 생명의 위협 속에 왜군의 온갖 비인간적인 횡포와 탄압에 시달리고, 일부는 목숨을 다하기까지 했다. 이래저래 애꿎은 백성만이 전쟁의 희생물로 전락하고 말았다.

그러나 수군은 전혀 달랐다. 전라좌수군을 주축으로 한 전라우수군 및 경상우수군과의 연합 수군은 5월 초부터 시작된 옥포해전으로부터 9월 초 부산포해전에 이르기까지 모든 전투에서 승리하고 남해안의 제해권을 완전히 장악하였다. 이렇게 수군이 제해권을 장악하고 있었던 것은 막강한 판옥선의 전투력과 운용 화기의 우수성, 원거리 화력전에 기인한바 크다. 그러나 아무리 우수한 전선과 화기를 갖추었더라도 그것을 운용하는 장수의 훌륭한 자질과 휘하 장졸들의 높은 훈련수준 및 승리에 대한 신념이 없으면 승리하기가 어려운 것이다. 특히, 장졸들의 자발적인 전투수행 의지는 승패에 많은 영향을 끼친다고 할 수 있다. 이순신 장군이 거느린 수군 중에서 그 의지가 누구보다 강한 집단이 있었다. 바로 수군에서 활약한 의병과 승병이다.

우리는 의병이나 승병은 육전에서만 활약한 것으로 알고 있다. 이순신 장군이 거느린 수군은 병역의무에 따라 징집된 장졸로서 그야말로 조선 정예의 정규군으로만 구성된 군 집단인 것으로 대부분이 인식하고 있는 것 같다. 통상 의병을 거론할 때는 각 지역별로 일어난 의병 숫자와 의병 장은 소개하면서 해상 의병이나 승병의 역할에 대해서는 비교적 간과하고, 이순신 장군이 연전연승한 것만 강조해왔기 때문에 당연히 수군은 정예의 정규군만이 있었던 것으로 착각하고 있는 것이다. 그러나 이순신 장군 휘하에도 의병과 승병이 육전에서의 그들 못지않게 큰 활약을 하였다는 점에 주목해야 한다.

조선 시대의 불교는 호국불교의 전통이 그대로 이어졌다. 승려들은 깊은 산 속에 들어가 불도를 수행하다가도 나라가 위기에 처하면 목탁 대신 칼을 잡았고, 칼이 없으면 절간에 있는 낫이나 가래를 들고 구국의 대열에 합류했다. 고구려 시대에는 당 태종이 세 차례에 걸쳐 침입하자 승병 3만 명이 참전한 적이 있다고 전해지고 있다. 또한, 고려 때에는 사원마다 수원승도(隨院僧徒)라 하여 평시에는 수도하면서 노역에 종사하다가 국난이 터지면 승병으로 출전했다. 몽고의 침입이 10차례가 계속되는 동안 자발적으로 일어난 승병들의 활약은 국난을 극복하는 큰 힘이 되었고, 2차 침입 때는 승려였던 김윤후 장군이 적장 살리타이를 살해하여 적들이 물러가도록 하였다. 또 5차 침입 시에는 역시 김윤후 장군이 지휘하여 충주성에서 70일 동안 저항함으로써 충주 함락에 실패한 몽고군이 철수하도록 하였다. 이렇게 호국불교의 전통은 계속 이어져 왔는데, 조선 시대는 숭유배불(崇儒排佛) 정책으로 인해 승려들이 천민이나 다름없었는데도 임진왜란이 터지자 전국 사찰들에서 승병들이 들고일어났다.

조선 시대 수군에 속한 승병은 임진왜란 전부터 있었던 것으로 볼 수 있다. 1592년 3월 2일 난중일기에 "승군 100명이 돌을 주웠다."라는 기록이 있는데, 전라좌수군 관할하에서 흥덕사에 약 400명의 승군이 주둔했다.

전라좌수군에서 본격적인 의병과 승병활동이 시작된 것은 1592년 8~9월경이었다. 그 무렵에 의병장과 승병장을 주축으로 400명의 의병이 기병하였으며, 일부는 중요지역을 방어하고 일부는 이순신 장군의 통제하에 해전에 참가하였다. 이때 이순신 장군 휘하에서 활동한 승병장으로 순천지역의 의승 삼혜, 흥양과 광양지역의 의승 의능과 성휘, 광주와 곡성지역의 의승 신혜와 지원이 있었으며, 의병장으로는 구례와 광양 및 순천지역에 진사 방처인과 한량 강희열 및 보인 성응지가 있었다. 이들은 이순신 장군의 지휘 아래 해안지역의 주요지역의 경계임무를 하면서 일부는 수군 병력으로 보강되어 직접 전투에 참가했다.

특히, 이순신 장군은 1593년 2월 6일 5차 출동을 하여 웅포에서 3월 6일까지 일곱 번에 걸친 공격으로 나름대로 전과를 올리지만, 생각만큼 많은 전과를 올릴 수는 없었다. 웅포에는 적선 100여 척이 정박해 있었는데, 포구가 100m 미만의 좁은 길목으로 조선 수군의 거북선과 판옥선이 집단으로 이동하여 전투를 하기에는 불리한 상황이었다. 그리고 적은 한산도와 안골포해전에서 유인작전에 말려들어 격멸 당한 사례가 있어 몇 번이나 유인을 시도했지만, 왜군은 속지를 않았다. 또한, 적함들은 포구 깊숙한 곳에 감추어 놓고 적들은 산기슭에 성을 쌓고 조선 수군이 공격하면 집중적인 조총 사격을 하였기 때문에 공격하는 데 상당한 애로를 느끼고 있었다. 그래서 이순신 장군은 밀물 때를 이용하여 7~8척이 교대로 진입하여 장기 소모전으로 바다와 육지에 있는 적을 격파하기로 하였다. 그러나 수군만으로 육지에 있는 적을 공격하는 것은 한계가 있었다. 그래서 이순신 장군은 적들이 결코 바다로 나와서 해전을 하지 않을 것으로 확신하고 수륙합동작전이 필요하다고 생각했다. 생각 끝에 이순신 장군은 거느리고 있던 수군 중에서 의병과 승병을 웅포에 상륙시켜 적을 섬멸토록 한다는 계획을 수립하게 된다. 그래서 2월 22일 이순신 장군의 주력전선은 5척씩 교대로 웅포로 공격해 들어가서 적을 처부수고 의병과 승병을 태운 10여 척의 배를 두 개 제대로 나누

세계의 성웅 이순신

어 한 제대는 웅포 동쪽인 남양리로, 또 한 제대는 웅포 서쪽 방향인 제포로 상륙하여 적을 공격하게 하였다. 갑작스러운 조선군의 수륙합동전술에 당황한 왜군은 갈피를 잡지 못했고, 이 틈을 타서 의병과 승병들은 많은 왜병을 사살함으로써 이순신 장군에 의해 전공을 높이 평가받았다. 그러나 소수 병력이 상륙하여 육지의 적을 소탕하는 데는 한계가 있을 수밖에 없었고, 그래서 웅포에서의 수륙합동작전은 생각했던 만큼 큰 성과는 없었지만, 수군이 거느린 의병과 승병의 활약이 두드러진 작전이었다.

그래서 이순신 장군은 웅포해전이 있은 지 약 1년이 지난 뒤에 그들에게도 적절한 포상이 필요함을 깨닫고, 1594년 3월 10일에 휘하의 의병장 성응지 및 승장 수인과 의능에게 포상해줄 것을 장계로 조정에 요청하였다. "수군을 모집하여 들어온 의병장인 순천 교생 성응지와 승장 수인(守仁)·의능(義能) 등이 이렇게 어려운 전란을 당하여 제 몸의 편안을 생각지 않고 의기를 발휘하여 군병을 모집해서 각각 300명을 거느리고 나라의 치욕을 씻으려 하였는바, 참으로 칭찬할 만합니다. …중략… 일찍이 싸움터에서 적을 무찌를 적에도 뛰어난 공로가 현저하였으며, 그들의 나라를 위한 의기심은 시종 변하지 않으니 더욱 칭찬할 만한 일입니다. 위에 적은 성응지·승장 수인·의능 등을 조정에서 각별히 표창하여 뒷사람을 격려하여야 하겠습니다."라는 장계를 올렸다. 이순신 장군의 장계대로 조선 수군에서 많은 활약을 한 의병과 승병들은 전란 초기 제해권을 장악하는 데 조선 수군 전력의 일부로 많은 영향을 끼쳤다고 할 수 있다.

또한, 정유재란 시에도 그들의 활약은 멈추지 않고 계속되었다. 칠천량해전 후 이순신 장군이 다시 삼도수군통제사가 되면서 본격적인 수군 재건 활동을 하자 전라도 해안지방 각처에서 다시 해상의병이 봉기하는데, 이때에는 수십 명에서 수백 명에 이르는 의병조직으로 해안에 출몰하는 적을 상대로 유격전을 펼쳐나갔다. 그리고 해안지방의 의병활동이 전개되는 과정에서 수군통제사가 의병 지도자에게 의병장의 직첩을 내리기도 했는데, 흥양 출신의 의병장 신군안(申君安)에게 내린 직첩이 그것이다. 또 의병장으로 차임(差任)된 송광사의 의승장 혜희(惠熙)나 강진 의병장 염걸에게도 직첩을 내렸다. 이렇게 의병과 승병이 봉기하는 가운데 명량해전이 벌어졌고, 명량해전은 수군이 임무를 수행할 수 없게 된 상황에서 대부분 현지에서 동원된 비정규군으로 신속한 수군의 재건을 통해 승리를 거둔 대첩이었는데, 그 비정규군에는 많은 의병과 승병이 참가하였다. 대표적인 사람이 장흥사람 마하수로 네 아들(성룡, 위룡, 이룡, 화룡)과 같이 명량해전에 참가하였다가 그는 전사하였다. 또 피난민들이 100여 척의 피난선을 동원하여 전투 시에 후방에 위치하여 왜군에게 군선으로 보이게 함으로써 초기 승기를 잡는 데 많은 이바지를 함으로써 승리하는 데 일조하였다. 이 피난민들도 직접 전투에는 참가하지 않았지만, 의병이라면 의병이라고 할 수 있다. 이렇듯 명량해전이 승리하는 데는 자발적으로 전투에 참가한 의병과 승병의 영향이 컸던 것이다.

지금까지 육전에서만 있는 것으로 알고 있던 의병과 승병이 이순신 장군의 휘하에도 있으면서 전력에 상당한 비중을 차지했다. 더군다나 그 의병과 승병들은 무장면에서는 관군보다 못했으나, 왜군에 대한 적개심과 단결력은 관군을 능가했다고 할 수 있다. 이제라도 수군에서 활약한 의병과 승병에 대한 인식을 새롭게 해야 할 때이다.

외국 명장의 이순신 칭송

　이순신 장군은 우리의 영웅일 뿐만 아니라 이미 세계적인 명장이다. 우리가 그것을 모르고 있을 뿐이었다. 우리에게 이순신 장군은 박정희 대통령에 의해 영웅화되었다고 일부에서 주장한다. 여기서 그 주장의 옳고 그른 것을 판단하자는 것은 아니다. 우리가 이순신 장군에 대해서 의견이 분분하고 한 대통령에 의해 영웅화되었다고 주장하기 전에 이미 이순신 장군은 세계적인 명장이 되어 있었다는 것이다. 어쩌면 이순신 장군은 우리가 생각하는 것 이상으로 세계적인 영웅인지도 모른다.

　다른 어떤 장수도 조정의 지원 없이 승리를 이루어낸 경우는 없었다. 조정의 전폭적이 지원으로 군비를 증강하고, 군졸들의 의식주를 해결했다. 그러나 이순신 장군은 조정의 지원은 고사하고 오히려 조정으로부터 목숨의 위협을 받기까지 하고서도 스스로 흩어졌던 군사를 모으고, 군비를 증강하고, 훈련을 시켜서 전투마다 값진 승리를 이루어 냈다. 그래서 이순신 장군의 승리가 더 높이 평가되고 있는 것이다. 단순히 승리한 것이 아니라 항상 아군의 희생이 거의 없는 압도적인 승리를 거두었고, 승리할 수 없는 전투까지 승리했기에 세계의 걸출한 명장이 될 수 있었던 것이다.

　명나라 장수 진린(陳璘)은 이순신 장군과 고하도에서 같이 진영을 운영하면서 동고동락한 관계이면서 이순신 장군의 인품과 전략에 감동을 하여 노량해전에 같이 참전한 장수로, 외국장수 중에서는 이순신 장군을 가장 잘 아는 장수이다. 그는 이순신 장군을 선조에게 글을 보내 "통제사는 경천위지재(經天緯之才) 보천욕일지공(補天浴日之功)이 있습니다."라고 하였다. 하늘을 움직일 만한 뛰어난 인재이고, 하늘을 깁고 해를 목욕시킬 만큼 국가에 큰 공훈이 있다는 뜻이다. 중국의 고대 전설에 여와씨(女媧氏)가 하늘이 이지러진 곳을 깁고, 희화(羲和)가 해를 목욕시켰다는 전설에서 유래한 말로 최상의 칭송이었다. 경천위지재는 경영의 대가라는 의미로 중국에서는 주나라의 강태공(姜太公), 한나라의 장자방(張子房), 촉의 제갈량(諸葛亮)을 일컫는다.

그는 또 이순신 장군이 노량해전에서 전사하자 선조에게 글을 보냈다. "전하, 애통하여 붓을 들기가 어렵고 떨어지는 눈물로 먹을 갈아 올립니다. 전하의 충성스러운 신하 이순신이 지난 전투에서 전사하였습니다. …중략… 이순신은 자신이 수장임을 잊고 용감히 나가 싸울 때 적들의 사나운 칼을 두려워함이 없었습니다. 마침내 수백 척의 적함들을 격침하고 수만의 적들이 고기밥이 되게 했습니다. …중략… 소장이 약관의 나이에 임관하여 한평생을 바다에서 살았으나, 천국에서도, 소방(변방의 작은 나라)에서도 이순신과 같은 충신을 보지 못하였고, 이순신과 같은 맹장을 보지 못하였습니다. …중략… 일찍이 소장이 순신의 용맹하고 충성됨을 장계하매 상국의 천자께서도 이를 아름답게 여기시고 탐내시어 마침내 상국의 수사 제독을 제수하셨으나, 이제 이순신을 잃으니 어찌 전하의 애통함에 머무르겠습니까? …중략… 이순신의 지략은 하늘이 내렸으며, 이순신의 용맹은 자룡이 두려워할 만하였습니다. 바다에서 잔뼈가 굵은 소장도 스스로 옷깃을 여미고 이순신을 스승으로 여겼습니다. …중략… 소장뿐만 아니라 제가 휘하에 거느린 모든 부장과 장교들, 그리고 가장 어리석은 병졸에 이르기까지 이순신을 존경하고 따르지 않는 자가 없었습니다. 이를 어찌 전하의 홍복이 아니라 하겠습니까? …중략… 마침내 소장이 이순신의 몸을 염하여 천자께서 내리신 비단으로 덮어 통제영에 이르니 백성

중에 놀라 까무러치지 않는 자가 없고 엎어져 울부짖지 않는 자가 없었습니다. 이처럼 놀랍고 슬픈 일이 또 어디에 있겠습니까? 이들의 모습이 마치 전란 중에 부모를 도적의 칼에 잃고 길바닥에 나앉아 우는 어린아이들과 같았습니다. 소장의 장졸 중에도 눈물을 감출 수 있는 자가 없었습니다. …중략… 이에 이순신의 공을 높여 이순신을 뒤늦게나마 숭상으로 삼으시고 이순신의 죽음으로 애통하는 백성들을 위하여 국상을 허락하시기를 바랍니다. …중략… 일찍이 이순신이 소장의 목숨을 구하였으나, 소장은 죽음이 이순신을 데려가는 것을 막지 못하였습니다. 전하, 소장을 용서하시옵소서."라는 길고 긴 장문의 글을 선조에게 올렸다.

사람이 다른 사람을 존경한다는 표현할 때 이보다 깎듯이 예를 갖춘 글은 찾아보기 힘들다. 그 당시 명나라는 조선을 속국이나 다름없는 나라로 생각하고 있었다. 조선에 와서는 천군임을 자처하고 안하무인으로 위세를 부리던 그들이었다. 그런데 그런 명나라의 장수가 이순신을 스승으로 여겼다면서 죽음에 대해 최고의 예를 갖추어서 마음에서 울어난 눈물의 호소를 선조에게 한 것이다. 이순신 장군의 인품이 우리를 깔보고 있던 명나라 장수의 마음을 요동치게 한 것이다. 이미 이순신 장군은 명나라에서 영웅이 되어 있었다.

임진왜란 당시 적국이었던 일본의 도고 헤이하치로(東鄕平八郞)는 1904년 러일 전쟁에서 러시아의 발틱함대를 괴멸시킨 후 일본의 영웅이 된 장수이다. 바로 그 장수가 1906년 미국 해군사관학교 생도들이 졸업기념으로 일본을 방문했을 때 가장 존경하는 사람이 누구냐고 묻자, 바로 이순신이라고 답했다. 1907년 영국 해군사관학교 생도들이 도고 헤이하치로를 방문하여 "각하와 넬슨, 그리고 이순신 제독을 비교하면 어떻습니까?"라는 질문을 하였는데 그는 주저 없이 "나와 넬슨은 비교해도 좋을지 모르나, 이순신 제독과는 비교하지 마십시오."라고 답했다. 이것이 계기가 되어 영국을 비롯한 각 나라에서 이순신 연구에 박차를 가했다고 한다.

또 그는 여러 공식석상에서도 서슴없이 "저를 넬슨과 비교하는 것은 가능할지 모르나, 이순신 장군과는 감히 비교할 대상이 못됩니다. 무릇 전쟁에서 군인의 몫은 1%요, 국민의 단합된 힘은 99%입니다. 넬슨은 온 국민의 성원과 지지를 받으며 전쟁을 치렀고, 이순신 제독은 온갖 시기와 모함을 무릅쓰면서 싸웠습니다. 이 점 하나만 보더라도 저는 이순신 장군의 비교 대상이 못되며, 그분이 보여준 전략도 제가 논할 수 있는 성질의 것이 아닙니다."라고 하였고 "나는 이순신 제독과 비교되지 않는다. 그는 전쟁에 관한 한 신의 경지에 오른 분이다. 그분은 조일전쟁 당시 나라의 지원도 제대로 받지 않고 훨씬 더 나쁜 상황에서 일본과 싸워 매번 승리하였다. 나를 이순신 제독에 비유하는 것은 그분에 대한 모독이다."라고 이순신 장군을 당대 최고의 장수로 꼽으면서 말했다. 자신의 나라를 상대로 연전연승하였는데도 이순신에 대한 최고의 높은 평가를 아끼지 않았다.

도고 헤이하치로(東鄕平八郞) 외에도 일본에는 이순신을 존경한 인물이 여럿 있다. 그중 한 사람이 해군 준장 사토 데쓰타로(佐藤鐵太郞)는 1926년 『조선지방행정』 제6권 2월호에 「절세의 명장 이순신」이라는 제목으로 다음과 같은 글을 올렸다. "해군 장군인 나로서는 평생을 두고 경모하는 바다의 장수로 네덜란드의 M. A. 드 로이테르(Michiel Adriaenszoon de ruyter)와 조선의 이순신이 있다. 그중에서 갑과 을을 정하라 한다면 서슴지 않고 이순신을 갑으로 추천한다. 영국의 넬슨 제독이 세계적인 명장으로 명성이 높은 것은 누구나 잘 아는 바다. 하지만 인격에 있어서나 창의성에 있어서는 도저히 이순신의 짝이 될 수 없다. …후략…"라고 하면서 이순신 장군을 극찬했다. 역시 일본인으로서 이순신 장군의 그릇을 알아보고는 누구보다도 높이 평가하고 있다.

또한, 일본의 역사소설가인 시바 료타로는 그의 저서 『언덕 위의 구름』에서 이순신 장군에 대해 다음과 같이 쓰고 있다. "이순신은 당시 조선의 문무 관리 중 거의 유일하게 청렴한 인물이었고, 군사통제와 전술능력, 충성심과 용기가 실로 기적이라 할 만한 이상적이 군인이었다. 이 인물의 존재는 조선에서 그 후 잊혀졌지만, 일본인들은 그를 존경해 메이지 시대 해군이 창설되었을 때 그의 업적과 전술을 연구했다. …중략… 옛날 동아시아가 낳은 유일한 바다의 명장인 이순신 장군의 영혼에 승리를 빌었다는 것은 당연한 감정이라고 할 수 있을 것이다."라고 쓰면서 이순신 장군을 벤치마킹하여 그들의 군사력을 증강했음을 시사했다. 이처럼 이순신 장군은 일본과 중국에서 명장이 되어 있었지만, 정작 우리는 그것을 모르고 있었다.

일본뿐만 아니라 해상왕국 영국에서도 이순신에 관한 많은 연구가 있었다. 그중 해군 제독인 발라드(George Alexander Ballard)는 1921년 그의 저서 『일본 정치사에 대한 바다의 영향』에서 이순신을 열렬히 칭송하였다. 그 당시 한국은 일본의 식민지로 나라 이름조차 없었던 시기인데, 망한 국가의 옛 장수를 발라드는 알고 있었던 것이다. 여러 쪽에 이순신에 대한 업적과 전술에 관한 소개와 더불어 높이 평가하는 내용을 기술하고, 57쪽에는 "이상이 위대한 조선의 제독이 이룩한 최고의 공적이다. 6주라는 짧은 기간, 이순신은 일련의 전체 해전 기간에서 최고로 큰 성공을 거두었다. …중략… 심지어 넬슨도, 블레이크(Blake)도 혹은 쟝 바트(Jean Bart)

도 무자비한 압제하에 있는 작은 나라의 거의 알려지지 않은 이 장수보다 더 뛰어난 성취를 이룰 수는 없을 것이다. …중략…"라고 하였고, 66쪽에는 넬슨과 이순신을 비교하면서 평가하고 있다. "영국인으로서 넬슨과 그의 분야에서 그와 대등한 인물이 있었다는 것을 인정하기는 언제나 어렵다. 그러나 만약 그렇게 인정되어야 할 인물이 있다면, 그 사람은 바로 패배라고는 전혀 몰랐고, 적과의 전투에서 전사한 이 위대한 아시아인 해군 지휘관(이순신)일 것이다."라고 하면서, 영국인이면서 이순신 장군을 넬슨과 대등한 인물로 평가하고 있다. 당대 세계에서 최강 해상왕국이던 영국의 해군 제독과 320년 전 동양의 해군장수를 동등한 인물로 평가함으로써 이순신 장군에게 최대의 찬사를 보내고 있다. 비록 일본의 식민지 국가로 있는 나라의 옛날 장수였지만, 그는 같은 해군 제독으로서 무한한 존경심을 가졌기에 이순신 장군을 극찬할 수 있었던 것이다. 그 당시 식민지 국가의 옛 장수를 칭송한다고 해서 그에게 돌아올 수 있는 것은 아무것도 없다. 그런데도 그는 이순신 장군을 칭송하였다. 대단한 존경심이 없으면 불가한 일이라고 볼 수 있는 경우이다.

이처럼 이순신 장군은 이미 세계가 알아주는 명장이 되어 있다. 우리가 그것을 모르고 있을 뿐이다. 이순신 장군뿐만 아니라 전투에서 돌격선 임무를 수행했던 거북선은 워싱턴의 전쟁기념관, 영국의 바다 역사박물관과 중국, 독일, 프랑스, 캐나다 등 세계 각국의 역사 기념관에 전시되어 있다. 우리는 이러한 이순신 장군에 대해서 자부심을 가져야 한다. 그리고 고정관념을 뛰어넘어 적을 쳐부수기 위하여 창안해서 만든 세계최초의 장갑선인 거북선도 우리의 큰 자랑거리라는 것을 알아야 한다. 1972년 전 현대그

룹 정주영 회장이 우리나라에 처음으로 대형선박을 만들 수 있는 조선소를 세우려고 돈을 빌리기 위해 영국으로 가서 그곳 은행관계자에게 거북선이 그려져 있는 당시 우리나라의 500원짜리 지폐를 내밀면서 관계자를 설득하여 자금을 마련할 수 있었던 일화는 너무도 유명하다. 정주영 회장은 거북선에 대한 자부심이 있었기에 그렇게 할 수 있었던 것이다.

지금부터 400여 년 전에 왜적을 공포에 떨게 했던 장수와 전선(戰船)이 우리에게 있었다는 것을 후세에 전하고 자부심을 가지도록 해야 한다. 그래서 이 땅을 살다간 선조들 앞에 부끄러운 후세가 되지 않기 위해서 더욱 분발해야 하는 필요성을 인식하도록 해야 한다. 그렇게 해서 우리의 자랑스러운 역사가 우리의 미래를 밝혀주는 등불이 되도록 해야 할 것이다.

이순신장군의 애민정신

임진왜란은 피의 전쟁이었고, 살육의 전쟁이었다. 단순히 다른 나라를 점령하기 위한 전쟁이 아니었다. 일본이 조선을 점령하여 명나라를 정복하기 위한 발판을 마련하기 위해 시작한 전쟁이었지만, 그 과정은 전혀 그러하지를 못했다. 왜군은 인간이 동원할 수 있는 모든 잔인성을 동원하였다. 마치 잔인성의 전시장이라도 되는 것처럼 전쟁을 수행했고, 인간이 어디까지 잔인해질 수 있는가를 시험하는 전쟁이었다고 해도 과언이 아니다. 닥치는 대로 죽이고 불사르고, 끌고 가서 개처럼 부리다가 잔인하게 학살하거나 노예로 머나먼 이국으로 팔아버리고, 아녀자는 보이는 대로 겁탈하고, 살아있는 사람의 귀와 코를 베어 가서 전리품으로 자랑하고, 온갖 문화재의 소실과 약탈 등 이루 말로는 다할 수 없을 정도의 잔악성이 정점에 다다른 전쟁이었다. 세계전쟁사에서 찾아보기 힘든 참혹성이 극치를 달린 지옥의 전쟁이었다. 그러한 지옥의 도가니 속에서 백성들은 생명을 유지해가야 했다. 죽지 못해서, 자신을 위해서, 처자식과 부모를 공양하기 위해서 모진 목숨의 줄을 이어가야 했다.

그러나 지진 난 땅에도 샘은 솟고, 태풍이 지나간 들판에도 꽃은 핀다고 했던가? 왜군의 잔악성이 계속되는 와중에도 백성들 사이에 한 가닥 희망이 싹트기 시작했다. 왜군의 악랄한 만행이 크면 클수록 조선 백성들의 적개심도 커졌다. 그리고 그 적개심은 백성들의 집단항전으로 나타나기 시작했다. 바로 의병이다. 그들은 성(城)과 지역을 지키거나, 아니면 탈환하기도 했다. 지방선비들은 갈고닦은 학문을 말로만 실천한 것이 아니라 행동으로 옮겼다. 그들은 나라에 충성하려는 굳은 결심을 하였을 것이다. 그리고 왕조시대인 만큼 임금에게도 충성하려는 마음도 있었을 것이다. 그렇지만 그들은 우리 민족이 타민족의 지배를 받는다는 그 자체가 싫었을 것이다. 그리고 무엇보다도 무고한 백성이 처참하게 도륙(屠戮)당하는 모습에서 의기를 더 이상 속으로 품고만 있을 수는 없었다. 어떻게 해서든 죽어나가는 백성을 구해야 했다. 민심이 천심이라면 민은 곧 하늘인 것이다. 무너지는 그 하늘을 바로 잡아야 했다. 그들에게는 사전에 대비를 하지 않은 위정자(爲政者)에 대한 원망도 없었고, 백성을 팽개치고 먼저 도망간 임금에 대한 증오도 없었다. 오직 나라와 백성을 구해야 한다는 생각뿐이었다. 바로 이 땅의 하늘인 백성을 죽음의 구렁에서 건져내야 했다. 그들은 이 땅의 주인인 백성을 사랑하였기에 왜군의 잔인성에 분노했고, 헐벗고 굶주리는 와중에도 의기를 굽히지 않고 항전할 수 있었다. 그들도 같은 백성이었지만, 나를 지키고 다른 백성을 구하기 위해 부족한 장비와 군사로서의 질적인 열세에도 불구하고 왜적을 몰아내기 위해 목숨을 바쳤던 것이다. 또한, 백성을 사랑하였기에 어떤 시련에도 꺾이지 않았고, 끝까지 사투를 벌인 것이다. 즉, 애민정신이 있었기에 생명의 끝자락에서도 절망하지 않았다. 애민정신이 있었기에 끈질기게 항전하였고, 왜군이 전혀 생각지 않은 그 항전은 왜적의 간담을 서늘케 하였다. 그러한 의병 못지않게 애민정신으로 무장한 사람이 한 분 있었다. 바로 이순신 장군이다.

이순신 장군의 애민정신! 그것은 이순신 장군으로 하여금 왜군과 맞서 싸워야 하는 이유였고 힘이었다. 땅을 벗 삼아 살아온 백성이 왜군의 칼날에 쓰러지는 것 때문에 치솟아 오르는 분노는 이순신 장군으로 하여금 왜군을 이 땅에서 하루속히 몰아내야 하는 절실한 사명감을 샘솟게 했다. 그러기에 마지막 해전인 노량해전 전날에는 "저 원수들을 무찌를 수 있다면 죽어도 여한이 없겠나이다."라고 하면서 기도를 올렸던 것이다.

어머님을 뵙고있는 이순신장군을 그린 십경도

이순신 장군이 품었던 애민정신은 먼저 가족사랑에서 시작되었다.

그는 가족을 누구 못지않게 사랑했다. 자식들을 사랑했고, 아내를 사랑했고, 의지할 곳 없는 조카들을 따가운 주위 시선에도 친자식처럼 보살피고 챙겨주었다. 특히, 그는 어머니에 대한 효도가 남달랐는데, 전라좌수사로 부임하고 이듬해에 임진왜란이 발생하자, 당시 휘하의 군관으로 있던 정대수가 홀어머니를 극진히 모시는 효자라는 것을 알고 그의 집으로 어머니를 모셔왔다. 그리고 자주 인편으로 문안 인사를 드렸고 어머니를 생각하면서 눈물을 흘리기도 하였다. 난중일기에는 어머니에 관한 내용이 130여 회나 등장한다. 이러한 가족사랑이 자신의 처소로 찾아온 부하에게 자신의 옷을 벗어주어 부하가 춥지 않게 하는 등의 부하 사랑으로 이어지고, 더 나아가서는 백성 사랑으로 승화된 것이라고 할 수 있다. 자신의 혈육인 가족을 사랑하지 않는다거나 자신과 생사를 같이하고 있는 부하를 사랑하지 않는 사람이 백성을 사랑할 리는 만무하다.

　가족사랑에서 시작된 이순신 장군의 애민정신은 전투 중에도 그대로 나타난다. 1592년 2차 출동 결과를 올리는 장계에서는 "왜적에게 사로잡혀 갔던 우리나라 사람들을 구출해 오는 일은 왜군의 목을 베는 것과 다름없는 공로이므로, 왜선을 불태울 때에는 특별히 살펴서 찾아내고 조심하여 함부로 죽이는 일이 없도록 하라고 각별히 분부하였습니다."라고 적혀 있다. 즉 왜적의 수급을 베는 것 못지않게 백성을 구하는 것을 중요시하고 있음을 알 수 있다. 이러한 이순신 장군의 애민정신이 있었기에 당포해전에서는 포로로 잡혀있던 울산 사삿집 여종 억대(億代)와 거제도 소녀 모리(毛里)를 구해냈다. 그리고 당항포해전에서는 억만(億萬)이라는 동래소년을 구출하였고, 왜선을 불살라 버리면서도 한 척은 남겨놓았다. 전투 중에 도망간 왜적들이 우리의 양민을 해칠 것을 우려하여 도주로를 내주고 잠복하고 있었다. 다음 날 살아남은 왜군은 예상대로 그 배를 타고 달아나다 방답첨사 이순신(李純信)에게 걸려 대부분 사살되었다. 당항포해전에 이어 벌어진 율포해전에서는 14살인 천성(天城) 수군 정달망(鄭達望)을 구출하기도 했다.

　이처럼 이순신 장군은 전투 중에도 백성들의 안위를 생각하여 무조건

적들을 섬멸하지 않았다. 또한, 2차 출동 시 피난민들에게는 왜선에서 노획한 쌀과 포목을 나누어 주었고 주변에 몰려든 200여 명의 경상도 피난민들에게 본영 근처인 장생포에 거처를 마련해주어서 농사도 짓고, 말도 길러 생업을 영위하면서 살도록 하였는데, 이러한 피난민을 도와주는 일은 한산도로 본영을 옮긴 후에도 계속되었고, 순천과 흥양에도 피난민들의 정착지를 마련하여 수많은 피난민이 안심하고 생업을 이어갈 수 있도록 하였다.

안골포해전에서도 1592년 8월 16일 이순신 장군은 대부분의 적선(敵船)들을 불살라 버렸다. 그러나 일부 발 빠른 왜적들이 육지로 도망치고 있었다. 그래서 이순신 장군은 순간 마음이 불안하여 아직 쳐부수지 못한 적선을 그대로 방치한 채로 1리쯤 멀찍이 물러나 있었다. 적선을 모두 없애버리면 육지로 올라간 왜적이 산속으로 피신한 백성들을 살육할 수도 있기 때문에 당항포해전에서와같이 그 배를 이용하여 그곳을 빠져나오게 하려는 의도였다. 다음 날 다시 돌아와 보니 적들은 이미 닻줄을 끊고 밤을 이용하여 도망가고 없었다. 그리고 한산도해전과 안골포해전을 치른 3차 출동 시에도 적선을 쳐부수기 전에 조선인 포로를 구출하기 위해 적선을 샅샅이 수색한 결과, 거제도 보자기(鮑作, 주거가 일정하지 않은 조선의 어민으로서 수군에 징용된 사람, 포작선 승무원) 최필(崔弼)과 보인(保人, 조선 시대 군에 직접 복무하지 아니하는 병역의무자를 이르던 말) 김덕종 및 서울 근처 사노 중남(仲男)과 용이(龍伊), 경상도 비안(比安)의 사노 영락(永樂)과 경상도 인동현(仁同縣)의 사내 우근신(禹謹身)을 구출하였다.

이처럼 이순신 장군은 전투 시에 왜적을 쳐부수는 일보다 백성을 보호하는 것에 우선을 두고 전투를 했다. 적선을 불사르고 쳐부수면서도 적선에 올라 철저히 수색하여 백성을 구출함으로써 백성에 대한 각별한 보호조치를 한 것이다. 그것은 월남전에서 초대 주월 한국군 사령관을 지낸 '채명신' 장군이 "백 명의 적을 놓치더라도 한 명의 양민을 보호하라."라고 하여 적을 잡는 것보다 양민보호를 우선시하였기 때문에 그곳 주민들에게 신뢰를 얻어 작전을 수월하게 할 수 있었던 것과 유사한 조치라고 할 수 있다. 이순신 장군은 백성을 사랑하였기에 한 명의 백성도 가볍게 생각하지 않았고, 전쟁의 피해가 백성에게 돌아가지 않도록 하였다. 그리고 전사자는 반드시 고향으로 보내어 두터이 장사를 지내게 하고, 그 처자는 구휼법(救恤法)에 의해 조치하도록 하였다. 이러한 이순신 장군의 애민정신이 있었기에 주위 백성들은 이순신 장군에게 든든한 정보원의 역할도 서슴지 않았다. 한산도해전 시에는 김천손이 왜군에 대한 정확한 정보를 제공해 주었기에 대승을 할 수가 있었던 것이다.

전투 시뿐만 아니라 평상시 군진 관리에서도 철저히 애민정신을 실천했다. 임진왜란이 발발하기 전인 1592년 1월 16일 난중일기에는 "성 밑에 사는 토병(土兵) 박몽세(朴夢世)는 석수로서 선생원의 쇄석(쇠사슬을 박은 돌)을 뜨는 곳에 갔다가 이웃집 개에게까지 피해를 끼쳤으므로 곤장 여든대를 쳤다."라고 기록되어 있다. 사람이 아니라 개에게 피해를 입혔는데도 중죄로 다스렸다.

그리고 농사철에는 군진이 여유가 있을 때에는 농민들을 생각해서 장졸들에게 휴가를 보내 때를 놓치지 않고 농사를 짓도록 하였다. 임진장초에는 1594년 4월 20일에 농사를 지으며 백성을 구제하는 일이 급급하다는 것을 알고 "농사를 권장하고 굶주린 백성을 구제하는 일들에 정성을 다해서 보살피되, 다시 전령이 있으면 곧 달려오라."라고 예하 장수에게 지시했다는 내용이 있다. 이뿐이 아니다. 비록 자신이 직접 농사를 짓는 것은 아니었지만, 농민들의 아픔을 자신의 아픔으로 생각하고 있다. 난중일기에는 가뭄 끝에 비가 내린 것에 대해 농민을 생각하면서 매우 기뻐하는 내용이 자주 나온다. 1593년 5월 6일 난중일기에 "늦게 큰비가 퍼붓듯이 내리더니 온종일 그치지 않았다. 내와 개울에 물이 불어나더니 곧 가득 찼다. 농민들이 바란 것이니 매우 다행이다."라고 기록되어 있고, 1594년 6월 14일에는 "더위와 가뭄이 너무 심하다. 바다의 섬도 찌는 듯하다. 농사일이 매우 걱정이다."라고 했고, 6월 15일에는 이날 밤 소나기가 흡족하게 내리니 "어찌 하늘이 백성을 가엾게 여긴 것이 아니겠는가?"라면서 농사일에 대한 걱정과 백성에 향한 애틋한 마음을 기록했다. 또한, 1596년 5월 3일에는 "가뭄이 너무 심했다. 근심과 고민을 어찌 다 말하랴." 6일에는 "아침에 흐렸다가 늦게 큰비가 왔다. 농민의 소망을 흡족하게 채워주니 기쁘고 다행한 마음을 이루 말할 수 없다."라면서 해갈로 농민의 애타는 마음이 해결된 데 대해 누구보다 기뻐하고 있다.

이러한 이순신 장군의 실천하는 애민정신으로 백성과 장군 사이에는 무한한 신뢰가 쌓였는데, 바로 그 신뢰는 이순신 장군이 위기에 처했을 때 그 위기를 극복하는 결정적인 힘이 되었다. 백성을 사랑했기에 이순신 장군에 대한 무한한 존경심을 가지고 있는 백성은 칠천량해전 패전으로 모든 것을 잃은 수군의 전력 공백을 신속히 보강할 수 있도록 적극 도와주었다. 자신이 사랑한 백성으로부터 위기에 처한 나라를 구하는 힘을 얻을 수 있었던 것이다. 칠천량해전 패전 이후 1597년 8월 3일 이순신 장군은 삼도수군통제사에 임명한다는 교지를 받았다. 그때 이순신 장군이 거느리고 있던 장졸은 송대립(宋大立) 등 군관 9명과 병사 6명이 고작이었다. 말이 삼도수군통제사이지 현재로 말한다면 일개 소대도 안되는 병력이었다. 병력도 없고 군선도 없는, 그야말로 말로만 통제사였다. 그러나 이순신 장군은 실망하지 않고 전라도 곳곳을 돌며 병력을 모은다. 하루빨리 수군을 재건해야 하는 책임을 가지고 바쁜 걸음으로 남해를 향하면서도 피난민을 만나면 그냥 지나치지 않고 말에서 내려(당시 벼슬이 높은 사람은 말에서 웬만해서 내리지 않았다고 한다.) 피난민을 위로하고 꼭 살아 있으라고 당부하는 것을 마다치 않았다. 초를 다투는 다급한 와중에도 그는 애민정신을 버리지 않았다. 그중 옥과(玉果)를 지날 때는 젊은 장정이 아내와 자식들을 보고 "자, 우리 대감 오셨다. 이제 너희들도 안 죽을 게다. 천천히 찾아들 오너라. 나는 먼저 대감을 따라가겠다." 하였는데 이런 자들이 자꾸만 나왔다. 그래서 순천에 이르러서는 정예병사 60명을 얻고 비어 있는 성에 들어가 무장을 하였으며, 보성(寶城)에 이르러서는 120명이 되었는데, 이순신 장군의 인품과 능력에 감복한 백성들과 병사들이 스스로 모여들어 병력이 빠른 속도로 늘어갔던 것이다. 속세와 인연을 끊은 승려들까지 이순신 장군 휘하로 들어와서 전력의 공간을 채워 주었다. 그뿐만 아니라 명량해전 시 백성들은 이순신 장군의 요청에 따라 수많은 어선을 타고 전투함 뒤에서 시위를 하여 왜군으로 하여금 전투함으로 보이게 함으로써 전투를 하기 전에 이미 왜군의 기선을 제압한 것이다. 이러한 백성의 자발적인 협력이 있었기에 칠천량 패전 후 한 달 반 정도의 짧은 시간에 수군을 재건하여 명량해전에서 아무도 장담하지 못했던 승리를 거머쥘 수 있었다.

이순신 장군은 나라의 근간은 백성이라는 것을 잘 알고 있었다. 그렇기에 그는 백성을 하늘로 알고 그들을 사랑했다. 진실과 진심이 담긴 마음으로 백성을 사랑했기에 그는 나라를 구하기 위해 싸운 장수이자 백성을 구하기 위해 싸운 것이다. 그렇기에 임금에 의한 목숨의 위협에도, 아무 변함없이 그는 목숨을 걸고 싸울 수 있었다. 단순히 임금에 충성한 장수라면, 그리고 나라에 충성한 장수라면 임금과 중앙관료들에 의해 목숨이 위태로워지고 백의종군했을 때 모든 것을 팽개쳤을지도 모른다. 그러나 그는 임금과 나라보다 침략군에 의해 쓰러져가는 가련한 백성을 먼저 생각했기에 어떤 시련에도 굴하지 않고 끝까지 싸울 수 있었던 것이다. 애민 정신은 바로 이순신 장군을 가장 순수한 군인으로 만들었고, 군인 중의 군인으로 만들었으며, 세계전사에 길이 빛날 우리의 영웅으로 만들었다.

전투는 군이 하지만, 전쟁은 백성이 한다는 말이 있다. 군이 지속적으로 전투를 하기 위해서는 백성의 지지를 얻어야 하고, 후방에 있는 백성이 군이 필요로 하는 전투물자를 공급해주어야만 승리할 수 있다. 백성을 떠난 군은 있을 수 없고, 있다고 해도 승리할 수 없다. 그래서 이순신 장군은 "민이 군이고 군이 민."이라고 했다. 군과 백성은 물과 물고기의 관계라는 것이다. 군은 백성과 가깝게 있어야 하고 민심과 함께 있어야 한다. 그래서 민과 군이 하나가 될 때 어떤 전쟁도 승리할 수 있는 것이다.

군의 존재목적은 전쟁에서 승리하는 것이다. 전쟁에서 승리하기 위해서 군은 백성을 사랑해야 한다. 어떤 경우에도 칼과 창으로 백성을 탄압해서도 안 되고 강압해서도 안 된다. 이순신 장군처럼 무한한 백성에 대한 사랑으로 군과 백성 간에 돈독한 신뢰를 축적해 놓아야 한다. 그렇게 하기 위해서 군은 백성을 배려하고 보살펴야 한다. 그래서 상호 간에 쌓인 신뢰가 돈독하면 국난이 닥쳤을 때 군은 침략군과 맞서 싸우고 백성은 군이

하는 일에 스스로 동참할 것이다. 그리고 군은 오로지 어떤 것도 아닌, 나라의 중심인 백성을 위해서 전쟁에 승리해야 한다. 군은 백성에게 충성하는 집단이기 때문이다. 백성에게 충성하는 것이야말로 가장 숭고한 군인의 본분이라고 말할 수 있다. 그것은 국난이 닥쳤을 때 어떤 유혹이나 위협에도 변함없이 목숨을 바칠 수 있는 힘이자 원동력이다. 임진왜란 시 백전백승한 이순신 장군이 그러했다. 그러므로 군인에게 있어서 애민정신은 전투력의 원천이면서 그 자체가 바로 전투력인지도 모른다.

이순신장군의 리더십

이순신 장군의 리더십이 무엇인지에 대해서 한마디로 말하는 것은 난해하다. 다른 훌륭한 리더도 마찬가지이지만, 모든 전투를 승리로 이끈 이순신 장군의 혁혁한 전공은 어느 한 요소만을 잘해서 이루어질 수 있는 것이 아니기 때문이다. 여러 가지 요인이 복합적으로 작용하여 수십 번의 전투에서 승리할 수 있었던 것이다. 또 그 전공은 혼자 쌓아올린 것이 아니라 모든 장졸이 합심하여 한가지 목표를 설정하고, 그 목표를 달성하기 위해서 매진하였기 때문에 만들 수 있는 종합 작품이다. 리더에게 가장 필요한 것은 바로 그것이다. 즉, 모든 구성원들로 하여금 리더가 설정한 목표를 향해 매진할 수 있도록 하는 능력이다. 리더는 조직의 힘을 한곳에 집중하여 더욱더 효율적이고 구성원의 희생을 최소화하여 목표를 달성해야 할 의무와 책임이 있는 것이다. 그래서 리더에게는 리더십이 중요하다. 목표를 향한 업무추진 시 인력이나 물자가 부족한 것은 보충하면 된다. 보충이 안 되면 보충될 때까지 기다렸다가 일을 추진하면 된다. 그러나 리더십이 부족한 것은 무엇으로도 대체가 불가하다. 가능한 것이 있다면 그것은 조직원의 희생이다. 즉, 부대가 전투 시에 지휘관의 부족한 리더십을 보충해줄 수 있는 것은 바로 부하의 목숨이다. 이순신 장군은 수십 번의 전투에서 어떤 장수보다 부하의 희생을 최소화하면서 완벽하게 승리했기에 유능한 리더라고 말할 수 있고 영웅칭호가 따라붙는 것이다. 그래서 많은 사람이 그렇게 할 수 있었던 이순신 장군의 리더십에 주목하고 있고, 리더십 요소에 관심을 집중하고 있는 것이다.

이순신 장군의 리더십 요소는 학자마다, 그리고 보는 관점에 따라 조금씩 차이가 있다. 필자는 이순신 장군에 관한 여러 자료를 숙독하여 나름대로 이순신 장군의 리더십 요소에 대해 정리하였다.

이순신 장군의 리더십 요소는 첫째로 애민정신이다. 이순신 장군은 힘없는 백성이 침략자의 칼날에 죽어가는 모습에 분노를 느꼈고, 그러한 백성을 죽음으로부터 구해내기 위해, 그리고 백성을 도륙한 침략자를 응징하고 이 땅에서 그 침략자를 몰아내기 위해 칼을 잡았다. 백성을 사랑했기에 그들이 죽어나가는 것에 무한한 안타까움과 애처로움을 가졌다. 그리고 순진무구한 백성을 죽음의 계곡으로 몰아넣는 침략자에 대해 하늘을 찌를 듯한 적개심을 가지고 그들에 대해 무자비한 응징을 한 것이다. 백성을 사

노량해전 전투장면을 그린 십경도

랑했기에 전투 시에는 적의 수급을 베는 것보다 포로로 잡혀있는 조선 백성을 구출하는 것을 우선시하였다. 그리고 전투 시 육지로 상륙한 적이 백성을 해칠 것을 우려하여 적들에게 도망갈 수 있도록 일부 배를 남겨 놓았다. 피난민들에게는 쌀과 포목을 나누어 주었고 거처를 마련해 주어서 편히 살 수 있도록 해주었다. 평상시 군진 관리 시에는 백성에게 절대로 피해를 주지 않았고, 피해를 줬을 경우에는 엄중히 문책하였다. 또 농사철에는 장졸들에게 집으로 돌아가 농사를 짓도록 세심한 배려를 아끼지 않았고, 가뭄 끝에 단비가 내렸을 때는 애가 탔을 농민들의 심정을 생각해서 누구보다 즐거워했다. 그는 백성을 사랑했기에 이 세상에서 가장 절실한 기다림은 가뭄이 계속될 때 비를 기다리는 농민의 마음이라는 것을 잘 알고 있었다. 진실과 진심이 담긴 이러한 애민정신은 이순신 장군과 백성 간에 무한한 신뢰가 쌓여서 더 큰 전투력이 되어 이순신 장군에게 돌아왔고, 칠천량 패전 후 절체절명의 위기 시에 결정적인 전투력의 원천이 되어 명량해전을 승리로 장식할 수 있었다. 그래서 순수하면서 지극하기까지 한 이순신 장군의 애민정신이 군인정신을 충실하게 하였고, 그 군인정신은 백성을 구하고 나라를 구할 수 있게 하였다.

두 번째로, 이순신 장군의 리더십 요소는 문무를 겸비한 장수라는 것이다. 이순신 장군은 무인의 길을 들어서기 전까지는 문인의 길을 걸었다. 그는 무과보다 문과 과거에 응시하려고 한 사람이다. 그러나 운명의 여신은 그에게 임진왜란 시 조선을 구하라고 무과의 길을 걷게 했다. 바로 그의 그릇을 알아본 '방진'이라는 장인의 권유로 무과의 길을 걷게 된다. 즉, 그는 문인으로서 누구보다 많은 지식을 쌓은 뒤에 무인의 길로 들어선 것이다. 엄격한 가정교육과 문인의 소질을 갈고닦은 그는 자연스럽게 훌륭한 인품을 가질 수 있게 되었다. 그러한 인품에 무인으로서 갖추어야 할 말타기와 활쏘기 등의 수련을 게을리하지 않았기에, 드디어 32살의 나이에 무과에 급제할 수 있었다. 훌륭한 인품과 문무를 겸비한 무인으로서 일찍이 영웅이 될 수 있는 요건을 갖추었다고 할 수 있다. 이러한 문인 기질이 풍부했기에 전쟁이나 무에 관한 옛 문서들을 혼자서 탐독할 수 있었으며, 무에 관한 깊이 있는 지식을 차곡차곡 쌓을 수 있었다. 그러한 문무에 관한 지식이 있었기에 부하를 설득할 능력이 있었고, 설득에 감화된 부하들은 목숨을 걸고 침략군에 맞서 싸웠기 때문에 항상 승리할 수 있었다. 또한, 승리 후에는 누구보다 간결하고 명료한 문체로 장계를 올릴 수 있었다.

세 번째로, 이순신 장군의 리더십 요소는 지식(知識)이다. 지식은 장수의 자질 중 가장 중요한 요소이며, 지휘관에게는 군 전문가로서 반드시 갖추고 있어야 할 전문적인 역량이다. 장수가 잘못하면 자신의 생명은 물론 국가의 안위에 크나큰 위기를 초래할 수 있다. 그래서 무식한 지휘관은 적보다 더 무서운 존재라고 했다. 그만큼 지휘관뿐만 아니라 장수에게는 지식이 중요하다는 것이다. 전투 시에 지휘관의 판단에 따라 자신은 물론, 수많은 부하의 생명과 국가의 운명이 결정될 수 있기 때문에 지휘관에게 지식은 무엇보다 중요한 요소라고 할 수 있다. 그래서 지식은 리더십 요소 중 다른 어떤 것보다 중요한 요소가 된다고 할 수 있고, 장수에게 다른 리더십 요소는 부족하더라도 지식이라는 요소는 부족해서는 안 된다.

이순신 장군은 먼저 무경칠서[24]를 통달하고 있었고 전라좌수사 시절에는 유성룡이 건네준 증손전수방략(增損戰守方略)이라는 책을 통해 탁월한 병법의 소유자가 되어 있었다. 증손전수방략은 현재로 말하면 군사 교

---

24 손자병법, 오자병법, 사마법, 위료자, 이위공문대, 육도, 삼략

범으로서 그 속에는 육전과 수전, 화공전 등 전투수행에 관한 모든 내용이 기록되어 있다고 하는데, 아쉽게도 현재는 전해지지 않고 있다. 우수한 문장실력이 있었기에 이순신 장군은 어떤 서적을 갖다 주어도 어렵지 않게 소화할 수 있었다. 또한, 이순신 장군은 전라좌수사가 되기 전에 발포만호로 근무한 경험이 있기 때문에 수군에 관한 실무지식이 있었고, 북방에서는 수전은 아니지만, 여진족과 여러 번의 전투경험이 있었기에 병법에 있어서는 이론과 실전경험을 두루 갖춘 탁월한 지식을 소유한 장수라고할 수 있다.

장수자질의 중요한 요소인 충분한 군사지식을 함양했기에 병력을 집중하여 아군의 통합된 전투력으로 분산된 적을 공격하였고, 집중화력으로 전투 초기 적의 대장선과 지휘선을 파괴하여 지휘통제체계를 마비시켰으며, 주위의 지형과 조류의 이점을 최대한 활용하여 전투를 하였을 뿐만 아니라 사전에 치밀한 준비를 하여 전투에 임했기에 항상 압도적으로 승리할 수 있었다. 즉, 승리할 수 있는 여건을 마련해 놓고 전투에 임한 것이다. 승리여건이 마련되어 있지 않으면 승리 여건을 스스로 조성한 후에 전투에 임하였다. 즉, 이겨놓고 싸운 것이다. 승리 여건이 미비하면 전투를 회피하여 전투력을 보존하였다. 이른바 선승구전(先勝求戰)을 철저히 실천하였는데, 그 밑바탕에 장수로서 전문적인 지식을 충분히 축적했기에 가능했던 것이다. 모든 지휘관과 장수들이 새기고 있어야 할 덕목이다.

네 번째로, 이순신 장군의 리더십 요소는 순수한 군인이라는 것이다. 고문을 당하고 파직을 당해도 그는 오로지 군인의 임무에 충실했다. 그에게는 충성의 대상이 분명했기에 자신의 명예나 입신양명보다 백성에 대한 충성을 먼저 생각했다. 누구에게 공치사를 바라지도 않았고, 우쭐한 공명심을 가지고 왜적과 맞서 싸운 것도 아니다. 승리의 대가로 진급이나 출세를 바란 것도 아니었다. 파직과 백의종군을 거듭하면서도 조정에서 내리는 자리로 가서 묵묵히 원칙에 따라 임무를 수행했다. 예나 지금이나 직업군인에게 있어서 진급은 하나의 목표이며 명예이고, 가장 큰 위안이다. 진급을 해야만 그 세계에서 살아남을 수 있다. 그렇지 않으면 이른 시기에 도태되어야 한다. 그렇기에 모든 직업군인은 생존하기 위해서 진급을 해야 하는 것이다.

그러나 이순신 장군은 달랐다. 다른 직업군인과는 정반대의 길을 간 사람이다. 진급하기 위해서 열심히 전투준비를 하고, 목숨을 걸고 왜적과 맞서 싸운 것이 아니라, 열심히 전투준비를 하고 목숨을 걸고 왜적과 맞서 싸워 전공을 세우고 난 뒤에도 그에 따른 보상에 연연해 하지 않았다. 아예 관심이 없었는지도 모른다. 실제로 전투 후에 올린 장계에 전투상황을 자세히 기록하고, 예하 장졸의 포상을 요구하는 내용은 있지만, 자신의 포상을 요구한 내용은 한 번도 없다. 그에게는 오로지 백성에 대한 충성만이 있을 뿐이었다. 그러기에 조금도 사심이 없는 그의 순수한 군인정신과 충성심에 감동한 예하 장졸들은 목숨을 걸고 싸웠기에 이순신 장군의 전선(戰船)이 가는 곳은 어디든지 승리의 깃발이 펄럭였다. 이러한 이순신 장군을 생각하면 나 자신은 얼마나 순수한 군인의 길을 걸어왔는지 반성하게 된다.

다섯 번째로, 이순신 장군의 리더십 요소는 신의이다. 신의는 상하 믿을 수 있는 관계가 됨으로써 단결력을 공고하게 해주는 요소이다. 누구도 믿을 수 없는 사람을 따르지는 않을 것이다. 그래서 지휘관은 부하로부터 믿을 수 있는 사람이라는 신뢰를 받고 있어야 한다. 그렇기에 지휘관은 어떤 경우라도 거짓말을 해서는 안 되고 거짓 보고를 하거나 부하에게 지키지 못할 약속을 해서도 안 된다. 부하와 한 약속은 반드시 지켜야 한다. 또 순간적인 위기를 모면하기 위해서 술수를 써서도 안 된다. 지휘관에게 가장 큰 무기는 바로 진실이다. 진실성이 결여된 지휘관이 부하로부터 신뢰를 얻을 수는 없다.

이순신 장군은 휘하 장졸들과의 신의를 지키기 위해서 포상과 형벌을 시행하면서 장졸들로 하여금 의구심을 가지지 않도록 하였다. 전투 후에는 공적에 따른 포상을 할 수 있도록 개인의 전공을 자세하게 장계에 기록해서 올렸고, 그 포상이 이루어지지 않았을 때는 다시 장계를 올려 포상이 되도록 하였다. 2차 출전 시에는 획득한 왜군의 머리보다 열심히 전투에 임하여 공을 세운 사람에게 포상한다는 약속을 하였고, 그 약속대로 전투 간 활약한 공로를 참작하여 1, 2, 3등으로 나누어 비록 목을 베지는 못했어도 죽음을 무릅쓰고 열심히 싸운 자를 제1의 공로자로 정해 거짓 없이 자세히 적어서 장계를 올렸다. 그렇게 하여 공의 많고 적음에 따라 포상이 돌아가도록 하였고, 왜군의 목을 베는 일보다 사살하는 데 더 힘을 써서 공을 세운 방답첨사 이순신(李純信)의 포상이 누락되자 다시 장계를 올려 포상이 관철되도록 하였다. 이처럼 자신이 한 약속을 끝까지 지킴으로써 하급자들로부터 신뢰를 확보하였고, 전라좌수사로서 권위와 위엄도 지킬 수 있었다. 또한, 휘하 장졸들로 하여금 열심히 임무를 완수하면 포상을 받는다는 확신을 갖게 하였다. 그리고 절대로 없는 전공을 만들지도 않았고, 작은 전공을 크게 부풀리지도 않았고, 활약이 미미한 사람의 활약을 크게 기록하지도 않았다. 오직 진실하게 사실을 근거로 하여 활약을 많이 한 사람은 많이 한 것으로, 활약을 적게 한 사람은 적게 한 것으로 기록하여 공과에 따른 공평한 포상이 되도록 하였다. 매전투 시마다 그렇게 함으로써 휘하 장졸들로부터 두터운 신뢰를 얻을 수 있었다.

또한, 광양 현감 어영담이 창고에 가득 쌓여 있는 곡식이 군량미를 빼돌린 것이라는 암행어사의 부당한 처사로 파직을 당하자, 장계에 조방장으로 임명해줄 것을 요청하여 계속 왜군을 물리치는 데 앞장서도록 하였다. 어영담뿐만 아니라 순천 부사 권준(權俊)과 낙안 군수 신호(申浩), 흥양 현감 배흥립(裵興立)과 사도첨사 김완(金浣)이 파직 당했을 때도 그들을 내치지 않고 거두어 조방장으로 삼아서 상하 간 신뢰가 더욱 돈독해졌다. 이렇게 하여 이순신 장군과 휘하 장졸간에는 계속해서 쌓인 두터운 신뢰를 바탕으로 이순신 장군 휘하에서 전투하면 반드시 이길 수 있고, 포상을 받을 수 있다는 확신을 갖게 함으로써 더 적극적으로 전투에 임하게 하여 백전백승할 수 있었다.

여섯 번째로, 이순신 장군의 리더십 요소는 부하 사랑이다.

가족 사랑에서 출발한 이순신 장군의 부하 사랑은 가족 사랑 못지않았다. 그에게는 휘하의 모든 장졸이 자기 아들이었고 가족이었다. 그래서 부하 병사들이 어려운 함상 생활에 대해서 누구보다 잘 파악하고 있었다. 그렇기에 추운 겨울날 병사들이 배 안에서 떨고 있는 모습을 보고는 몹시 괴로워했다. 1594년 1월 20일 자 난중일기에는 "살을 에듯 추워 여러 배에 옷 없는 사람들이 목을 움츠리고 추워 떠는소리는 차마 듣기 어려웠다."라고 기록하였고, 명량해전 직후인 1597년 10월 21일에 기록된 난중일기에는 "바람이 몹시 차가와 뱃사람들이 얼고 떨 것을 염려하여 마음을 안정할 수 없었다."라고 기록하였는데, 다 같이 병사들이 추위에 떨고 신음하는 소리를 듣고 자신의 가족이나 자신이 겪고 있는 것 이상으로 괴로워하고 있는 모습이다.

또 초여름 비가 오는 것을 보고는 1594년 5월 16일 난중일기에 "흐리고 비가 오더니 저녁에 큰비가 시작되어 밤새도록 내려 집이 새어 마른 데가 없었다. 여러 사람들의 거처가 괴로울 것이 무척 염려스러웠다."로 기록되어 있고, 같은 해 5월 25일 난중일기에는 "비가 조금도 그치지 않으니 싸움하는 군사들이 오죽 답답하랴."라는 기록도 보인다. 큰비가 오자 장졸들이 거처하는 집이 비가 새기 때문에 그들의 고통을 헤아려 자신의 심정을 일기에 적었으며, 비 때문에 밖에 나가고 싶은 군사들의 답답한 심정을 생각하여 고통스러운 자신의 심정을 일기에 적은 것이다. 여기서 이순신 장군은 부하의 고통을 자신의 고통으로 여기고 있다는 것을 알 수 있다. 그것은 가식적인 사랑이 아니라 이순신 장군의 진심이 담겨 있는 부하에 대한 사랑이라고 할 수 있다.

또한, 이순신 장군은 여건이 될 때마다 술과 음식을 마련하여 부하들과 어울리면서 노고를 위로하였다. 1594년 4월 3일 난중일기에는 "삼도 군사들에게 술 1천 80동이를 먹였다. 우수사, 충청 수사와 함께 앉아 먹었다."라고 기록하였고, 1595년 8월 15일 난중일기에는 "이날도 삼도 사수(射手)와 본도 잡색군을 먹이고 종일토록 여러 장수들과 같이 취했다."라고 하였고, 같은 해 8월 27일에는 "군사 5천4백80명에게 음식을 먹였다."라고 기록하여 그가 수시로 병사들의 노고를 위로해 주었음을 알 수 있다. 그리고 상제의 몸이지만 소 다섯 마리를 녹도와 안골포 두 만호에게 주어 장사들을 풀어먹이도록 했다고 하였으며, 여러 장수들을 모아 놓고 술잔을 돌리고 밤이 깊도록 즐거이 뛰놀게 했는데, 나 스스로 즐겁기 위해서가 아니라 고생하는 장수들의 수고를 풀어주자는 생각에서였다고 기록하고 있다.

이것뿐만 아니라 부하 장졸들의 애로 사항을 해결하기 위해 적극 노력하였다. 추위에 떨고 있는 병사들의 의복과 식량문제를 해결하고 전염병에 걸린 병사들을 구호하기 위해 동분서주하였으며, 전쟁에 지친 병사들을 위로하기 위해 교대로 휴가를 실시하기도 하였다. 또한, 광해군이 전주에 과거 시험장을 개설하자 휘하 장졸들이 거리가 멀어 참가할 수가 없으므로 조정에 건의하여 진중에서 과거시험을 볼 수 있도록 하였다.

이처럼 부하의 고통을 자신의 고통으로 생각하고 부하의 애로사항은 조정에까지 건의하여 해결함으로써 부하 사랑을 행동으로 옮겼다. 이처럼 생사고락을 같이하는 이순신 장군의 진심 어린 부하 사랑이 있었기에 전승무패의 전무후무한 전설을 만들 수 있었다.

일곱 번째로, 이순신 장군의 리더십 요소는 위엄(威嚴)이다. 그는 부하 장졸들에게 자신의 흐트러진 모습을 보이지 않았고, 부하를 가족같이 사랑하면서도 군율을 집행하는 데는 추호도 망설이지 않았다.

1594년 9월 13일 난중일기에 "어제 취한 술이 아직 깨지 않아서 방문 밖으로 나가지 않았다."라고 썼는데, 전날 우수사(이억기), 충청 수사(李純信), 장흥 부사(황세득)가 와서 술을 마셨는데 아침이 되어도 술이 깨지 않아 부하들에게 술이 덜 깬 모습을 보이지 않으려고 밖을 나가지 않았다는 내용이다. 사천해전에서 어깨에 박힌 총알을 칼로 꺼낼 때는 살을 도려내는 고통을 참으면서 일그러진 모습을 부하에게 보이지 않았다.

또한, 잘못한 장졸들에게는 형벌을 엄격하게 시행하였다. 1592년 1월 16일 난중일기에 "방답의 병선 군관과 색리들이 병선을 수리하지 않았기로 곤장을 때렸다. …중략… 성 밑에 사는 토병(土兵) 박몽세(朴夢世)는 석수로서 선생원의 쇄석(쇠사슬을 박은 돌)을 뜨는 곳에 갔다가 이웃집 개에게까지 피해를 끼쳤으므로 곤장 여든대를 쳤다."라고 기록된 것을 보면 군진 관리를 게으르게 한 장졸과 백성에게 피해를 준 장졸을 엄하게 다스렸다는 것을 알 수 있다. 또 2월 25일에는 무기 검열결과 색리(色吏)와 궁장(弓匠) 및 감고(監考)를 처벌했다는 내용이 있는데, 역시 무기관리를 소홀히 한 관리에 대해 처벌했다는 내용이다.

이뿐만이 아니다. 1592년 1차 출동 직전인 5월 3일에는 도망간 여도수군 황옥천(黃玉千)을 집에까지 가서 잡아다가 목을 친 다음 장졸들 앞에 효수하였다. 전투를 앞둔 지휘관으로 군 전체의 기강을 흐트러뜨릴 수 있는 사안이기에 본보기를 보여주기 위해 엄정하게 군율을 집행한 것이다. 그뿐만 아니라 힘들어 도망가는 격군이나 장졸들에게는 가차 없이 형벌에 처하여 부대의 기강을 유지했다. 예하 장수도 예외가 아니었다. 제 기한에 오지 않은 해남 현감과 하동 현감에게 곤장 90대를 때리기도 하였다. 명량해전을 앞두고는 군사를 모으고 훈련을 하고, 또 전투준비를 하기에는 너무나 시간이 촉박했다. 그래서 군기가 이완된 장졸에 대해서는 더 엄격한 형벌을 시행할 수밖에 없었는데, 전라좌수영의 군기와 군량을 옮겨 싣지 않은 우후(虞侯) 이몽구(李夢龜)에게 곤장 80대를 쳤고, 소를 훔치기 위해 왜군이 쳐들어왔다고 거짓 사실을 퍼뜨린 사람을 잡아다가 목을 쳐서 효시하였다. 1597년 9월 15일에는 장수들을 모아놓고 "너희 여러 장수들이 조금이라고 명령을 어기는 일이 있다면 즉시 군율을 적용하여 조금도 용서하지 않을 것이다."라고 하여 군율을 어기는 장수는 절대 용서하지 않겠다는 것을 명확히 하였다. 초가 급한 상황에서 강압적인 복종을 요구할 수밖에 없었던 것이다. 부하를 무한히 사랑하면서도 군율 또한 엄격히 집행하여 추상같은 군기를 세우고 유지해 나간 것이다. 난중일기에는 처형

26회, 처벌 39회, 군장 38회, 구속과 감금 및 신문이 14회로 형벌 집행에 관한 내용이 117회나 나온다. 이러한 사랑과 온정주의를 철저히 배격한 엄격함이 있었기에 장졸들은 이순신 장군을 두려워하면서도 존경하였다는 것이다. 이처럼 지휘관은 부하로부터 두려워하면서도 존경받는 존재가 되어야 올바른 지휘권을 행사할 수 있다. 무조건적인 사랑과 처벌만으로는 대쪽 같은 지휘권을 세울 수는 없는 것이다. 이순신 장군은 바로 부하에 대한 무한한 사랑과 잘못을 저지른 부하에 대해서는 주저하지 않은 군율 집행으로 자율적이면서도 일부에 대해서는 타율적인 복종심을 이끌어 내었기 때문에 매번 전투가 끝날 때는 승리의 환호소리를 들을 수 있었다.

여덟 번째, 이순신 장군의 리더십 요소는 용기이다. 이 용기야말로 군인을 군인으로 만드는 요소이다. 용기는 적에게 맞서 싸울 수 있는 것만을 의미하는 것은 아니다. 적에게 맞서 싸워야 하는 것도 용기가 있어야 할 수 있는 것이기에 하나의 용기라고 볼 수 있다. 죽는다는 것을 알면서도 그 자리를 피하지 않고 당당히 다가오는 적과 맞서는 것은 가장 숭고하면서도 군인의 가장 큰 가치일 것이다. 하지만 그것은 용기이기 전에 군인의 의무이자 군이 존재하는 이유이다. 그러한 의무감이 없는 군은 있어야 할 이유가 없다. 임진왜란 초기에 많은 장수가 의무를 망각하고 책임을 내팽개치고 도망을 가버렸기에 전열을 정비할 틈도 없이 너무도 빨리 전 국토가 아수라장이 되어버린 것이다. 그 자리에 도망간 장수가 아닌 장수로서의 의무감에 충실한 장수가 있었다면 임진왜란의 초기 국면이 조금은 달라졌을 것이다. 그렇기에 의무감과 책임감이 부족한 장수는 아예 주요 직책에 임명하지 말아야 한다.

장수로서 의무감과 책임감뿐만 아니라 용기까지 겸비한 이순신 장군이야말로 진정한 용기를 소유한 장수라고 말할 수 있다. 용기가 있었기에 그는 절대권력을 휘두르는 왕조시대의 왕에게도 당당히 나아가서 잘못된 것에 대해서 일관된 논리로 잘못된 것임을 알게 하여 왕의 지시도 없었던 것으로 만들었다. 임진왜란 직전과 명량해전 직전에 선조는 승산이 없다며 수군을 폐지하고 육지에서 싸우라고 지시하였다. 지엄한 임금의 지시였다. 그 당시는 임금이 절대권력을 휘두르던 시대였다. 임금의 한마디는 그대로 시행하는 것 외에 별다른 방안을 생각하지 않는 시대였다. 그리고 그대로 시행함으로써 잘못되었을 때 책임도 없는 것이다. 웬만한 심장으로는 반대 주장을 하기 힘든 시대이고, 굳이 그럴 필요도 없었다.

그러나 이순신 장군은 그러한 졸장부가 아니었다. 사명감을 바탕으로 한 이순신 장군의 용기는 그냥 임금의 명을 따르도록 놓아두지 않았다. 임진왜란 직전에는 바다로 오는 적은 바다에서 막는 것이 가장 효과적인 방안이라면서 수군 폐지의 부당함을 임금에게 주장하였고, 명량해전 직전에는 "아직도 신(臣)에게는 열두 척의 전선(戰船)이 있고, 만약 수군을 폐지한다면 이는 적이 다행으로 여기는 바이며, 호남 해안으로부터 한강까지 일격에 침략할 것인 즉, 이는 신이(臣) 가장 두려워하는 것으로 전선이 비록 적다고 하더라도 신(臣)이 죽지 않는 한 우리를 업신여기지 못할 것입니다."라고 하여 임금도 한걸음 물러서게 함으로써 다시는 수군을 폐지하라는 말을 하지 못하게 하였다. 그는 자신이 옳다고 생각하는 바에 대해서는 임금에게도 망설이지 않고 당당하게 의견을 올렸고, 결국 그의 그러한 용기가 나라를 구하게 된다.

그뿐이 아니다. 칠천량해전 직전에 임금은 잘못된 정보를 믿고 이순신 장군에게 바다를 건너오는 가토 기요마사(加藤淸正)를 잡으라고 명령하지만, 그것은 적에게서 나온 정보로 믿을 수 없는 정보이며, 소규모로 출동하면 적의 공격으로 전멸을 당할 수 있고, 대규모로 출동하면 적이 알고 앞뒤에서 공격하면 역시 전멸할 수 있으며, 또 부산 앞바다는 물살이 거세고 기항하여 재보급을 받거나 휴식할 장소가 없기 때문에 출동은 불가하다는 것을 분명히 조정에 올린다. 그는 목숨을 걸고 임금의 명령을 따르지 않은 것이다. 역시 용기있는 장수의 모습을 볼 수 있는 대목이다. 그러나 이순신 장군은 이것이 빌미가 되어 체포된 후 모진 고문을 받고 풀려난다.

그러나 이순신 장군의 용기가 옳았다는 것을 아는 데까지는 오랜 시간이 걸리지 않았다. 선조가 이순신 장군의 뒤를 이은 원균에게 도원수(권율)를 통해 계속 출동을 독촉하자, 원균은 아무 생각 없이 출동하였다가 조선 수군은 궤멸당하고 만다. 이순신 장군이 이룩해 놓은 조선 수군의 무패 신화와 막강함대의 위용은 하루아침에 이슬처럼 사라지고 말았다. 용기있는 장수와 그렇지 못한 장수가 어떤 결과를 초래하는지를 너무도 선명하게 보여주는 사례라 할 수 있다.

그리고 명량해전에서 모두가 떨고 있을 때 오직 이순신 장군의 전선(戰船)만이 앞으로 나아가 왜적과 치열한 접전을 벌이면서 초요기를 올려 다른 장수들을 독려함으로써 승리할 수 있었다는 사실은 너무도 잘 아는 사실이다. 아무리 장수라 할지라도 한 척의 전선으로 수십 척의 적선을 마주한다는 것은 웬만한 용기가 아니면 쉽지가 않을 것이다. 아무리 적을 맞아 싸워야 하는 것이 장수의 임무이고 책임이라 할지라도 그것은 무모한 희생으로 이어질 수 있다. 그러나 이순신 장군은 무모한 희생으로 이어지더라도 그것만이 다른 장수들에게 전투의욕을 고취시킬 수 있다는 것을 알았기에 특유의 뚝심과 용기로 솔선하여 적선이 우글거리는 곳으로 나아간 것이다.

비교가 될 수 없을 만큼의 많은 적과 당당히 맞설 수 있는 이순신 장군의 진정한 용기는 가장 우선적으로 오늘의 우리가 본받아야 할 덕목이다. 그리고 임금에게도 백성과 나라를 위하여 목숨을 걸고서 자신의 옳다고 생각하는 바를 거침없이 피력(披瀝)할 수 있는 용기를 소유한 이순신 장군이야말로 여러 가지 안보문제를 안보 논리로 해결하지 않고, 다른 논리로 풀어나가는 오늘날의 여러 사람들에게 시사하는 바가 너무도 크다고 생각한다.

아홉 번째로, 이순신 장군의 리더십 요소는 창의성이다. 이 창의성이 있었기에 거북선을 만들었고, 정철총통을 만들었으며, 학익진으로 한산도와 울돌목에서 왜의 수군을 철저히 짓뭉개버릴 수 있었다. 먼저 거북선은 그야말로 이순신 장군이 적과 조선 수군의 장점과 단점을 간파(看破)하고 조선 수군의 장점을 최대화하여, 적의 장점을 무력화시키고 단점을 집중 이용하여 승리할 수 있는 방안에 대해 고심을 거듭하여 탄생시킨 시대의 역작이다. 그야말로 적을 알고 나를 알고서 미비한 조선 수군의 능력을 보완하기 위해 적에 대한 대응전술을 개발하였고, 그 대응전술을 행동으로 구사하기 위해 거북선을 만든 것이다. 그렇게 만든 거북선은 칠천량해전 전까지 돌격함대로 이순신 장군의 기대를 저버리지 않았고 이순신 신화를 만드는 일등공신이 되었다.

다음으로, 이순신 장군의 창의성의 산물은 바로 정철총통이다. 이순신 장군은 왜군이 사용하고 있는 조총이 당시 조선이 개인화기로 사용하고 있는 승자총통보다 더 큰 위력을 가지고 있는 것을 인정하고 왜군의 조총보다 성능이 우수한 총통을 만들기로 한다. 이에 왜 조선군의 총통이 왜군의 조총보다 성능이 못한가에 대해서 연구한 결과 왜군의 총신이 길고 총구멍이 깊다는 것을 알아냈다. 그래서 정사준(鄭思竣)을 시켜 왜군의 조총 성능을 능가하는 조총을 만들도록 하였다. 그날 이후 정사준은 연구에 연구를 거듭하여 1593년 9월 정철총통(正鐵銃筒)을 만들었다. 이 정철총통은 거북선에 이어 이순신 장군이 창안한 두 번째 작품이라고 할 수 있는데, 명나라 사람들도 쏘아보고 좋다고 할 정도로 성능을 인정받았다고 한다. 그러나 그 이후 이순신 장군이 심혈을 기울여 만든 정철총통이 임진왜란 기간 동안 어떤 활약을 했는지는 확인 가능한 기록이 전해지지 않고 있다.

이순신 장군의 또 다음 창의성의 산물은 한산도해전과 명량해전에서 보여준 전술이다. 한산도해전과 명량해전은 지형의 이점을 최대한 활용한 해전이었는데, 두 해전은 지형을 반대로 이용한 전투이다. 즉, 한산도해전은 좁은 바다인 견내량에 있는 적을 넓은 바다인 한산도 앞바다로 유인해서 왜적을 섬멸한 전투이고, 명량해전은 넓은 진도 앞바다로부터 명량의 좁은 수로로 적을 유인해서 왜적을 섬멸한 전투이다. 이순신 장군은 한산도해전이나 명량해전을 하기 전에 승리할 수 있는 방법에 대해 생각에 생각을 거듭한 결과, 한산도해전은 적이 견내량에 있다는 것을 알고 그곳은 판옥선이 전투하기에는 좁은 지형이기에 넓은 곳으로 유인해 내기로 결심하였고, 명량해전은 조선군 전선(戰船)의 수가 워낙 적기 때문에 좁은 수로로 유인해서 수로를 넘어오는 적을 각개 격파하기로 한다. 명량 수로는 협소해서 동시에 넘어올 수 있는 배가 30여 척밖에 안 되기 때문에 적선이 아무리 많더라도 동시에 30여 척과 전투를 하면 되기에 조선 수군은 부담이 줄어드는 것이다. 즉, 13대 333(200 또는 130)을 13대 30으로 만들어서 전투를 하기 위한 이순신 장군의 창의성에서 나온 전투방식이라고 할 수 있다. 그렇게 승리할 수 있는 조건을 만들었지만, 그것에 만족하지 않고 한산도해전은 학익진 전법으로 적을 포위하여 섬멸하였고, 명량해전은 조류까지 최대한 이용하여 적을 물리쳤기에 이길 수 없었던 전투에서 승리할 수 있었다. 이러한 한산도해전에서 활용한 학익진 전법은 일본이 1914년 러일전쟁에서 그대로 적용하여 대승을 거두게 된다.

또 한산도해전과 명량해전에서 승리할 수 있었던 요인 중 하나는 이순신 장군이 빈틈없는 피아 및 지형분석과 치밀한 준비를 했기 때문인데, 특히 전투장소와 전투시간 및 전투방법에 대해 주도권을 빼앗기지 않고 이순신 장군이 선택하고, 전투 시에는 과감하게 행동했기에 가능했다. 즉, 이순신 장군이 창안하여 생각한 대로 전투를 했기 때문에 승리할 수 있었고, 생각한 대로 전투를 할 수 있도록 스스로 준비를 하였기 때문에 승리할 수 있었다. 그것은 이순신 장군이 고심 끝에 창의성을 발휘하여 이길 수 있는 방책을 수립하였기에 가능한 것이었다.

열 번째로, 이순신 장군의 리더십 요소는 소통이다. 이순신 장군은 계급 고하를 막론하고 허심탄회한 대화를 하는 것을 서슴지 않았다. 본영이 있는 곳에 지은 운주당(運籌堂)은 이순신 장군의 집무실이자 회의실이었고, 또한 토의장소로도 사용된 다용도실이었다. 이러한 운주당에 대해 유성룡은 "비록 직위가 낮은 군졸일지라도 전투에 관한 일을 말하고자 하는 사람에게 찾아와서 말하게 하여 자고로 패전하는 일이 없었다(雖下卒 欲言軍事者 許來告, 故無敗事)."라고 징비록에 기록했다. 이것으로 봐서 이순신 장군은 누구보다 장졸들과 많은 대화를 나누었고, 그렇게 하기 위해서 많은 노력을 한 것으로 보인다.

또한, 이순신 장군은 난중일기에 누가 와서 대화를 나누었다는 내용과 술을 마셨다는 기록을 많이 남겼는데, 그것은 찾아온 장졸과 흉금을 터놓고 대화를 하였다는 것으로 풀이할 수 있고, 술을 마셨다는 것은 술을 좋아해서라기보다는 찾아온 손님이나 예하 장졸들과의 기탄없는 대화를 나누기 위한 수단으로 술을 마셨던 것으로 볼수 있다. 술을 마신 날에는 누구와 술을 마셨는데 늦게까지 대화를 나누었다는 기록이 있는 것으로 볼 때 전술한 내용을 쉽게 알수 있는 것이다.

이렇게 이순신 장군은 지위고하를 막론하고 격의 없이 대화함으로써 구성원이 하나가 되도록 하고 같은 비전은 만들었으며, 이순신 장군의 의도를 공유하게 하여 해전마다 승리할 수 있는 원동력을 스스로 만들었다.

이와 같이 이순신 장군은 여러 요소의 리더십을 갖추었기에 여러 해전에서 승리할 수 있었을 것이다. 그런데 위에서 기술한 이러한 여러 가지 이순신 장군의 리더십 요소 외에 무엇보다 중요한 것은 바로 훌륭한 인품이라고 할 수 있다. 인품은 리더에게 가장 기본이 되는 요소로 먼저 인품으로 부하에게 감동을 주어야 한다. 인품이 되어 있지 않으면 리더십을 논할 자격도 없는 사람이라고 할 수 있다. 인품은 곧 리더십이다.

이순신 장군이 싸움마다 이길 수 있었던 가장 큰 근원적인 비결은 부하뿐만 아니라 주위 사람들에게 먼저 훌륭한 인품으로 감동을 주고, 스스로 만족을 느끼게 하여 그들의 마음을 움직였기 때문이다. 즉, 이순신 장군의 고귀한 인품이 가장 큰 힘이 되어서 가는 곳마다 승리의 선물을 품에 넣을 수 있었다.

리더가 갖추어야 할 여러 리더십 요소에 훌륭한 인품까지 갖춘 이순신 장군이야말로 가장 완벽에 가까운 리더라고 할 수 있다. 흔히 장군을 지장 (知將), 용장(勇將), 덕장(德將)으로 구분한다. 그러나 이순신 장군은 무결점의 리더십을 갖춘 장군이기에 지장(知將)이나 용장(勇將)도 아니고, 그렇다고 덕장(德將)도 아닌 신장(神將)이라고 일컬을 수 있다.

푸대접 받고있는 우리의 영웅

이순신 장군은 위대하다. 위대하다는 말로는 부족할 정도로 그는 위대하다. 일찍이 왜의 침략을 예상하고, 조정과 백성들이 오랫동안의 태평한 세월로 안일한 생각에 젖어 있을 때 전선(戰船)을 만들고 거북선을 만들어, 육군이 속수무책으로 패한 것과 달리 수군은 연전연승하여 왜의 허황한 야욕을 꺾어버렸다.

연전연승했다는 결과도 중요하지만, 그것 때문에 위대한 것이 아니라 대부분의 조정 대신과 백성이 무관심으로 일관했을 때 그 혼자만은 외롭게 전란에 대비하고 있었고, 대충이 아니라 철저하게 전란에 대비하여, 항상 압도적인 승리를 하였기 때문에 위대한 것이다. 압도적인 승리를 이끌어내기 위해 했던 행동이 너무나도 훌륭했기에 위대한 것이다. 그래서 아무도 기대하지 않았던 승전보를 만들어 조정과 백성이 희망을 품게 한 것이 너무도 위대한 것이다.

7년간 이순신 장군은 수십 번의 전투에서 935척의 적선을 격침하고 126,000명[25]의 적병을 수장했다. 반면 아군의 희생은 950명[26]으로 거의 없

---

25 이선호, 『이순신의 리더십(서울: 도서출판 팔복원, 2011)』, p. 69
26 이선호, 『이순신의 리더십(서울: 도서출판 팔복원, 2011)』, p. 82 – 146 내용정리

다시피 한 세계전쟁사에서 전무후무한 기록이다.

우리가 명장으로 일컫는 어떤 장군도 이순신 장군처럼 아군의 희생이 거의 없는 전쟁을 한 장군은 없다.

그리고 다른 명장들은 다 국가의 전폭적인 지원하에 전쟁준비를 하고, 전투를 치를 때마다 손상된 전투장비와 병력을 국가의 지원으로 보충할 수 있었다. 그러나 이순신 장군은 그렇지 않았다. 처음부터 끝까지 오로지 이순신 장군 스스로의 힘으로 전선을 만들고, 장졸들의 의·식·주를 해결하고, 지상군보다 천대받았던 수군의 병사들을 힘들게 모으고, 진법훈련을 실시해야 했다. 적극적으로 이순신 장군을 지원해야 할 조선 조정은 한때 왕권의 위협세력으로 간주하기까지 하고 죽이려고 했었다.

또한, 정유재란 시 다시 삼도수군통제사가 되었을 때는 그야말로 아무것도 없었다. 군졸도 전선(戰船)도 없는, 그리고 지휘소조차 없는 말로만의 통제사였다. 그러나 이순신 장군은 절망하지 않았다. 그 모든 것이 이순신 장군에게는 극복해야 할 하나의 난제일 뿐이었다. 스스로 병사를 모으고 회령포에 숨겨져 있던 전선을 찾아내 수리하고 군량미를 모으고, 칠천량해전의 패전으로 전의를 상실한 채 떨고 있는 군사들의 사기를 북돋으면서 짧은 시간 동안에 조선 수군을 재건한다. 그리고 명량해전에서 아무도 장담하지 못한 대승을 거두어 제해권을 되찾는다. 실로 이순신 장군이었기 때문에 가능했다고 할 수 있다. 궤멸한 수군을 일으켜 두 달 만에 전투력에서 비교가 안 되는 적군과 치른 전투에서 압도적으로 승리한 장수는 아무도 없다.

바로 이순신 장군의 위대함이 나라를 구하고 수많은 백성을 또다시 죽음으로부터 건져낸 것이다. 이순신 장군에 의한 명량해전에서의 승리가 아니었다면 조선의 운명은 어떻게 되었을지, 아마도 그 당시부터 왜의 속국이 되었을 가능성을 배제할 수는 없다고 생각한다. 실로 끔찍한 일이다. 현장지휘관의 역량에 따라 온전한 군대를 궤멸시킬 수도 있고, 궤멸한 군을 스스로의 힘으로 일으켜 대승할 수도 있다는 것을 우리는 명량해전을 통해 분명히 알 수 있다.

이렇게 승리하여 수많은 백성을 죽음의 문턱에서 구해내고 몇 번씩이나 나라를 구하여 민족의 영원한 귀감이 된 이순신 장군의 위대성에 대해 과연 얼마만큼 알고 그에 맞는 예우를 하고 있는지, 우리 자신을 돌아보아야 한다고 생각한다.

물론, 국가에서 현충사를 확장하면서 성역화하여 사적 155호로 지정(1967년)하고, 제승당을 성역화(1974년)하였으며, 한때 전국에 있는 대부분 초등학교에 동상을 세웠다. 그리고 지방자치단체에서도 지역별로 동상과 유적기념비를 건립하고, 이순신 장군을 기념하기 위한 축제가 여러 곳(대부분이 정치성과 상업성이 장군의 위대성을 퇴색시키고 있지만)에서 열리고 있을 뿐만 아니라, 기념관(고성군 당항리에 충무공 기념관이 있는 것 등)을 세웠으며, 각종 선양활동과 예술계 및 학계에서의 활발한 활동을 통한 이순신 장군의 업적을 기리고 있다.

그러나 이것으로는 무언가 좀 부족한 느낌이다.

먼저 국가적인 차원에서의 기념행사는 탄생기념행사뿐이다. 그것도 최근에는 대통령은 거의 참석을 하지 않고 있고 가끔 국무총리와 장관, 그리고 문화재청장이 주빈으로 참석할 뿐으로 해가 갈수록 격이 떨어지고 있다는 지적이 있다. 문화체육관광부에서 선정하여 지원하는 문화관광축제에도 제외되고 있다. 1년에 한 번 정도는 국가적인 차원에서 전 국민적인 행사를 통해 이순신 장군의 애국정신을 길이길이 계승하고, 후손들이 본받아 유비무환(有備無患) 정신과 나라에 또 다른 환란이 왔을 때 극복할 수 있는 의지를 심어주어야 할 것으로 생각한다.

그리고 무엇보다 안타까운 것은 이순신 장군의 위대함에 대한 국민적 인식이 퇴색되고 있다는 것이다. 그것은 과거 군사정권 시절 영웅화에 대한 반감이 작용하고 있는 것일 수 있고, 한때 지나친 영웅화에 대한 거부반응일 수도 있겠지만, 어떻든 이순신 장군은 어려운 시기에 자신의 안위를 돌보지 않고 국난을 극복하는 데 누구보다 앞장선 사람으로서 몸소 실천한 그의 나라 사랑 정신을 다 같이 마음속에 되새기고, 유대인 부모들이 자녀들에게 그들의 민족혼을 심어주는 것처럼 우리도 자라나는 세대들에게 우리 민족도 이러한 위대한 조상이 있다는 것을 인식시켜야 한다고 생각한다.

한때 지폐에 이순신 장군이 등장했으나, 그 지폐가 사라지면서 이순신 장군도 지폐에서 사라진 것이 못내 아쉽다. 아무리 위대하다고 해도 나라의 운명이 바람 앞에 등불처럼 위태로운 시기에 나라를 구한 것보다 더 위대할 수는 없을 것이다. 새로운 지폐가 생기면 이순신 장군도 지폐에서 다시 살아나길 기대해 본다.

또한, 출판물에 있어서도 미국과 단순 비교한다는 것은 문제가 될 수 있겠지만, 미국인이 가장 존경하는 16대 대통령 에이브러햄 링컨에 관한 연구서와 단행본이 2만 권[27]에 이른다. 이에 비해 이순신 장군에 대한 출판물은 2013년 기준으로 단행본이 530여 편, 학위논문과 학술지논문이 130

---

27 이민웅, 『이순신 평전(경기 파주: 성안당, 2012)』, p. 435-436

여 편 되는 것으로 알려져 있다.[28] 인구비례를 고려하더라도 대단히 많은 차이가 난다고 할 수 있다. 우리에게 존경받는 대표적인 위인에 대한 저술 활동이 미국에 비해 비교가 안될 정도로 미미한 편이다. 링컨에 비해 이순신의 업적이 결코 부족한 것은 아니라고 생각한다. 다만, 링컨은 국민의 자연적인 존경심에 의해 위인이 되었다면 이순신 장군은 자연적인 존경심에다 한때 관에 의해 인위적인 면이 부각되어 만들어진 위인이라는 측면이 없지 않다는 것이다. 어쨌든 앞으로 더 많은 저술이 이루어져 이순신 장군의 호국정신을 본받은 제2, 제3의 이순신이 많이 배출될 것을 희망한다.

영국에서는 넬슨 하면 트래펄가 광장이 있듯이 우리에게도 이순신 장군을 상징하는 무엇인가 있어야 한다. 서울에 충무로가 있지만 그것은 지나가는 길일뿐, 그것이 이순신 장군을 상징한다고 보기에는 뭔가 아쉬운 느낌이다. 이순신 장군의 동상은 광화문광장에 있는데 그곳을 지나는 길은 충무로가 아니라 세종로이다. 그곳에는 이순신 장군의 동상과 그 주위의 공간이 약간은 지나가는 사람의 발길을 붙들고 있지만, 광장이나 길의 명칭 어디에도 이순신 장군을 상징하는 것은 아무것도 없다. 이순신 장군이 세종대왕을 상징하는 공간에 더부살이하는 느낌이다. 동상 건립 당시 "세종로와 태평로가 뻥하니 뚫려있어 남쪽의 일본 기운이 강하게 들어오게 되므로 이를 제어할 필요가 있다."라는 풍수지리

트랄팔카 광장과 넬슨 동상

---

28 박종평, 『흔들리는 마흔 이순신을 만나다(서울: 흐름출판, 2013)』, p. 5

학자들의 주장을 받아들여 그곳에 세웠다는 설이 있는 것으로 보아서 고민을 많이 한 것으로 추측되지만, 그래도 아쉬운 마음이 든다면 억지 주장일까? 물론, 이순신 장군 앞의 분수대가 아름다운 야경을 자랑하고 있고 여름에는 어린이들의 더위를 식혀주고는 있지만, 이순신 장군의 호국정신을 후세에 전하기 위한 공간이라고 보기에는 부족하다는 생각이다. 넬슨을 상징하는 트래펄가 광장에서는 많은 사람들이 삼삼오오 모여 여가를 보내기도 하고 자연스럽게 분수대에 앉아 대화를 나누는 등 시민들의 일상생활 속에 깊숙이 자리하고 있다. 이른바 런던 시민들의 만남의 광장인 듯한 느낌이다. 그리고 대부분의 외국인에게는 영국의 중요한 관광코스 중의 하나로 자리 잡은 지 오래되었고, 광장을 배경으로 많은 외국인이 사진 촬영을 한다. 우리에게도 차량소음이 요란한 도로의 중간이 아니라 더 친근감을 느낄 수 있고, 일상생활을 하면서 쉽게 접근이 가능한 우리 생활 속에 자리 잡은 상징적인 공간이 수도권에 있어야 한다고 생각한다. 전시관인 충무공 이야기도 지하에 세종 이야기를 지나서 있는데, 동상과 전시관이 동일하게 세종대왕의 위대성이 이순신 장군의 위대성을 잠식하고 있다는 생각이 든다.

이순신 장군의 호칭에 대해서도 새로운 호칭을 만들어 불러야 한다. 필자도 일반인에게 알려진 다른 적절한 호칭이 없기 때문에 이순신 장군이라고 부르고 있지만, 분명 그것은 이순신 장군을 폄하하는 것이다. 이순신 장군은 사후에 덕풍 부원군에 봉해진다. 부원군은 지금으로 말하면 총리급이다. 분명 장군을 능가하는 것이다. 그리고 이 충무공이라는 호칭도 적절하지가 않다. 사후에 충무공이라는 시호(諡號)를 받은 사람은 조선 시대와 고려 시대에 모두 16명[29]이다. 그중에서 같은 이씨가 이준과 이수일이 있다. 그렇기 때문에 충무공이나 이 충무공이라는 호칭도 적절치 않다. 앞으로 이순신 장군의 위대함을 상징하는 새로운 호칭을 정립해야 한다. 우리가 맥아더 장군을 원수라고 하는 것처럼 이순신 장군에게도 충무공과 원수라는 호칭을 같이 붙이면 어떨까 생각한다. 이른바 충무공 이순신 원수!

우리는 우리의 영웅을 너무나 가까이 두고서도 우리 스스로 너무 멀리 한 것은 아닌지 생각해 보아야 한다. 지금부터라도 불행한 나라의 불행한 시대에 태어나서 애국정신을 통해 불행한 삶을 위대한 삶으로 승화시켜 거룩하게 살다간 우리의 불행한 영웅이 다시 위대한 영웅으로 우리 곁에 다가오도록 노력해야 한다.

---

29 고려시대: 최필달, 조문주, 박영묵, 장일성, 지용수
    조선시대: 조영무, 남이, 이준, 김시민, 이순신, 정득운, 정충신, 이수일, 구인후, 김응하, 주원부

제10장

계속 이어진 조선의 맥(脈)

우리가 이긴 전쟁 '임진왜란'

임진왜란과 일란성 쌍둥이 6·25전쟁

이상한 임진왜란 공신책봉

임진왜란의 비극을 망각해서는 안 된다

우리가 이긴 전쟁 '임진왜란'

'임진왜란' 하면 우리가 패배한 전쟁이라고 대부분 생각한다. 거의 전 국토를 유린당하고 상상을 벗어나는 엄청난 피해를 당하였기 때문에 그렇게 생각하는 것도 무리는 아니다. 그러나 냉철히 따져보면 우리가 이긴 전쟁이라고 말할 수 있다. 우리가 패배한 전쟁이라고 생각하는 것은 어쩌면 피해의식 때문인지도 모른다. 그리고 한국사 시간에도 피해사항은 강조하면서 우리가 이긴 측면에 대해서는 소홀히 취급했던 측면도 없지 않다. '나폴레옹'의 러시아 원정은 나폴레옹이 러시아 영토 깊숙이까지 점령하여 많은 피해를 입힌 후 기상과 지형의 이점을 활용한 러시아의 역습을 받아 철수함으로써 프랑스가 실패하고, 러시아가 승리한 것이라는 걸 인정하면서도 임진왜란은 우리가 패배한 전쟁이라고 생각하는 것은 잘못된 생각이다. '나폴레옹'과 '도요토미 히데요시'는 둘 다 그들이 계획했던 전쟁목적을 달성하지 못한 것은 동일한데 결과에 대한 인식은 그렇지가 않다. 이제라도 우리는 수치스런 역사인식을 자랑스러운 역사인식으로 바로 잡아야 할 때라고 생각한다.

전쟁 초기에는 일본의 승리로 빨리 전쟁이 끝날 것으로 예상하였다. 그러나 전쟁은 7년간 계속되었고, 전쟁초 육지에서의 반짝 승리가 전쟁에서의 승리를 왜군에에 가져다준 것은 아니었다. 전쟁에서 승리하고 승리한 무력으로 조선의 영토와 백성을 지배할 수 있어야만 전쟁에서 승리했다고 할 수 있다. 그러나 일본은 잠시 머물렀을 뿐 지배하지는 못했다. 그만큼 조선 백성은 끈질기고 강인했다. 초기에는 침략자의 대군 앞에서 우마가 지나간 풀잎처럼 쓰러졌지만, 의병이라는 이름으로 오뚝이처럼 다시 일어섰다. 순간적으로 쓰러졌지만, 침략군의 지배를 일언지하에 거부했다. 그리고 명군의 영향을 부인할 수는 없지만 끝내 국권과 영토를 되찾았다. 그래서 임진왜란은 우리가 이긴 전쟁이다.

우리가 이긴 전쟁이라는 것을 구체적으로 살펴보면, 먼저 앞의 언급과 같이 일본은 '도요토미 히데요시'가 생각했던 전쟁 목적을 달성하지 못했다. 그들은 명나라를 점령하기 위해 조선은 그냥 지나치면 된다고 생각했다. 그러나 명나라는커녕 조선땅을 한치도 점령하지 못했다. 그냥 잠시 머물렀을 뿐이다. 오히려 임진왜란으로 전력을 소비한 '도요토미 히데요시'는 종전 직전 사망하면서 정권이 그가 원했던 아들에게 넘어가는 것이 아니라 정적 '도쿠가와 이에야스'에게 빼앗긴다. 그리고 명나라군의 영향도 있었지만, 우리의 조상은 민·관·군이 일치단결하여 불한당 같은 왜군에 당당히 맞서 싸워 우리의 국토를 되찾고 지킴으로써 그들의 전쟁목적을 달성하지 못하도록 하였기 때문에 이것은 우리가 이긴 전쟁이다.

두 번째로, 그 당시 선조 임금은 항복하지 않았다. 조선을 침략할 때 일본은 서울을 점령하면 조선왕의 항복과 함께 전쟁이 쉽게 끝날 거로 생각했다. 그들이 백 년간 통일전쟁을 할 때와 같은 양상의 전쟁이 될 것으로 예상했었다. 백년전쟁 시에는 성을 점령하여 성주에게 항복을 받으면 그것으로 전쟁은 끝이었고, 성안의 모든 군사는 무기를 내려놓고 더 이상 저항을 하지 않았던 것이다. 그렇기에 더 이상의 전투가 불필요했다. 군과 군이 하는 전투만 있었지, 백성이 갑자기 군으로 돌변해서 저항하는 사례는 전혀 없었다. 조선에서도 그렇게 전쟁이 전개될 거라고 생각했다. 그러나 그것은 그들만의 생각이었고 큰 착각이었다. 그들이 전혀 생각하지 못했던 의병이 전국각지에서 봉기하자 우리 민족의 근성을 모르고 무모하게 시작한 전쟁이라는 걸 깨달으면서 그들은 서울에서 북상을 잠시 멈추기까지 한다. 전쟁이 장기화하면서 초기와 달리 각지에서 일어난 의병과 전열을 정비한 관군, 그리고 수군의 연전연승 및 겨울의 혹독한 추위로 전쟁의 주도권을 조선에 빼앗기고 만다. 그리고 조선은 끈질긴 항전으로 끝까지 항복하지 않고 그들을 물리쳤기에 우리가 이긴 전쟁이다.

세 번째로, 초기에 고전한 육전과 달리 우리의 성웅 이순신이 이끄는 수군은 연전연승하지 않았는가? 비록 육전에서의 초기 패배로 국토가 유린되고 수많은 무고한 백성이 목숨을 잃었지만, 그것은 육전에서일 뿐이다. 우리의 수군은 칠천량해전을 제외하고는 항상 압도적인 승리로 그들을 물리쳤으며, 그로 인해 수륙병진이 불가하게 되자 함경도까지 점령하였다가 남쪽으로 퇴각하고, 정유재란 시에는 서울 부근까지 북상했다가 명량해전에서 이순신 장군에게 대패하자 또다시 퇴각한다. 육전에서 초기에 패배했다고 전쟁이 진 것은 절대로 아니다. 육전에 결정적 영향을 미친 수군의 활약을 보면 오히려 우리가 압승한 전쟁인 것이다.

그리고 일본은 그들 스스로 패배를 인정하고 있다. 그들이 임진왜란의 전리품으로 세운 교토시의 귀 무덤 앞에는 안내판이 있는데 이러한 글이 새겨져 있다. "…전략… 히데요시 휘하의 무장들은 고대 일반의 전공 표시인 머리 대신에 조선 군·민 남녀의 코와 귀를 잘라 소금에 절여 일본으로 가지고 왔다. …중략… 히데요시가 일으킨 전쟁은 조선반도의 많은 사람들로부터 끈질긴 저항에 부딪혀 패배로 끝을 맺는다. …후략…" 그들이 일으킨 전쟁이지만 스스로 쓰라린 패배를 만천하에 공표하고 있는 것이다.

이러한 이유로 임진왜란은 비극적인 역사이지만 우리가 이긴 우리의 자랑스러운 역사라고 말할 수 있다. 사전에 대비를 소홀히 한 것은 우리가 깊이깊이 되새겨야 하겠지만, 국난을 맞아 목숨을 아끼지 않고 맞서 싸운 우리 조상의 애국혼에 깊이 감사드리고, 임진왜란이 우리가 진 전쟁이라는 열등의식에서 하루빨리 벗어나야 한다.

임진왜란과 일란성 쌍둥이 6·25전쟁

역사는 되풀이된다고 했다. 되풀이되는 역사는 태평성대의 역사가 아니라 되풀이되어서는 안 될 비극의 역사이다. 어쩌면 되풀이되는 역사는 우리가 방심하고 있을 때 찾아오는 전쟁의 역사인지도 모른다. 그래서 그런 역사가 되풀이되지 않도록 하기 위해 "평화를 원하거든 전쟁에 대비하라." 라고 하지 않았던가! 바로 대비를 하지 않았기 때문에 우리는 뒤통수 맞는 전쟁을 되풀이해왔고, 엄청난 비극의 역사를 만들고 말았다.

우리의 역사에 가장 큰 두 전쟁은 바로 임진왜란과 6·25전쟁이다. 이 두 전쟁은 판에 박은 듯이 시작에서부터 끝날 때까지 똑같다고 할 수 있는 전쟁이다. 다만, 임진왜란은 왜가 쳐 올라간 전쟁이고 6·25전쟁은 북한이 쳐 내려온 방향이 거꾸로라는 것이 상이할 뿐이다.

즉, 침략이 시작된 지역이 남과 북으로 다르고, 침략한 주체가 왜와 북한이라는 것이 다르다.

먼저, 전쟁 발발부터가 독재(절대)권력을 탈취한 자의 허황한 욕심이 부른, 명분 없이 저질러진 침략적 전쟁이면서 침략자가 영토에 야심을 품은 정의롭지 못한 전쟁이었다는 것이다. 왜의 도요토미 히데요시는 100년 전쟁을 종식하고 일본을 통일한 후 일인자로서 권력을 잡게 되면서 밖으로 눈을 돌리게 되었다. 그러면서 명나라와 인도까지 점령하겠다는 말도 안 되는 사심을 가지고 조선을 침략한 것이다. 그리고 김일성은 북한에 진주한 소련군을 등에 업고 1947년 북조선인민위원회를 구성하였는데, 사실상 공산당 독재를 할 수 있는 기반을 마련한 것이다. 1949년 6월 평양에서 조선노동당이 결성되면서 김일성은 중앙위원장이 되는데, 이는 김일성이 권력기반을 더욱 공고히 하는 계기가 되었다. 그 후 김일성은 한반도 전체에서 독재권력을 구축하기 위해 남한 땅을 넘보고 동족상잔의 비극을 일으킨 것이다. 즉, 도요토미 히데요시와 김일성은 다 같이 권력을 잡으면서 영토에 대한 야심을 가지고 이룰 수 없는 욕심을 채우기 위해 다른 나라를 침략해서 무고한 백성의 수많은 목숨을 앗아간 반인륜적인 침략적 전쟁을 일으킨 것이다.

두 번째로, 다 같이 호전적인 권력자의 오판에 의한 전쟁이었고, 우리가 대비를 소홀히 하고 있었다는 점도 닮았다. 도요토미 히데요시는 명나라를 점령하기 위해서 조선은 지나쳐 가면 될 것으로 판단했고, 김일성은 50일 이내에 남한을 점령하여 8·15 기념식을 부산에서 하겠다면서 역으로 계산해서 8·15의 50일 전인 6월 25일 전쟁을 일으킨 것이다. 두 전쟁 다 우리가 대비를 소홀히 했기 때문에 전쟁 초기에는 정신없이 패배하고 밀렸다. 그 과정에서 거의 전 국토는 적에게 유린당하면서 나라는 망국의 직전까지 가야 했고, 많은 백성이 피난살이를 하면서 상상하기도 힘든 비참한 생활과 수많은 목숨을 잃었고 엄청난 재산피해가 발생한 것도 똑 닮은 전쟁이다. 즉 두 전쟁은 우리가 대비를 거의 하지 않고 있다는 것을 알고서 쉽게 점령할 수 있을 것으로 착각한 전쟁광인 도요토미 히데요시와 김일성의 오판이 일으킨 전쟁이라고 할 수 있다.

세 번째로는, 초기에는 두 당사국 간의 전쟁이었다가 나중에는 대륙세력과 해양세력의 충돌로 이어지면서, 결국에는 한반도 주변의 강대국이 개입한 것과 강대국이 개입하게 되는 동기까지 닮았다는 것이다. 임진왜란 시 명나라는 조선은 곧 명나라의 울타리라는 인식을 가지고 조선이 망하면 왜는 명나라로 쳐들어올 것이고, 그렇게 되면 명나라에서 전쟁을 하게 되는데, 자국이 전장화되는 것이 싫었기 때문에 개입하게 되고, 6·25전쟁 때도 미국의 개입으로 전쟁이 일거에 역전되면서 압록강까지 연합군이 밀어붙이자 그들의 영토가 위협받게 됨에 따라 역시 자국이 전장화되는 것을 예방하기 위해서 개입하게 된 것이다. 그들이 개입하게 되는 명분도 임진왜란 때는 항왜원조(抗倭援朝)였고, 6·25전쟁 때는 항미원조(抗美援朝)였다. 또한, 6·25전쟁 때 미국은 한국이 민주주의의 최전선에 있는 나라로써 한국이 공산화되면 일본까지 공산화될 가능성이 있기 때문에 그것을 사전에 차단하기 위해 6·25전쟁에 개입한 것이다. 이처럼 한반도는 예나 지금이나 대륙 세력과 해양 세력의 요충지이다.

네 번째는, 전쟁 초기에 원군 지휘관에게 작전권을 넘겨 주었다는 것이다. 선조는 명군이 압록강을 건너자 기다렸다는 듯이 1592년 6월 19일 작전권을 넘겨 주었고, 6·25전쟁 시 이승만 대통령은 초기에 국군이 밀리자 1950년 7월 14일 유엔군에게 작전권을 이양했다. 임진왜란 때나 6·25전쟁 때 작전권을 넘긴 것에 대해 잘못한 것이라고 할 수는 없다. 그 당시로써는 나라를 보전하기 위해서 어쩔 수 없는 선택이었을 것이다. 그리고 점령당한 국토를 되찾는 데 명군과 미군이 많은 영향을 미친 것도 사실이다. 그 어쩔 수 없는 선택이 400여 년 전의 전쟁과 근래의 전쟁이 기가 막히게 닮았다는 것이 공교롭다면 공교로운 것이다.

다섯 번째는, 초기의 치열한 전쟁이 있고 나서 장기간의 소강상태가 지속된 후에, 다시 초기와 같은 치열한 전쟁이 반복되고 나서 전쟁이 종전이나 휴전되었다는 것도 무척이나 닮았다. 전체 전쟁기간은 다르지만 임진왜란은 함경도까지 점령한 왜군이 서울로 후퇴하고, 또 서울에서 남쪽으로 철수하면서 장기간 소강상태를 지속하고 1597년 1월에 그동안의 강화회담이 결렬되자, 2차 침략으로 정유재란이 일어나면서 초기와 같은 치열한 전투가 여기저기서 벌어지고 서울 부근까지 왜군이 올라온 후 도요토미 히데요시가 죽으면서 종전되었다. 6·25전쟁도 낙동강까지 밀렸지만, 인천상륙작전으로 일거에 역전되면서 북한은 압록강까지 후퇴하였고, 당시 중공군의 개입으로 연합군이 서울까지 후퇴하면서 전쟁은 장기간 소강상태가 이어지고 휴전 직전에 일진일퇴의 치열한 공방전이 있은 후에 휴전이 성립되었다. 임진왜란은 1593년 2차 진주성전투 후에는 1597년 1월까지 소강상태가 있었고 6·25전쟁은 1951년 1·4 후퇴 후 1953년 휴전 직전까지 소강상태를 가진 전쟁이었다.

여섯 번째로, 공교롭게도 두 전쟁 다 서울을 점령한 후에는 서울에서 침

휴전협정 조인장면

략군이 한참 동안 머물렀다는 것이다. 임진왜란 시 왜는 서울을 점령하여 조선왕의 항복을 받으면 조선은 전체가 왜의 수중으로 들어오고 전쟁은 쉽게 끝날 것으로 생각했다. 그러나 조선왕은 다른 곳으로 피난을 가버리고 항복은커녕 성주의 항복과 함께 종전이 되었던 100년 전쟁 때와는 전혀 다른 양상의 전쟁이라는 것을 깨닫고서 당황하게 되고, 앞으로 어떻게 해야 할지 갈피를 못 잡고 도요토미 히데요시의 지시가 도착할 때까지 20여 일간 서울에서 머문다. 조선군은 전열을 가다듬을 수 있는 귀중한 시간을 벌었던 것이다. 6·25전쟁 시 북한군도 서울을 점령하면 민중에 의해 자본주의를 타도하려는 혁명이 일어나서 남한은 스스로 무너질 것으로 기대했으나 전혀 그렇지가 않았다. 북한 역시 당황하면서 약 2주일을 서울에서 머무르게 되고, 한국군에게는 전열을 정비할 수 있는 소중한 시간이 되었다.

일곱 번째로, 전쟁발발 초기에 행한 왕과 대통령의 처사가 너무나도 닮았다. 임진왜란 시 선조는 신립 장군이 탄금대에서 패하자, 황급히 왕비와 일부 왕자들을 먼저 피신시키고 자신도 일부 대신들과 몰래 궁을 빠져나왔다. 왕이 피난한 것을 나무랄 수는 없다. 왜군에게 사로잡히는 것보다 피난해서 왕조를 유지하고 후일을 기약하는 것이 백번 나은 것이다. 문제는 백성이다. 왕은 항상 백성을 염두에 두고 모든 것을 판단해야 한다. 왕은 모든 백성의 어버이인 것이다. 자신의 행동이 백성에게 어떤 영향을 미칠 것인가를 생각하고 백성의 안위를 위해서 왕이 조치해야 할 사항이 무엇인지를 먼저 생각해야 한다. 그러나 선조에게 백성은 없었다. 오직 자신 밖에는 없었다. 백성들에게 먼저 피난령을 내리고 백성이 피난하고 난 다음이나, 아니면 같이 피난을 가야 하는 것이 순서이지만, 4월 29일 대신들 앞에서 "마땅히 경들과 더불어 죽음을 각오하고 떠나가지 않을 것이다."라고 해놓고 백성들에게는 한마디 말도 없이 4월 30일 비까지 내리는 칠흑 같은 그믐 밤에 야반도주를 한 것이다. 급기야 버림받은 것에 화가 난 백성들은 궁궐 이곳저곳을 다니면서 닥치는 대로 태워버리고 내팽개치고 약탈을 해서 왜군이 오기 전에 도성은 벌써 아수라장이 되어버린 것이다. 6·25전쟁 시 이승만 대통령도 "국군이 공산군을 물리쳐 북으로 진격하고 있으니 안심하고 각자 생업에 종사하라."라고 방송을 한다. 이 방송을 믿고 서울에 있던 백성들은 피난할 수 있는 시간을 놓쳐버리고 적의 점령하에 있으면서 많은 사람들이 목숨을 잃었거나 납북을 당했고 강제노역에 시달려야 했다. 그 방송을 한 대통령은 전날 밤에 서울을 빠져나갔고 대전에서 방송을 한 것이다. 어이가 없는 대통령의 처사이다. 누가 일부러 만들려고 해도 될 수 없는 것이 너무나 닮았다. 그리고 다시 서울로 환도하는 1593년과 1953년이 다 같이 계사년이었다는 것도 닮은 것을 떠나 공교롭게도 우연의 일치를 보이고 있다.

여덟 번째로, 강을 천연적인 장애물로 활용하여 축차적인 방어전을 펼쳤다는 것도 닮았다. 임진왜란 시 조선은 북으로 밀리면서 한강, 임진강, 대동강을 따라 차례대로 방어선을 구축하고 왜군과 맞섰다. 자질이 부족한 도원수 김명원에 의해 진행된 강을 활용한 방어전은 어이없는 패배로 이어지지만, 애초에 강을 활용하여 방어전을 계획한 것은 잘한 것이라고 할 수 있다. 6·25전쟁 시에는 잘 아는 바와 같이 한강과 금강, 그리고 낙동강에 방어선을 구축하여 끝내 성공함으로써 반격의 발판을 구축할 수 있었다. 지형을 최대한 이용해야 하는 것은 예나 지금이나 크게 다른 것이 없는 것 같다.

아홉 번째로, 소강상태 시 종전이나 휴전을 위한 협상을 하게 되는데 두 전쟁 다 당사국인 우리가 배제되었다는 것이다. 임진왜란 시에는 명나라의 심유경과 왜의 고니시 유키나가가 양국의 대표로 협상을 하는데 조선의 대표는 끝까지 배제되었다. 그저 협상이 있는 날에는 먼발치에서 협상이 진행되고 있는 군막의 외부를 쳐다보는 것이 전부였다. 협상이 끝난 뒤에는 한껏 거드름을 피우는 명나라의 심유경으로부터 결과를 일부 통보받는 것으로 만족해야 했다. 한편 6·25전쟁 시에도 휴전회담 시 한국의 대표는 배제되었다. 우리 대표는 참가하여 배석만 하고 발언권은 없었다. 임진왜란 시에는 외부에서 협상하는 것을 바라보아야만 했는데, 6·25전쟁 시에는 내부에서 벙어리가 되어서 쳐다보기만 해야 했다. 임진왜란이나 6·25전쟁은 다 같이 주변 강대국이 개입하면서 그들에 의해 전쟁이 진행되었고, 그들에 의해 종전이나 휴전이 된 전쟁이었다. 우리는 흘러가는 우리의 역사를 주도하지 못하고 남북분단에 이어 또다시 가슴 아픈 역사의 방관자가 되어야 했다.

열 번째로, 종전이나 휴전 후에는 누구한테도 전쟁의 책임을 물을 수 없었고 많은 납치자와 포로들을 송환받지 못했다. 임진왜란 시 왜는 종전 후에 한마디 사과나 반성 섞인 말을 하지 않았으며, 끌려간 수많은 납치자와 포로들이 자신을 지켜주지 못한 고국을 평생 그리면서 살아야 했고, 일부는 또 다른 외국으로 팔려나가 한 많은 일생을 마쳐야 했다. 6·25전쟁 후에도 북한은 전쟁을 일으킨 당사자이면서 사과는커녕 오히려 남한이 북침을 했다고 어이없는 주장을 하는가 하면, 협상 시에 포로 전원을 송환하기로 하였지만, 송환한 포로보다 더 많은 포로들을 돌려보내지 않았다. 북한에 남은 포로들은 포로라는 낙인이 찍힌 채 학대받으며 인간 이하의 생활을 해야 했고, 지금까지 황혼의 노구에도 불구하고 목숨을 건 탈출이 이어지고 있다.

임진왜란과 6·25전쟁은 한반도에서 일어난 전쟁으로 동일한 지형에서 벌인 전쟁임을 고려하면 몇 가지 공통점은 있을 수 있다. 그러나 너무나 많은 부분에서 판에 박은 듯한 닮은꼴 전쟁이라는 것을 지울 수 없다. 즉, 지형에 의한 공통점은 어쩔 수 없다고 할 수 있다. 그러나 닮아서는 안 될 것까지 똑같은 것이 하나둘이 아니다. 즉, 두 전쟁은 일란성 쌍둥이 전쟁이다. 우리가 임진왜란을 거울삼아 굳건한 대비를 하였더라면 나라를 잃지 않았을 것이고, 6·25전쟁이 오지 않았을 가능성이 크다. 전쟁을 일으킨 책임이 우리에게 있는 것은 아니지만, 두 전쟁은 우리가 대비를 소홀히 하였기 때문에 참혹하게 치른 전쟁이기에 일부러 그렇게 만들 수도 없는 부분까지 똑같은 전쟁이 되었다.

고래로 우리가 주위를 지배할 수 있을 만큼 힘이 있을 때는 우리를 두고 주위세력들이 전쟁을 하지 않았지만, 우리가 힘이 없을 때는 우리를 사이에 둔 열강들은 항상 전쟁을 했다. 즉, 힘이 없을 때는 우리가 열강들의 먹이로 전락하고 말았다. 그래서 그 먹이를 서로 잡아먹겠다고 이권 다툼을 벌이는 것이다. 그 이권 다툼에서 우리의 비극적인 역사가 되풀이되면서 닮은꼴 전쟁을 반복하여 왔다. 평화는 그것을 지킬 힘이 있을 때만 지속된다. 침략적 전쟁을 밥 먹듯이 하는 나라에 둘러싸인 우리가 다시는 대비를 소홀히 해서 수많은 백성들을 비참한 상태로 몰아넣고 천문학적인 재산 피해를 입는 일란성 쌍둥이 전쟁이 다시는 되풀이 되지 않도록 해야 한다.

이상한 임진왜란 공신책봉

예나 지금이나 어느 나라를 막론하고 국가적인 전란을 극복한 후에는 공적이 있는 사람에게 어떤 형식으로든 포상을 한다. 포상을 함으로써 나라를 위해 희생한 사상자와 그 가족에게 생활의 안정을 도와주고, 사상자는 아니지만 침략군을 물리치기 위해 앞장서서 맞서 싸운 사람에게는 노고에 대한 보답으로 국가적인 차원에서 보상하는 것이다. 그러한 적절한 포상을 통해서 국민에게 국가의 신뢰를 두텁게 하고, 또 언제 닥칠지 모를 전란 극복의 동기를 부여해줄 수가 있는 것이다. 그래서 국가는 여러 대상자에게 공평한 포상을 위해 많은 고민을 하게 되는 것이다. 즉, 공훈의 많고 적음에 따라 포상의 질이나 양도 달라져야 하므로 공정한 포상이 되도록 심사숙고해야 한다.

임진왜란 후에도 많은 공훈자에게 포상이 있었다.

그때 포상의 한 방법으로 공신을 책봉했는데 이상한 게 한둘이 아니다. 전란 때 그러했던 것처럼 공신책봉에서도 선조는 왕권 강화와 자신의 위신을 먼저 생각했다는 인상을 지울 수 없다. 물론, 그 시대 나름대로 공신책봉을 놓고 많은 고민을 했을 것으로 생각한다.

그러나 아무리 생각해도 일부는 정상적인 공신책봉과는 거리가 멀다는 느낌을 떨칠 수 없다.

먼저 공신책봉 결과를 살펴보자.

임진왜란 시 목숨을 걸고 왜군에 맞서 싸운 선무공신(宣武功臣)은 1등에서 3등 공신까지 18명[30] 밖에 되지 않는다. 이에 비해 선조의 몽진길을

---

30 선무 일등공신 3명, 2등공신 5명, 3등공신 10명
     호성 일등공신 2명, 2등공신 31명, 3등공신 53명

호위하고 호종하면서 선조를 최측근에서 보필한 호성공신(扈聖功臣)은 86명에 이른다. 어이가 없는 공신책봉이 아닐 수 없다. 헐벗고 굶주리면서 언제 죽을지 모르는 생명의 위협을 무릅쓰고 침략군에 맞서 싸운 공적이 어떻게 임금을 호종한 공적보다 못하단 말인가? 물론, 임금을 호종한 사람도 그 나름대로 고생은 많이 했을 것이다. 천 리가 넘는 머나먼 길을 대부분 걸어야 했고, 준비가 없는 상태에서 임금의 의복과 배를 채워야 했으며, 수시로 올라오는 장계를 통해 암울한 패전소식을 임금에게 보고하고, 필요에 따라 임금의 분부를 멀리 전투현장까지 전달하는 등 그들도 많은 고초를 겪었을 것이다. 또 명나라에 청병을 하고 명군이 조선에 들어왔을 때는 그들의 뒷바라지를 하느라 많은 어려움이 있었을 것으로 생각한다. 없는 군량미를 조달하고 까다로운 그들의 비위를 맞춘다고 어지간히 고생을 했을 것이다.

그러나 아무리 그들이 많은 고생을 했다 한들 잠시도 목숨의 위협으로부터 벗어날 수 없었던 이들보다 더하지는 않았을 것이다. 호종했던 사람들은 밤에는 허름했든 깔끔했든 따뜻한 방에서 잠을 잤을 것이 아닌가? 그렇지만 밤낮 왜군과 싸워야 했던 의병과 관군은 아마도 차디찬 길바닥에 엎어져 잠을 청한 날도 하루 이틀이 아니었을 것이다. 그리고 먹을 게 없어 주린 배를 움켜쥐고 왜군을 상대로 치열하면서도 항상 불리한 전투를 해야 했던 그들의 희생정신을 더 높이 샀어야 옳은 공신책봉이 되었을 거라고 생각한다.

결국, 선조는 자신의 의지와 노력으로 명군을 끌어들였고, 그 명군에 의해서 임진왜란이 극복되었기 때문에 호성공신을 많이 책봉한 것으로 추정된다. 호종한 여러 신하들이 중국에 호소하였기에 명군이 나오게 되었다는 것으로 자기와 호종한 신하의 공을 가장 높이 평가한 것이다. 오직 명군에 의해 전란이 수습됐다면서 온갖 행패를 서슴지 않았던 명군의 활약을 과대평가한 선조의 눈에는 힘에 겨운 전투를 하면서 전란을 수습하고 민심을 얻은 장군들이 별것 아닌 것으로 보인 것이다. 한 나라의 국왕이라는 사람이 명군장수에게 온갖 아첨을 서슴지 않았던 선조이기에 충신열사들의 희생을 값어치 없는 것으로 팽개치고 말도 안 되는 공신책봉이 가능했다고 할 수 있다.

전쟁 후 녹훈을 내리는 과정에서 선조는 이렇게 말했다.

"지금 왜적이 평정됨은 오로지 천병(天兵, 명군)에 힘입은 것이고 우리 장사(將士)는 혹 천병의 뒤를 따르거나 혹 요행으로 영락한 왜적의 수급을 얻었을 뿐 일찍이 한 놈의 수급도 베지 못했고, 하나의 적진을 함락시키지 못했다. 그중 이순신, 원균처럼 해상에서 적을 섬멸한 것과 권율의 행주 승리가 조금 표표(表表)한 것이다."라고 했다.

한마디로 말도 안 되는 소리를 국왕이 하고 있는 것이다. 왜군을 물리치기 위해 수많은 조선군과 의병이 흘린 피를, 그리고 그들의 수많은 공훈과 고귀한 희생을 조금도 인정하지 않고 있다. 내시 24[31]명과 노비 20여 명까지 호성공신에 포함한 선조에게는 오직 천병밖에 없었다. 선조라는 사람이 과연 군왕으로서의 자질을 얼마만큼 갖추었는지 심히 의심이 들게 하는 대목이다.

그뿐만 아니라 정운, 황진, 정발 등 누구보다 사력을 다해 싸우다 전사한 무인들은 3등급에도 포함되지 않는 등 이해할 수 없는 공신책봉은 오늘날같이 조선이 다양화된 사회라면 아마 더 많은 사회 갈등을 일으켰을

---

31 박천홍, 『인간 이순신평전(서울: 북 하우스, 2009)』, p. 306

것이다.

1603년 2월 12일 자 선조실록에는 사관이 "요리나 하고 말고삐나 잡던 천한 자들까지 35명이나 공신의 반열에 올랐으니 어떻게 후세의 비난을 면할 수 있겠는가?"라고 탄식했다.

다음은 선무공신에 책봉된 사람도 문제이다. 선조의 의중에 의해 일등 공신[32]에는 이순신, 권율, 원균이 책봉되었다. 이순신 장군이 책봉되는 것은 당연하다. 어느 사람도 이순신 장군만큼의 공적을 세운 사람은 없다. 그런데 원균이 일등공신에 포함되었다는 것이 아무래도 꺼림칙하다.

원균이 누구인가? 이순신 장군이 각고의 노력으로 이룩해 놓은 조선 수군의 대부분인 전선 134척, 수군 13,200명을 이끌고 나가 칠천량해전에서의 패전으로 세계최강 수군을 하루아침에 궤멸시킨 장본인이 아닌가?

물론, 칠천량해전 패전의 책임을 원균에게만 물을 수는 없다. 현지 장수의 의견을 무시하고 출전하라고 지시한 선조와 원균에게 곤장까지 치면서 출전을 강요한 당시 도원수인 권율도 패전의 책임에서 자유롭지 못하다. 그러나 패전의 1차 책임은 현장 지휘관에게 있는 것이다. 이순신 장군은 조정지시의 부당함에 대해 목숨을 걸고 역설하고 출전하라는 지시를 거부하지 않았던가? 홧김에 출전한 원균은 부하들과 수많은 전투함을 수장시키고 말았다. 자의든 타의든 출전하려고 했으면 장수는 사전에 치밀한 작전계획을 수립하고 그 계획을 실행할 수 있도록 훈련을 해야 했다. 그러나 원균은 그렇게 하지 않았다. 삼도수군통제사가 되자마자 이순신 장군

---

32 2등공신 : 김시민, 이정암, 이억기, 신점, 권응수
　　3등공신 : 정기원, 권협, 유사원, 고언백, 이광악, 조경, 권준, 이순신(李純信), 기효근,
　　　　　　이운룡

과 같이 싸우고 수군 전력을 일으키는 데 앞장섰던 장수와 군사들을 내쫓아 버렸다. 그리고 이순신 장군이 계급 고하를 막론하고 대화하고 토론하고, 때에 따라서는 한잔 술로 장졸들의 갈증을 달래주었던 장소인 운주당(運籌堂)에 기생을 불러들이고, 장졸들의 출입을 통제하여 혼자만의 공간으로 만들어 버리고, 술 마시기를 좋아해서 날마다 술주정과 성내는 것을 일삼았다. 또한, 징비록에는 "군중에서 수군거리기를, '만일 왜적을 만난다면 오직 도망가는 수가 있을 뿐이다.'라며 여러 장수들은 몰래 그를 비웃었으며, 또한 다시 품의하거나 두려워하지도 않았으므로 호령이 행하여지지 않았다."라고 기록되어 있다.

전투는 지휘관을 중심으로 하나가 되고 장수의 우수한 지략과 그 지략을 이해하고 실행할 수 있도록 사전에 치밀한 준비와 훈련이 되어 있어도 승리를 장담하기 어려운 것이다. 아무리 준비를 잘했다 할지라도 또 어떤 변수가 작용할지 모르는 것이 전장상황이기 때문에 전투에서 승리한다는 것은 그야말로 장수와 휘하 장졸들의 종합 작품이라고 할 수 있다. 그런데 원균은 전혀 이길 준비가 되어 있지 않았다. 이순신 장군은 이기기 위해 사전에 적과 지형에 관한 정보수집, 그리고 이기기 위한 작전계획을 수립하고 장졸들에게 알려주어서 모두가 싸우는 방법을 숙지하게 한 후에 전투를 수행했기 때문에 연전연승한 것이다. 즉, 이길 수 있는 모든 조건을 먼저 만들어놓고 전투를 한 것이다. 이른바 선승이후 구전(先勝以後 求戰)을 실천했다.

그러나 원균은 전혀 그렇지를 못했다. 정보수집도, 지략도, 훈련도, 그리고 작전계획도 없었다. 작전계획이 있었다 할지라 실행할 수가 없었다. 원균 자신이 부하들로부터 존경받지를 못했기에 구심점이 되지를 못했다. 어쩌면 이순신 장군과는 정반대로 질 수밖에 없는 조건을 만들어 놓고 출전한 것이다. 그렇기 때문에 그에게는 가혹한 패전의 책임이 뒤따랐어야 했다. 그런데 패전의 책임은커녕 선조에 의해 최고의 공신으로 책봉되었다. 이해가 가질 않는다. 굳이 선조의 마음을 이해한다면 이순신 장군을 대신해서 원균을 삼도수군통제사로 임명한 자신의 과오를 끝까지 정당화하기 위해서 그렇게 했다고 볼 수밖에 없다.

그리고 권율이 일등공신에 책봉된 것은 주지하다시피 행주산성의 영웅이기에 한편으로 이해가 가면서도 조금은 아쉬운 면이 없지 않다. 앞에서 언급했듯이 그는 원균에게 출전을 강요해서 조선 수군 몰살의 원인을 제공한 장본인이다. 다른 여러 공적을 참작해서 공신에 책봉될 수는 있겠지만, 이순신 장군과 같이 일등공신에 책봉된 것은 당시 공신 책봉과정이 신중하지 못했다는 추측이 가능하다. 아마도 원균을 일등공신으로 책봉하는 과정에서 이순신과 원균 두 사람만 일등공신으로 책봉하기에는 두 사람이 너무 비교가 되기 때문에 조금은 비교가 되는 강도를 희석시키기 위해 그렇게 했을 가능성도 배재할 수는 없을 것 같다.

그리고 또 하나의 공신책봉 문제는 바로 의병장이 단 한 명도 포함되지 않았다는 것이다. 의병! 그들은 오직 나라를 구하겠다는 일념으로 자기가 쓰던 농기구를 빈약한 무기로 삼아 왜군과 맞서 싸운 우리 민족의 의기(義氣)를 떨친 그야말로 의인(義人)들이 아닌가?

그들에게 조정에서 지원해준 것은 아무것도 없다. 오직 그들 스스로 의·식·주를 해결하면서(일부는 의병장이 사재를 털어 해결하기도 하였다) 굶주린 배를 부여잡고 처자식을 돌보지 않고 왜군과 당당히 맞서 싸우지 않았던가? 실로 왜군에게 의병들은 커다란 부담이었고 목에 가시와 같은 존재였다. 전란 초기 속수무책이었던 전황을 역전시킬 수 있었던 것도 승병을 포함한 의병의 영향이 컸던 것이다. 그리고 왜의 정규군과 싸워 여러 전투에서 승리하면서 많은 성을 탈환하고 왜군의 예봉(銳鋒)을 꺾지 않았던가? 대부분 역사에 이름 한 줄 남기지 못한 이들은 모두가 전란을 극복하는 데 앞장선 공신들이다. 그 의병들 모두를 공신으로 책봉할 수는 없었겠지만, 그들을 지휘한 의병장과 승병장 몇 명 정도는 공신으로 책봉이 돼야 했을 것이다. 그런데도 가정과 일신의 평안을 모두 내던지고 나라를 위해 목숨을 바쳤거나 수없이 많은 죽을 고비를 넘긴 의병장과 승병장이 공신 책봉에 한 명도 포함되지 않았다는 것은 실로 어이없는 일이라고 할 수 있다. 아마도 의병의 공이 클수록 관군의 공이 미미해지고, 관군의 공이 적을수록 임금과 조정의 잘못이 드러나기 때문에 선조는 자신의 책임을 회피하기 위해서 그렇게 했다고 추측된다. 역시 영악한 선조다운 생각이다.

당시 일등공신의 혜택[33]은 공신 자신뿐만 아니라 후대에까지 영향을 미쳤는데, 공신의 모습을 그려 후세에 전하였고, 관작과 품계를 세 계급 올려주었으며 부모와 처자도 마찬가지였다. 또 아들이 없으면 조카와 사위에게 두 계급을 올려주었고, 적장자는 부친의 녹봉을 세습하고 죄를 짓더라도 영원히 용서받았으며, 병사 10명, 노비 13명, 관노비 7명, 논과 밭 150결(상등전 1결은 약 3천 평), 은 10냥, 궁궐에서 쓰던 말 1필도 하사했다.

공신에 책봉되면 자신과 후손의 명예뿐만 아니라 혜택이 이처럼 많았으므로 공훈이 훌륭한데도 공신에서 누락된 사람은 크나큰 상실감을 가질 수 있기 때문에 공신책봉은 신중히 해야 했다. 그것이 잘못되면 진정한 공

---

33 박천홍, 『인간 이순신평전 (서울:북 하우스, 2009)』, p. 307

신에게 또 한 번의 피해를 줄 수 있고, 공신이 아닌 엉뚱한 사람에게 그 혜택이 돌아가기 때문이다. 목숨을 걸고 공훈을 세운 사람 따로 있고 그 대가로 혜택을 받는 사람이 따로 있다면 누가 전란극복에 앞장서겠는가? 임진왜란이라는 전란에 대한 대비와 수습과정에서 보여준 임금인 선조의 무능함은 신하가 아무리 잘 보필한다 해도 한계가 있을 수밖에 없었을 것이고, 전란 후 공신책봉 과정은 불합리의 극치를 보여주는 것이라 할 수 있다.

문제가 많은 임진왜란 공신책봉은 분명 잘못된 역사의 한 부분이다. 이제라도 바로 잡아야 하는 것이 바로 후손들이 해야 할 일이라고 생각한다.

임진왜란의 비극을 망각해서는 안 된다

임진왜란은 우리에게 시사하는 것이 너무 많다. 그러나 그 후 우리의 선조는 그것을 얼마만큼 교훈으로 생각하고 임진왜란과 같은 비참한 전란이 되풀이되지 않도록 노력하였는지 되돌아보아야 한다. 임진왜란의 교훈을 똑바로 인식하고 되풀이하지 않기 위해 노력을 하였다면 40년이 채 되지 않아서 병자호란을 당하여 7년 전쟁을 하면서도 하지 않았던 항복을 임금이 무릎을 꿇고 머리를 조아리면서까지 해야 하는 수모를 당하지 않아도 되었을 것이다. 임진왜란의 교훈을 위정자들이 알고 부국강병에 심혈을 기울였다면 임진왜란 시 조선을 침략해서 혼쭐이 나서 도망을 간 그 일본에 총 한 방 쏘지 않고 나라를 넘겨주는 세계에서 유례가 드문 사례를 역사의 한 단면으로 남기지는 않았을 것이다. 되풀이된 비극의 역사 때문에 이 땅의 민초들이 겪어야 했던 참혹한 생활상을 미리 알고 사전에 대비하였다면 6·25전쟁은 없었을 것이다. 임진왜란이 일어난 원인을 알고 그 원인이 현재는 존재하지 않는지에 대한 냉엄한 통찰력을 가지고 위정자들이 나라를 이끌어 갔다면 그 뒤로 참담한 역사는 반복되지 않았을 것이다.

900여 회의 침략을 받았다고 역사를 가르치면서 왜 그렇게 많은 침략을 당해야 했는가에 대한 원인은 가르치지 않고 있다. 그저 백의민족이니 평화를 사랑한 민족이니 하는 고리타분한 서술로 수많은 침략을 당한 역사를 당연한 것처럼 가르치고 있다. 그 900여 회의 침략을 당하면서도 우리가 대비를 굳건히 하고 있을 때는 다 물리쳤다. 그러나 대부분의 침략은 대비를 하지 않고 있을 때 일어났고, 때에 따라서는 나라를 잃든지, 아니면 극복한다 하더라도 엄청난 백성의 목숨과 재산과 문화재를 잃어야 했다. 당해서 잃어야 했던 것의 반만이라고 미리 대비하는 데 투자를 했다면 그렇게 침략을 당하지도 않았을 것이고, 당해서도 그렇게 많은 희생을 치르지도 않았을 것이다.

우리는 우리 스스로가 대비를 하지 않았기에 더 많은 침략을 당한 것이다. 역사의 교훈을 우리는 망각하고 있었던 것이다. 침략당한 역사의 교훈을 우리는 후손들에게 명명백백히 전해야 한다. 그래서 후손들이 다시는 비극의 역사를 되풀이하지 않도록 해야 한다. 필요에 따라서는 남의 나라 역사도 교훈으로 삼아야 한다. 하물며 길고도 길면서 침략의 역사로 점철된 우리의 역사에서 교훈을 얻지 못한다면 어떻게 새롭고 희망찬 역사를 만들어 갈 수 있겠는가?

물론 다른 나라를 침략하는 행위는 지탄받아 마땅하다. 그리고 침략전쟁을 일으켜 수많은 다른 나라의 백성을 잔혹하게 살상하고 선대왕들의 무덤까지 파헤쳤을 뿐만 아니라 면면히 이어오는 문화재를 훼손하고 강탈하는 야만적인 행위는 지구상에서 사라져야 할 인간이 저지르는 가장 악랄한 범죄인 것이다. 그러나 전쟁은 지구상에서 잠시도 사라진 적이 없었다. 지금 이 순간도 지구상 어디에선가 치열한 이웃 나라 간의 분쟁으로 누군가는 목숨을 잃어가고 있고, 전쟁기술이 발전하면서 수만 리 떨어진 국가 간에도 전쟁을 하는 게 요즈음의 세상이다. 하물며 이웃 간에는 언제 어떤 전쟁을 할지 아무도 모른다. 지구의 역사는 바로 전쟁의 역사라고 해도 과언이 아니다.

대륙과 해양의 요충지에 있는 한반도는 다른 어느 나라보다 많은 전쟁의 위험을 안고 있는 지역이다. 그래서 전쟁에 가장 민감하고 대비를 굳건히 해야 할 지역이다. 그러나 불행하게도 우리는 대비를 소홀히 했다. 침략당하고 국토를 빼앗기고 난 뒤에 침략자를 나쁘다고 해 봐야 그것은 소귀에 경 읽는 것밖에 되지 않는다. 냉엄한 국제사회에서 오로지 상대를 제압할 수 있는 힘만이 정의로 통한다. 900여 회의 침략을 당한 것에 대해 당했다는 현상만을 후세에게 교육할 게 아니라, 왜 당했는지에 대한 원인을 전하고 교훈을 전파해서 다시는 다른 나라가 침략하도록 우리가 먼저 허점을 보이지 말아야 한다. 침략전쟁은 항상 그 나라를 침략해서 이길 수 있다는 자신이 있을 때 일어나는 것이다. 우리는 다른 나라가 우리를 만만히 보지 않도록 우리의 힘을 길러야 한다. 그래서 다시는 외세의 침략을 당하는 역사가 없도록 해야 한다. 우리의 힘이 국제사회에서 정의로 통할 수 있도록 국력을 길러야 한다.

다른 나라도 마찬가지이지만, 특히 일본은 자기들의 힘이 있을 때는 반드시 침략전쟁을 일으켰다. 그리고 그 침략의 첫 번째 대상은 항상 한반도였다. 임진왜란이 그러했고, 경술국치가 그러했다. 400여 년 전에 저질렀던 살육을 20세기에도 똑같이 우리에게 저질렀다. 그리고 그들은 무참히 짓밟은 역사를 인정하지도 않고 있고 우리 고유의 영토인 독도를 그들 것이라고 억지 주장을 끈질기게 하고 있다. 아직은 우리의 힘이 부족하기 때문일 것이다. 군사적으로나 다른 분야에서도 일본을 따라잡아 그들과 당당히 맞설 수 있는 날 그들은 우리에게 망발을 함부로 하지 못할 것이다. 그날이 빨리 오도록 우리의 국력이 결집되기를 간절히 바란다.

임진왜란 시 이순신 장군에게 참패한 일본은 청일전쟁과 러일전쟁은 물론이고, 강력한 해군력과 군사력을 강화하는 데 이순신의 리더십과 전략을 적극 반영했고, 이를 기반으로 우리나라를 재침공했다. 우리가 이순신 장군을 훌륭한 장군으로 알고 그것을 계승하려는 노력을 게을리할 때 일본은 이순신 장군을 연구하고 그 교훈을 자기화해서 그들의 국력을 일으키는 데 적극 활용했다.

우리에게 부끄러운 역사는 곧 역사의 위대한 전승 기록인 임진왜란을 단순히 수치스런 역사로 여기고, 그와 함께 전쟁의 승리자이자 바다의 영웅 이순신을 잊고 그의 업적을 깊이 연구하고 후세에 알리지 못한 점일 것이다. 역사로부터 배우지 못하는 후손은 망한다는 말 그대로 우리의 역사를 올바른 시각으로 배우고 그 역사의 교훈을 행동화해야 하는 것이 그 어느 것보다 중요하다. 왜냐하면, 역사는 곧 우리들의 정신이자 미래를 밝혀주는 등불이기 때문이다.

현재 우리는 어느 때보다 발전된 대한민국을 만들었고, 앞으로도 계속 발전하기 위해서 노력하고 있다. 단군이래 가장 번성하고 있는 시기라고 한다. 그러나 이것도 굳건한 안보가 없이는 불가능하다. 가능하다 할지라도 언제 그것이 잿더미로 바뀔지 모르는 것이다. 이러한 우리의 조국이 일시적인 번영이 아닌 앞으로 자손만대 이어질 수 있도록 해야 한다. 그것은 무엇보다 국가 안보에 가장 먼저 노력을 경주해야 한다. 다시는 임진왜란의 비극을, 그리고 나라를 빼앗기고 임금의 이마가 피로 얼룩진 부끄러운 역사를, 빼앗긴 나라를 되찾기 위해 흘렸던 피의 역사를, 꺼져가는 나라의 운명을 살리기 위해 어린 학생들이 입은 교복 그대로 전쟁에 뛰어들어야 했던 한섞인 역사가 되풀이되지 않도록 해야 한다.

그래서 임진왜란이라는, 하늘이 무너질 것 같은 국난을 온 백성의 힘으로 이겨내고 조선의 맥(脈)이 계속 이어지도록 한 것을 교훈 삼아 번영된 대한민국의 국운이 일월과 함께 영원히 이어지도록 해야 할 사명이 우리에게 있음을 명심해야 한다.

"天下雖安 忘戰必危"

거북선을 건조하고 있는 이순신장군을 그린 십경도

임진왜란이라는 국난을 맞아 국토가 난장판이 되고 수많은 백성이 죽어 갔지만, 전쟁피해를 가장 많이 본 백성에 의해 국난이 극복되었다. 민초들의 뭉친 힘에 의해 국난이 극복된 것이다. 그만큼 국가적인 위기를 맞아 자발적으로 모여진 민초들의 풀뿌리 같은 힘은 상상도 할 수 없는 큰 위력을 발휘한 것이다.

안타까운 것은 백성의 그러한 국난극복 의지에다가 통치자의 통치력이 뒷받침되었다면 그 국난은 더 쉽게 극복되었을 것이라는 점이다. 통치자가 국난을 예견하고 그래서 그것을 사전에 예방하였다면 가장 최선이 되었겠지만, 그렇게까지 하지 않았더라도 통치자에 의해 대비를 굳건히 하고 있는 상황에서 백성들의 뭉친 힘이 발휘되었다면 거듭 전쟁을 하면서 말할 수 없는 비극의 역사를 써야 하는 최악의 국면은 없었을 것으로 생각된다. 그러나 당시 조정은 예견하지도 않았고, 예견하려고 하지도 않았고, 예견했다 하더라도 극히 형식적인 대비에 그치고 만다. 극복하는 과정에서도 통치력과 백성의 뭉친 힘이 융합한 것이 아니라, 통치자의 부족한 리더십을 백성의 뭉친 힘과 목숨으로 보완하는 안타까운 현상이 펼쳐진 것이다. 힘없는 백성들은 전국 곳곳에서 의병이 되어 스스로를 지키고 나라를 지켰던 것이다.

우리의 선조들은 국난이 있을 때마다 의병이라는 이름으로 벌떼같이 일어나 국난을 극복하는 가장 큰 힘이 되었다. 그리고 그 의병의 힘은 상상을 초월하는 대단한 힘을 발휘했다. 침략군에 당당히 맞서 싸운 그 전투 자체로도 대단한 것이지만, 침략군으로 하여금 이 땅의 백성들은 국토를 수호하기 위해 목숨을 아끼지 않고 모두가 끝까지 항전할 것이라는 강력한 의지를 침략군에게 보여주었기에 그들의 침략야욕을 분쇄할 수 있었던 것이다. 이러한 의병은 임진왜란 후에도 병자호란을 거쳐 구한말까지 계속 이어졌을 뿐만 아니라, 6·25전쟁 때는 의병과 다름없는 학도병이 펜 대신 총을 들고 일어나서 목숨으로 나라를 구했다. 또한, 6·25전란 중에 독도를 일시적으로 점령한 왜인을 축출하고 경찰에 인계할 때까지 지킨 사람도 순수한 민간인이었다. 그들은 가장 최근의 의병이라고 할 수 있다. 또 근래에 불어닥친 외환위기 때는 서민들이 서랍 속 깊숙이 있던 돌 반지까지 꺼내어 힘을 보태지 않았던가? 세계 어느 나라에도 없었던 사례였다. 바로 우리의 핏줄 속에 의병정신이 흐르고 있기에 가능한 것이라 할 수 있다. 그래서 우리나라를 의병의 나라라고 하는 것이다. 조정에서의 그 어떤 지원도 없이 의병장이 사재를 털기도 하고, 각자가 알아서 무기를 조달하고 군량을 해결하면서 침략군에 맞서 싸웠다. 그들의 일부는 지방관아의 방해를 받으면서도 의병활동을 멈추지 않았다. 그리고 그것은 국난극복의 밑거름이 되었던 것이다.

그러나 종전 후 의병장들에게 내려진 예우를 생각하면 심히 안타까운 생각이 들었다. 전사한 의병장은 선무공신으로 책봉되지 않아서 가족들의 규휼이 되지 않아 근근이 생계를 이어갔고, 다행히 전란후에도 살아남아 천수를 누린 의병장의 노후도 좋지를 않았다. 의병장 김면은 만석꾼이었던 가산이 의병활동으로 거덜 나고 처자식은 문전걸식하였으며, 그는 의병 활동 중에 전염병으로 사망하였다. 정인홍은 전란이 끝난 후 영의정까지 올라갔으나, 인조반정 후에 참형되고 가산은 적몰되었다. 그리고 기개가 넘쳤던 의병장 김덕령은 의병 활동 중 모함으로 모진 고문 끝에 옥사하고, 곽재우도 조정에 의해 체포되었다가 풀려나자 의병을 해산하고 초야에 묻혀 살다가 생을 마감했다. 곽재우는 천석꾼이었던 가산을 의병활동에 다 쏟아 부었고, 말년에는 가난으로 아들과 같이 패랭이를 팔아서 생계를 이어갔다고 한다. 이처럼 살아남은 의병장은 대부분 쓸쓸한 말년을 보냈기에 비통하기까지 하다.

그리고 군인 중의 군인 이순신 장군은 그 어떠한 말로도 위대함을 다 표현할 수 없다. 연전연승한 결과가 위대하지만, 결과만을 가지고 위대하게 생각한다면 그것은 이순신 장군을 모독하는 것이다. 얼마나 많은 고뇌를 하고, 얼마나 많은 외로운 번민의 날을 보냈는지, 오로지 도탄에 빠진 나라와 백성을 구하기 위한 방책을 찾기 위해 얼마나 많은 밤을 인고(忍苦)의 세월로 지새웠겠는가를 생각해야 한다. 수많은 시간을 고민하고, 지위고하를 막론하고 부하와 격의 없는 대화를 하고, 또 옛 병법서를 뒤지고, 그래서 왜군을 물리칠 방안을 찾아서 전투를 했기에 백전백승할 수 있었다. 항상 선승구전(先勝求戰) 했기에 전투마다 완승할 수 있었던 것이다. 그러한 과정을 우리는 더 위대하게 평가해야 한다.

주변이 강대한 국력을 가진 나라들로 둘러싸인 우리는 언제 어떤 침략을 받을지 모른다. 그래서 우리의 국방력은 넘쳐나도 주변 강대국에 비하면 부족한 것이 될 수 있다. 넘쳐난다면 그것은 물이 많아서가 아니라 그릇이 작아서이다. 항상 대비를 굳건히 하고 있는 것만이 전란을 예방하고 침략을 당했다 할지라도 희생을 최소화할 수 있다. 앞으로 나라를 위해 헌신한 사람들이 더 행복해질 수 있는 날이 빨리 오기를 기대하면서, 이 땅에서 문무를 겸비한 훌륭한 제2, 제3의 이순신 장군이 많이 배출되고, 부국강병을 이루어 주위국가들에 호령할 수 있는 나라, 침략했던 나라에 과거의 침략전쟁까지 책임을 따질 수 있는 나라가 빨리 되기를 기원한다.

부국강병의 꿈은 이루어진다

『난중일기』, 이순신, 노승석 옮김, 민음사, 2012

『충무공 이순신전서』, 박기봉 편역, 비봉출판사, 2009

『선조(수정)실록』, http://sillok.history.go.kr

『징비록』, 유성룡, 옮긴이 이재호, 역사의 아침, 2012

『임진장초』, 조성도 譯, 연경문화사, 2010

『상촌집』, 발행인 이상하, 도서출판 보경문화사, 1996

『임진왜란 종군기』, 케이넨(신용태 역주), 경서원, 1997

『그는 어떻게 이순신이 되었나』, 박종평, 스타북스, 2011

『How are you? 이순신』, 혜문, 작은숲, 2012

『조선의 프로젝트 메니저 이순신을 만나다』, 김덕수·남재덕, 행복한미래, 2012

『이순신 수국 프로젝트』, 장한식, 행복한 나무, 2009

『조선이 뒤흔든 이순신의 바다』, 최우열, 채륜, 2012

『임진왜란 잘못 알려진 상식 깨부수기』, 도현신, 역사넷, 2008

『위기의 시대, 이순신이 답하다』, 방성석, 중앙 books, 2013

『부활하는 이순신』, 황원갑, 마야, 2006

『임진왜란 해전사』, 이민웅, 청어람미디어, 2013

『이순신 파워인맥』, 제장명, 행복한미래, 2012

『불패의 리더 이순신, 그는 어떻게 이겼을까』, 윤영수, 웅진, 2005

『이순신 그는 누구인가』, 유인일, 노드미디어, 2013

『맨주먹의 CEO 이순신에게 배워라』, 김덕수, 밀리언 하우스, 2005

『임진왜란사 연구의 새로운 관점』, 조원래, 아세아문화사, 2011

『그들이 본 임진왜란』, 김시덕, 학고재, 2013

『이순신의 끝없는 죽음』, 이종락, 선인, 2013

『이순신이 싸운바다』, 이봉수, 새로운 사람들, 2008

『이순신을 만든 사람들』, 고진숙, 한겨레아이들, 2012

『임진왜란 산책』, 남천우, 미다스북스, 2010

『경제전쟁시대 이순신을 만나다』, 지용희, 디자인하우스, 2010

『살고자 하면 죽으리라』, 임원빈, 순천향대학교출판부, 2012

『이순신처럼 생각하고 행동하라』, 전도근·김형준, 무한, 2009

『충무공 이순신의 리더십』, 김주영, 백만문화사, 2004

『이순신』, 노병천, 양서각, 2005

『이순신의 전쟁』, 신호영, 돋을새김, 2012

『인간 이순신평전』, 박천홍, 북하우스, 2009

『이순신평전』, 이민웅, 책문, 2012

『이순신 경제전쟁에 승리하라』, 전경일, 다빈치북스, 2011

『충무공 리순신 대한민국에 고함』, 최두환, 푸른솔, 2008

『임진왜란 비겁한 승리』, 김연수, 앨피, 2013

『이순신대학 불패학과』, 노병천, 책밭, 2011

『이순신의 리더십』, 이선호, 팔복원, 2011

『조일전쟁』, 백지원, (주)진명출판사, 2009

『이순신 그는 군신이었다』, 임원빈, 도서출판 신서원, 2005

『위기의 시대, 이순신이 답하다』, 방성석, 중앙books, 2013

『충무공 이순신의 짧은생애, 빛나는 삶』, 장학근, 재단법인한국해양전략연구소, 2002

『9인의 명사 이순신을 말하다』, 김성수외 8인, 자연과 인문, 2009

『임진왜란은 조선이 이긴 전쟁이었다』, 양재숙, 도서출판 가람기획, 2012

『충무공 이순신』, 조성도, 연경문화사, 2004

『조선대장부 이순신』, 박선식, 규장각, 1999

『이순신, 신은 이미 준비를 마치었나이다』, 김종대, 시루, 2012

『이순신 승리의 리더십』, 임원빈, 한국경제신문, 2010

『이순신의 승리전략』, 노승석, 여해고전연구소, 2013

『원균과 이순신』, 도현신, 비봉출판사, 2008

『원균 그리고 이순신』, 이은식, 타오름, 2010

『이순신의 조일전쟁』, 도현신, 행복한미래, 2012

『이순신 이기는 원칙』, 박종평, 스타북스, 2012

『진주성』, 국립진주박물관, 2000

『이순신 두 번죽다』, 배상열, 왕의서재, 2009

『한권으로 읽는 성웅 이순신』, 박성순, 도서출판 해남, 2013

『달과 그림자』, 박은우, 우원북스, 2010

『이순신 리더십』, 전도근, Book Star, 2013

『다시, 이순신 리더십을 생각한다』, 순천향대학교 이순신연구소, 인디북스, 2005

『이시대에 충무공을 생각한다』, 홍순승, 오늘의문학사, 2009

『이순신의 두얼굴』, 김태훈, 창해, 2004

『일본에 남은 임진왜란』, 노성환, 제이앤씨, 2011

『통곡』, 이우각, 숲속의 꿈, 2005

『임진왜란 동아시아 삼국전쟁』, 정두희·이경순, 휴머니스트, 2010

『조선사 3대논쟁』, 이재호, 역사의아침, 2012

『이순신의 삶과 장교의 도』, 장용운, 양서각, 2009

『이순신 인간경영 노하우에서 배운다』, 강은희, 삼각형프레스, 2004

『레인보우 리더십』, 전도근·김형준, 무한, 2008

『이순신 꿈속을 걸어나오다』, 박종평, 이매진, 2010

『THINK 이순신』, 김덕수, 씽크하우스, 2010

『난중일기로 이순신 읽기』, 도천, 세손, 2004

『이순신을 암살하라』, 아라야마 토루, 이종훈 역, 세창미디어, 2008

『이순신』, 이광수, 일신서적출판사, 1995

『흔들리는 마흔, 이순신을 만나다』, 박종평, 흐름출판, 2013

『소리꾼 김영옥이 부르는 이순신 歌』, 김영옥, SNS, 2012

『성웅 이순신 그리고 일본성(왜성)』, 이종락, 선인, 2010

『진주성 용사(龍蛇)일기』, 허남오, 지구문화사, 2005

『진주성도』, 진화수, 국립진주박물관, 2013

『임금노릇 못해 먹겠다』, 김만중, 거송미디어, 2004

『조선왕조실록 선조실록』, 박시백, 휴머니스트, 2014

『교과서가 말하지 않는 임진왜란 이야기』, 박희봉, 논형, 2014

『임진왜란의 흔적 1』, 김현우, 한국학술정보, 2012

『임진왜란의 흔적 2』, 김현우, 한국학술정보, 2013

『임진왜란의 흔적 3』, 김현우, 한국학술정보, 2013

『임진왜란의 기록』, 루이스 프로이스(정성화·양윤선 공역), 살림출판사, 2008

『전쟁의 신, 이순신』, 설민석, 휴먼큐브, 2014

『그러나 이순신이 있었다』, 김태훈, 일상과 이상, 2014

『임진왜란』, 박종화, 한성출판주식회사, 1986

『칠년전쟁』, 김성한, 산천재, 2012

『이순신과 임진왜란』, 이순신역사연구회, 비봉출판사, 2010

『시인과 사무라이』, 김성한, 행림출판, 2003

『왜란 소설 징비록』, 이번영, 나남, 2012

『명량 불패의 신화』, 박은우, 고즈넉, 2012

『불패 이순신의 전쟁』, 황원갑, 바움, 2012

『진주성 비가』, 조열태, 이북이십사, 2012

『이순신의 반역』, 유광남, 스타북스, 2011

『충무공 이순신의 자살』, 장영수, 좋은땅, 2013

『조선대혁명 1』, 다물, 어울림, 2012

『누가 이순신을 쏘았는가』, 김우진, 청어람, 2012

『전쟁의 늪』, 박은우, 고즈넉, 2012

『진주성 전쟁기』, 박상하, 어문학사, 2012

『칼의 노래』, 김훈, 문학동네, 2014

『불멸의 이순신』, 김탁환, 황금가지, 2005

『e 이순신은 전사하지 않았다』, 남천우, 미다스북스, 2008

『e 조선을 뒤흔든 16인의 기생들』, 이수광, 다산초당, 2011

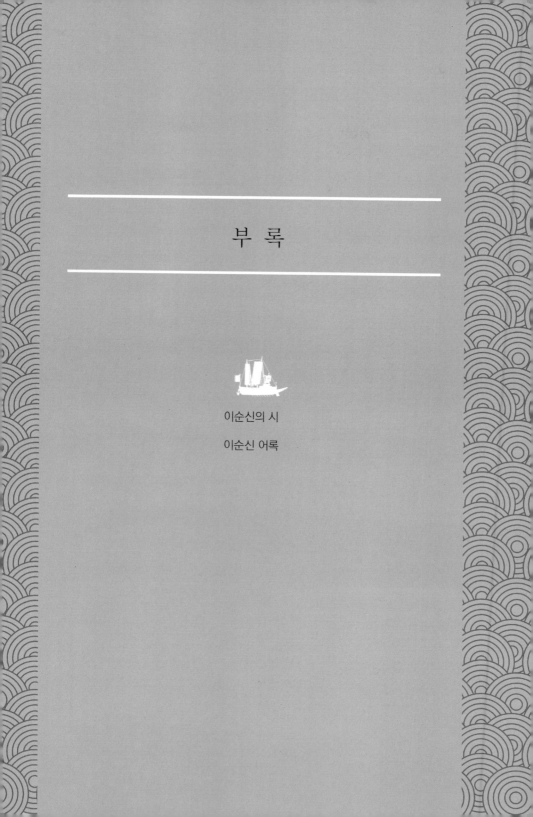

부 록

이순신의 시

이순신 어록

이순신의 시

無題 _ 무 제

秋氣入海客懷擾亂	추기입해객회요란	가을 기운 바다에 드니 나그네 회포가 산란해지고
獨坐篷下心緒極煩	독좌봉하심서극번	홀로 배 뜸 밑에 앉았으니 마음이 몹시 번거롭다
月入船舷神氣淸冷	월입선현신기청냉	달빛이 뱃전에 들자 정신이 맑아져
寢不能寐鷄已鳴矣	침불능매계이명의	잠도 이루지 못했거늘 벌써 닭이 울었구나

祭死亡軍卒文 _ 죽은 군졸들을 제사하는 글

親上事長	친상사장	윗사람을 따르고 상관을 섬겨
爾盡其職	이진기직	너희들은 직책을 다하였건만
投醪吮疽	투료연저	부하를 위로하고 사랑하는 일
我乏其德	아핍기덕	나는 그런 덕이 모자랐도다.
招魂同榻	초혼동탑	그대 혼들을 한 자리에 부르노니
設奠共享	설전공향	여기에 차린 제물 받아오시라.

蕭望 _ 쓸쓸히 바라보며

簫簫風雨夜	소소풍우야	비바람 부슬부슬 흩내리는 밤
耿耿不寐時	경경불매시	마음이 초조하여 잠 못 이루고
傷心如裂膽	상심여열담	쓸개가 찢기는 듯 아픈 가슴
懷痛似割肌	회통사할기	살을 에는 듯 쓰린 마음
長嘆更長嘆	장탄갱장탄	긴 한숨 거듭 짓노라니
淚俥又淚俥	루수우루수	눈물만 자꾸 흐르네.
懷痛如摧膽	회통여최담	쓸개가 잘린 쓰라린 가슴
傷心似割肌	상심사할기	살을 에는 듯 쓰린 마음
山河帶慘色	산하대참색	산하는 참혹한 빛을 띠고
漁鳥㑊吟悲	어조역음비	물고기와 새들도 슬피 우누나.
昇平二白載	승평이백재	태평세월 이백 년에
文物三千姿	문물삼천자	화려한 문물은 삼천 가지
國有蒼皇勢	국유창황세	나라는 갈팡질팡한 형세에
人無任轉危	인무임전위	위기를 이겨낼 인재 없구나.
經年防備策	경년방비책	여러 해 동안 막을 계책 세우노라니
恢復思諸葛	회복사제갈	제갈량은 중원 회복 어떻게 했던가.
長驅慕子儀	장구모자의	적을 몰아낸 곽자의 그립구나

贈別宣水使居怡 _ 선거이 수사와 작별하며

北去同勤苦	북거동근고	북쪽에 갔을 때도 같이 힘써 일하고
南來共死生	남래공사생	남쪽에 와서도 생사를 함께했네.
一杯今夜月	일배금야월	한잔 술, 오늘 이 달빛 아래 나누면
明日別離情	명일별리정	내일은 이별의 정만 남으리

閑山島夜吟 _ 한산도 야음

水國秋光暮	수국추광모	수국에 가을빛 저물었는데
驚寒鴈陳高	경한안진고	찬바람에 놀란 기러기 떼 높이 나는구나.
憂心輾轉夜	우심전전야	걱정 가득 잠 못 드는 밤
殘月照弓刀	잔월조궁도	희미한 새벽달이 활과 칼을 비추네.

閑山島歌 _ 한산도가

寒山島月明夜上戍樓	한산도월명야상수루	한산섬 달 밝은 밤에 수루에 홀로 앉아
撫大刀深愁時	무대도심수시	큰 칼 옆에 차고 깊은 시름 하는 차에
何處一聲羌笛更添愁	처일성강적갱첨수	어디서 일성호가는 남의 애를 끊나니

陣中吟一 _ 진중에서 읊다 1

天步西門遠	천보서문원	임금의 수레 서쪽으로 멀리 가시고
東宮北地危	동궁북지위	세자는 북쪽 땅에서 위태롭다.
孤臣憂國日	고신우국일	외로운 신하는 나라를 걱정해야 할 날이고
壯士樹勳時	장사수훈시	장사는 공로를 세울 때로다.
誓海魚龍動	서해어룡동	바다에 맹세하니 용과 물고기가 감동하고
盟山草木知	맹산초목지	산에 맹세하니 나무와 풀도 알아준다.
讐夷如盡滅	수이여진멸	이 원수 모두 멸망시킬 수 있다면
雖死不爲辭	수사불위사	죽음까지 사양하리오.

陣中吟二 _ 진중에서 읊다 2

二百年宗社	이백년종사	이백 년 누려 온 우리나라
寧期一夕危	영기일석위	하룻저녁에 위급할 줄 어찌 알리오
登舟擊楫日	등주격즙일	배에 올라 돛대를 치며 맹세하던 날
拔劍倚天時	발검의천시	칼 뽑아 천산天山 위에 우뚝 섰네
虜命豈能久	노명개능구	놈들의 운명이 어찌 오래랴.
軍情亦可知	군정역가지	적의 정세 이미 알고 있으니.
慨然吟短句	개연음단구	슬프다. 시구절을 읊어 보는 것,
非是喜文辭	비시희문사	글을 즐기기 때문이 아니라네

陳中吟三 _ 진중에서 읊다 3

水國秋風夜	수국추풍야	한 바다 위 가을바람 서늘한 밤에
愀然獨坐危	초연독좌위	하염없이 홀로 앉아 생각하노니
太平復何日	태평복하일	언제나 이 나라 평안하리오.
大亂屬玆時	대란속자시	지금은 큰 난리를 겪고 있다네.
業是千人貶	업시천인폄	업적은 사람마다 낮춰 보련만
名猶四海知	명유사해지	이름은 부질없이 세상이 아네.
邊憂如可定	변우여가정	변방의 근심 평정한 뒤엔
應賦去來辭	응부거래사	귀거래사歸去來辭 나도 읊으리.

和陳都督璘韻一 _ 진도독 린의 운자韻字에 답함 1

賴天子勤恤	뢰천자근휼	다행히도 명 황제 걱정하시어
遣大將扶危	견대장부위	구원하라 대장을 보내주셨소
萬里長征日	만리장정일	만리 머나먼 길 정벌 오던 날
三韓再造時	삼한재조시	우리 동방 삼한三韓 다시 살았소.
夫君元有勇	부군원유용	그대는 본시 용감했지만
伊我本無知	이아본무지	나는 아무것도 아는 게 없고
只擬死於國	지의사어국	다만 나라 위해 죽을 뿐이라.
何須更費辭	하회경비사	무슨 일로 잔 사설辭設이 있으오리까

和陳都督璘韻二 _ 진도독 린의 운자韻字에 답함 2

若向中朝去	약향중조거	만약 그대가 중원으로 가 버린다면
其於外國危	기어외국위	외국이라 위태함을 어이하리까
南蠻更射日	남만경사일	왜적들 또 다시 쳐들어오고
北狄又乘時	북적우승시	북쪽의 오랑캐들 틈을 타리다.
全節終湏報	전절종회보	충절로 나라 은혜 갚을 뿐이오
成功豈何知	성공기하지	성공이야 낸들 어찌 알리오
平生心已定	평생심이정	평생에 마음은 이미 정하였거니
此外有何辭	차외유하사	이밖에 무슨 말씀 더 있사오리까.

無題一 _ 무 제 1

不讀龍韜過半生	불독용도과반생	병서도 못 읽고서 반생을 지났기로
時危無路展葵誠	시위무로전규성	위태한 때이건만 충성 바칠 길이 없네.
峨冠會此治鉛槧	아관회차치연참	지난날에는 큰 갓 쓰고 읽고 쓰기 했지만
大劍如今事戰爭	대검여금사전쟁	오늘은 큰 칼 들고 전쟁터에 있네.
墟落晚烟人下淚	허락만연인하루	마을에는 저녁연기 눈물이 어리우고
轅門曉角客傷情	원문효각객상정	진중에는 새벽 호각 마음이 상하누나.
凱歌他日還山急	개가타일환산급	개선가 부르는 날 산으로 가기 바쁘려든
肯何燕然勒姓名	긍하연연륵성명	어찌타 연연산에 이름을 새기오리.

無題二 _ 무제 2

北來消息杳無因	북래소식묘무인	북쪽 소식 아득해 들을 길 없네.
白髮孤臣恨不辰	백발고신한불신	백발의 외로운 신하 시절을 한탄하네.
袖裡有韜摧勁敵	수리유도최경적	소매 속엔 적을 꺾을 병법 있건만
胸中無策濟生民	흉중무책제생민	가슴속엔 백성 구할 방책이 없네.
乾坤黯黲霜凝甲	건곤암참상응갑	하늘과 땅은 캄캄하고 갑옷에는 서리 엉기고
關海腥膻血浥塵	관해성전혈읍진	변방의 바다는 비린내와 핏물로 어지럽구나.
待得華暘歸馬後	대득화양귀마후	전쟁이 끝나면 말을 풀어 화양으로 돌려보낸 뒤
幅巾還作枕溪人	복건환작침계인	복건 쓴 처사 되어 살아가리라.

● "신하가 임금을 섬김에 죽음이 있을 뿐이요, 두 마음이 없나니(臣事
君 有死無貳)."

　남송(南宋)이 금(金)나라와 싸울 때 주전론(主戰論)을 주장하던 재상 이
강(李綱)이 반대파의 공격을 받게 되자, 관직을 버리고 낙향하였다는 송나
라 역사를 읽고 임금을 끝까지 섬겨야 한다는 자신의 심정을 피력한 내용
임.

● "내가 온 마음을 바쳐 임금께 충성하고 부모에 효도하려 했건만, 오늘
에 이르러 모두가 허사가 되어버렸구나(吾一心忠孝 到此俱喪矣)!"

　이순신은 옥에서 풀려나 백의종군하기 위해 아산을 지나가게 되었는데
이때 돌아가신 어머님의 부고를 접하였다. 임금으로부터도 버림받고, 어머
님의 임종도 지켜보지 못한 불효의 상황에 처한 자신의 비참한 심정을 표
현한 말이다.

● "나와 율곡이 같은 성씨라 한 번 만나 볼 수도 있지만 이조판서로 있
을 때에 만나는 것은 옳지 않다(我與栗谷同姓 可以相見 而見於銓
相時則不可).

　율곡이 이조판서로 있을 때 이순신과 종씨임을 알고 있는 유성룡이 이순
신에게 한번 만나보라고 권유한 데 대해 한 말이다. 친구인 유성룡도 고지
식하게 느낄 정도로 이순신은 천도만을 따르는 삶의 태도를 견지하였다.

● "이것은 관청의 물건이며, 심은 지가 몇 년이나 되었는데, 하루아침에 베어 버리려 함은 무슨 까닭입니까(此官家物也 栽之有年 一朝伐之何也)?"

발포만호 시절 상관인 전라좌수사 성박(成鎛)이 거문고를 만들기 위하여 객사의 뜰에 있는 오동나무를 베어 가려고 하자 거절하면서 한 말이다.

● "대장부가 세상에 나서 쓰이게 되면 온몸을 던져 일할 것이요, 쓰이지 못한다면 들에서 농사짓는 것으로 만족할 것이다(丈夫生 世用則效 死 不用耕於野 足矣)."

이순신이 평소 주변 사람들에게 한 말로 그의 인생관과 사생관이 가장 함축적으로 표현되어 있다.

● "이 원수 모조리 무찌른다면 이제 죽어도 여한이 없겠나이다(此讐若 除 死卽無憾)."

마지막 노량해전을 앞두고 모든 준비를 끝낸 다음 자정에 배 위로 올라가 손을 씻은 다음 무릎을 꿇고 하늘에 기도한 내용이다.

● "온 나라의 신하와 백성들은 통분함이 골수에 사무쳐 이 도적들과는 함께 하늘을 이고 살지 않기로 맹세하였습니다(一國臣民痛入骨髓 誓不與此賊共戴一天)."

갑오년(1594) 명나라 도사 담종인(譚宗仁)에게서 철군하려 하니 왜적을 공격하지 말라는 패문을 받고 어이가 없어 비분강개하며 한 말이다.

● "남아 있는 왜적들을 한 척의 배도 못 돌아가게 함으로써 나라의 원수를 갚고자 합니다(殘兇餘孽 隻櫓不返 擬雪國家之讐怨)."

이순신의 왜적에 대한 적개심과 반인륜적 침략행위에 대항해 응징하겠다는 각오와 방법이 잘 나타나 있는 말이다.

● "죽기를 각오하고 싸우면 살고, 살려고 꾀를 내고 싸우면 죽는다(必死則生 必生則死)."

이순신은 명량해전 하루 전 부하 장졸들을 모아놓고 모두 죽기를 각오하고 싸우면 승산이 있음을 역설하였다.

● "한 사람이 길목을 지키면 천 사람이라도 두렵게 할 수 있다(一夫當逕 足懼千)."

명량해전 하루 전 진을 전라우수영으로 옮기면서 한 말이다.
명량해전 시의 지략과 승리요인을 설명할 수 있는 핵심병법이다.

● "도적의 배가 비록 천 척이라 하더라도 우리 배를 당해내지 못할 것이다(賊雖千隻 莫敵我船)."

명량해전 당일 겹겹이 둘러싸고 공격해 오는 왜군을 보고 겁에 질려 떨고 있는 장졸들을 바라보며 용기를 북돋우기 위해 타이른 말이다. 판옥선 1척이 지닌 막강한 전투력에 대한 신뢰감과 승리에 대한 이순신의 자신감이 배어있다.

- "수군소속 정예병사 1명은 100명을 대적할 수 있습니다(舟師所屬精銳一人可敵百名)."

　계사년(1593)에 윤11월에 이르자 조선의 전쟁지휘부에서는 정예군사 징발을 부대별로 할당하였다. 전라좌수영에는 4천 명이 할당되었는데 이는 전라좌수영 수군 전체에 해당하는 인원이었다. 이순신은 왜 수군이 호시탐탐 서해로 침략을 노리고 있고, 또 수군 정예병사 1명은 100명의 적을 대적할 수 있다는 논리를 들어 수군소속 고을에는 육군의 징발을 할당하지 말도록 청하는 장계를 올렸다.

- 석 자 칼로 하늘에 맹세하니 산하의 색이 변하는도다(三尺誓天 山河動色　삼척서천 산하동색).

- 한번 휘둘러 쓸어버리니 강산이 피로 물드는구나(一揮掃蕩 血染山河 일휘소탕 혈염산하).

- 싸움이 급하다. 내가 죽었다는 말을 하지 말라(戰方急 愼勿言我死 전방급 신물언아사).

- 대장으로 화친을 말할 수 없고, 원수를 놓아 보낼 수 없소(大將不可言和 讎賊不可縱遣　대장불가언화 수적불가종견).

● 나를 알고 적을 알아야 백 번 싸워도 위태롭지 않다(知己知披 百戰
不殆 지기지피 백전불태).

● 가볍게 움직이지 말고 산처럼 신중하게 행동하라(勿令妄動 靜重如山
물령망동 정중여산).

● 적을 가벼이 여기면 반드시 패하는 것이다(輕敵必敗 경적필패).